북한 트렌드 2020

전통과 미래의 융합

북한 트렌드 2020

초판 1쇄 인쇄일 2019년 11월 01일
초판 1쇄 발행일 2019년 11월 06일

지은이 김민종
펴낸이 양옥매
교   정 조준경

펴낸곳 도서출판 책과나무
출판등록 제2012-000376
주소 서울특별시 마포구 방울내로 79 이노빌딩 302호
대표전화 02.372.1537   팩스 02.372.1538
이메일 booknamu2007@naver.com
홈페이지 www.booknamu.com
ISBN 979-11-5776-800-4(03300)

이 도서의 국립중앙도서관 출판시도서목록(CIP)은
서지정보유통지원 시스템 홈페이지(http://seoji.nl.go.kr)와
국가자료공동목록시스템(http://www.nl.go.kr/kolisnet)에서
이용하실 수 있습니다. (CIP제어번호 : CIP2019043895)

북한 트렌드 2020

김민종
지음

책과나무

트렌드의 바람이 거세다. 대중매체에서는 수시로 유행이 예고되는 트렌드를 전망하곤 한다. 경제, 문화, 생활, IT, 건강, 패션뿐만 아니라 여행, 색깔, 헤어스타일, 화장법 등 트렌드 영역은 날로 다양화·세분화되고 있다. 이러한 모습은 유행에 민감한 그리고 무엇이든지 빠르게 흘러가는 현대 사회의 양상을 반영하며, 좀 더 나아가서는 기업들의 마케팅 전략이나 사회제도에 이르기까지 폭넓은 영역에서 영향을 주고 있다.

따라서 트렌드를 읽는다는 것은 소비자들의 마음이 어떻게 움직이고 있고 앞으로 어떻게 움직일 것인지에 대한 경향과 추세에 대한 면밀한 분석으로 성공적인 비즈니스에 한 걸음 더 가까이 다가가는 열쇠이기도 하다. 이렇듯 소비자들의 니즈를 충족시키고 각 분야에서의 주도권을 잡기 위해서 끊임없이 경쟁하고 변화하고 혁신을 거듭하는 트렌드의 습성은 자본주의의 민낯이 여실히 드러나는 용어이기도 하다.

그렇다면 과연 북한에도 트렌드가 있을까? 혹자는 북한에도 트렌드라고 할 만한 것이 있을까에 대한 물음표를 가질 수도 있겠다. 아마도 이런 이유는 우리가 다변화하는 북한 사회를 체감하지 못했기 때문이며, 정보의 접근성과 특수성 때문에 항상 단편적인 렌즈로만 북한 사회를 바라봐 왔기 때문일 것이다.

그러나 당연히 북한에도 트렌드는 있다. 일찍이 여러 국제기구들과 국제연구소들은 북한을 대상으로 다방면의 조사 및 연구를 실시하고 있고 꾸준히 데이터를 축적시키고 있다. 어떤 방향이든 북한에 대한 정치·경제·사회·문화적 영향력과 잠재력을 파악해 보고 객관적으로 읽어 보려는 노력이다. 어쩌면 최근에 일어나고 있는 북한의 변화는 우리보다도 더 빠르고, 과감하며, 혁신적이다. 그들의 일사불란한 질서와 체계가 그것을 가능하게 만든다.

남한의 국민들에게는 북한이 사회주의와 자본주의라는 대비적인 체제를 넘어서 동족상잔이라는 비극의 역사를 공유하는 한민족이라는 점을 감안할 때, 사실 객관적으로 북한을 본다는 것 자체가 굉장히 어려운 일이다. 그럼에도 불구하고 북한과 관련한 균형 잡힌 시각을 가져야 하는 이유는 엄청난 사회·경제적 손실을 가져다주는 이 기한 없는 적대와 반목을 언젠가는 끊어야 하기 때문이다.

북한은 우리 서로의 가족들이 살고 우리말을 쓰는 우리 민족이 살고 있는 땅이라는 사실에는 변함이 없으며, 이것은 이유를 불문하고 평화와 번영을 심어서 통일을 해야 할 가장 중요한 파트너가 바로 북한임을 말해 주고 있다. 바로 이러한 통일의 당위성이야말로 우리가 북한의 사회적 분위기를 하루빨리 감지하고 객관적인 판단을 해야 하는 이유이다.

2010년 5월 24일, 천안함 사건으로 발단이 된 5·24조치는 모든 분야의 남북 교류를 중단시켰고 지난 수년간 국제사회의 강력한 대북제재에 남한이 동참함에 따라 남북관계는 악화일로를 걸어왔다. 그러다가 문재인 정부가 들어서고 분위기가 전환되었다. 2018년 4월 27일, 문재인 대통령과 김정은 국무위원장의 회담은 많은 사람들에게 신선한 충격으로 다가왔다. 언론들은 이 두 정상의 만남을 세기의 장면으로 대서특필하였다.

그리고 '평화, 새로운 미래'라는 슬로건을 들고 평양에서 열린 제3차 남북정상회담은 많은 국민들의 마음을 움직였다. 이 두 정상의 신뢰의 표현으로 말미암아 많은 사람들이 분주하게 움직이기 시작했다. 정부와 지자체에서는 그동안 중단되었던 다양한 남북교류 사업을 검토하고 있고 기업들은 新시장이 열린다는 기대감에 부랴부랴 북한을 공부하기 시작했다.

가장 큰 반응은 시민들이었다. 판문점 정상회담 당일부터 평양냉면이 포털사이트 및 SNS 실시간 검색어 1위에 올랐다. 남북정상회담 환영 만찬에 등장한 평양냉면을 본 사람들이 너도나도 냉면집을 찾는 바람에 평양냉면집들은 모두 북새통을 이룬 것이다. 지금도 전국 방방곳곳 냉면집에서는 냉면 특수가 이어지고 있다. 또한 남북 철도연결에 대한 구상이 발표되고 기차를 통해 유럽을 갈 수 있다는 기대심리가 반영되어 SNS에서는 서울에서 베를린까지, 부산에서 베를린까지 가는 가상의 열차 티켓도 공유되었다.

특히 변화에 민감한 젊은 층들은 더 새롭고 호기심 많은 시각으로

이 전환점을 바라보고 있다. 막혀 있는 둑이 개방되듯 북한에 대한 관심도가 폭증하고 있다. 물론 이러한 움직임이 비핵화라는 톱니바퀴와 잘 맞물릴 것인지 우려 섞인 시선도 존재한다. 그러나 대중들의 관심이 이제는 북한 전반의 사회, 문화, 경제 전반에 걸쳐 다양해지고 풍부해지고 있는 것만은 부정할 수 없다.

나는 해외 동포로서 지난 4여 년 동안 총 16차례의 방북을 하였고 많은 것을 보고 경험하였다. 이미 출간한 사진첩인 「평양의 사계절」을 촬영하면서 수많은 장소들을 다녔고 문답집 「북한의 청년들에게 물었습니다」를 통해 북한 청년들을 마주 보고 그 생생한 음성을 들었다. 그리고 「북한 트렌드」의 집필을 위해서 2018년과 2019년 사이 여섯 차례 방북을 하면서 다양한 분야의 관계자들과 귀중한 시간을 보냈다. 반복되는 방문 속에서 북한의 사회를 보다 심도 깊게 이해할 수 있었던 이 경험을 같이 공유하고 싶었다.

북한과 같이 전일적 체계와 질서를 중시하는 사회에서 트렌드의 의미는 단순히 대중의 인기에만 국한되는 것이 아니다. 북한 내의 현상 하나하나는 정치적·경제적·사회적·문화적 합성물과도 같은 의미이다. 굉장히 복잡해 보이지만 역설적으로 단순한 경우도 많다. 그리고 상품이나 서비스의 트렌드가 작동하는 방식도 독특한 부분이 있다.

북한의 트렌드는 자본주의의 자유 경쟁의 방식과는 다르게 자력갱생의 기치를 들고 사회주의 발전 속에서 촉발된 북한 기업들의 경쟁적 산물이다. 이러한 차이점과 함께 중요하게 읽혀야 하는 부분은 변화와 발전의 모습으로 충만한 북한의 모습이 분명히 존재하고 있다는

것이다. 많은 사람들이 북한에 대한 다양하고 균형 잡힌 시각을 갖길
바라면서 이 책을 기획했다.

북한에도 트렌드는 있다.
이제는 북한 트렌드를 읽어야 하는 시대가 왔다.

2019년 10월
뉴질랜드 오클랜드에서
김민종

차례

PART 01

북한 트렌드 개요

PART 02

북한의 소비 트렌드

PART 03

북한의 문화 트렌드

★

PART_ 01

북한 트렌드 개요

북한의 모든 매체들에서 '질 좋은 인민소비품', '질 높은 서비스'를 동반한 '인민 생활 향상'이라는 수식어는 마치 키워드처럼 등장하고 있다. 결국 서민들의 삶의 질을 향상시키는 일은 젊은 지도자의 의도가 담긴 북한 정부의 새로운 트렌드로 자리매김하고 있는 것이다.

★
북한 트렌드에
들어가며

  북한은 어떤 사회일까? 분단이라는 특유의 구조 속에서 우리가 쉽게 다가갈 수 없는 땅, 북한 관련 소식들은 우리에게 수많은 궁금증을 낳게 한다. 각종 매스컴에서는 끊임없이 다양한 북한 소식을 전하고 있지만 이렇게 우리가 표면적으로 접하고 있는 정보들만으로는 북한을 이해하기가 쉽지 않다. 가장 가까이 있지만 가장 멀리 있기도 한 곳, 북한은 분명 우리가 준수하는 기준의 정치적·경제적 지표로 설명할 수 있는 나라가 아니다.

  사회주의 국가를 표방하는 북한은 기본적으로 생산 수단을 국가나 공공단체가 소유하는 사회주의 경제체제이며 국가의 계획에 의하여 자원 배분이 이루어지는 계획경제체제이다. 그리고 그 중심에는 국가 최고 지도자인 수령이 있다. 북한이 국가를 운영하면서 근간이 되는 지도 사상을 '김일성–김정일주의'라고 하는데 북한의 매체에서는 공통적으로 "김일성–김정일주의는 주체의 사상, 리론, 방법의 전일적인 체계이며 주체시대를 대표하는 위대한 혁명사상이다."라고 서술하고 있다.

또한 헌법을 '김일성-김정일 헌법'이라고 하여 "조선민주주의인민공화국 사회주의헌법은 가장 혁명적이며 인민적인 헌법이며 주체의 정치헌장이다."라고 명명하고 있다. 종합해 보면 최고지도자야말로 북한의 모든 정치·경제·사회적 질서를 관통하는 가장 핵심이고 뇌수이며 국가 전반에 걸쳐서 최고지도자의 의중과 지시 사항이 그 어느 것보다 우선시되는 것이다.

이러한 북한의 사회정치적 특징들을 이해하지 않고서는 북한 사회를 보다 객관적으로 판단하고 가늠하는 것이 어렵다. 가장 대표적인 예로 시장 경제적 요소를 곧 사회주의 체제를 잠식하고 붕괴시키는 공식처럼 생각하는 경우이다. 사회주의 경제에도 시장 경제적 요소가 들어 있는 것을 위처럼 맹목적으로 해석해서는 안 된다. 사회주의 경제에도 소비자, 정부, 기업이라는 세 주체의 상호 순환이 수요와 공급에 의해서 이루어지고 있으며, 단지 이 경제적 순환에서 정부의 역할이 다른 자본주의 국가들에 비해서 강력하고 특징적인 것일 뿐이다.

그 어떤 국가의 고위 관리도 자신들의 경제정책이 나라를 어렵게 하는 데 일조하는 정책을 펼쳐 나가는 것은 불가능하다. 자본주의 국가 진영과 다르게 사회주의 국가 진영에서는 유사한 사회·정치적 환경 속에서 성공적으로 경제를 이끌고 있는 롤 모델이 부재하다. 따라서 북한의 경제정책 관리들은 사회주의의 자립적민족경제(Independent National Economy)를 어떻게 이끌어 나갈 것인지에 대해서 많은 고민을 거듭하고 있을 것이다.

1991년 사회주의권 붕괴로 대표되는 소비에트 연방이 몰락하고 나서 북한은 경제적으로 큰 어려움을 겪게 된다. 사회주의 시장이 붕괴되고 더 이상 호혜 가격으로 원유 등 필수 원자재 수입하지 못하게 됨에 따라 내부적으로도 북한 산업의 가장 기본이 되는 석탄 생산 역시 감소하게 되었다. 결국 석탄과 관련된 산업 연관 구조가 흔들리고 식량 배급까지 차질을 빚게 되면서 노동력이 감소하였고 경제가 급격하게 침체되는 시기를 맞이하게 되었다.

급기야 심각한 자연재해까지 겹치면서 북한은 1990년대 중반, 이른바 '고난의 행군'이라는 기간을 맞이하게 되었다. 남한의 통계청이 유엔의 인구센서스 자료를 바탕으로 분석한 결과, 일부 인구 손실이 발생한 시점으로 추정하는 시기이기도 하다.[1] 탈북자들은 90년대 초반까지 북한의 국가배급은 주민들의 중요한 생계 수단이었기 때문에 북한의 배급제도에 의존하던 사람들이 식량을 구하지 못해 많은 어려움을 겪었고 생계를 위해 먹고살 길을 스스로 찾아야만 했다고 회고한다.

일부 남한의 연구자들은 여기에서 시장이 발전하기 시작했다고 주장한다. 본래 북한의 시장은 농민시장, 즉 장마당이라는 형태로 존재했다. 북한은 상업관리소라는 관리기관을 두고 시장이 개장하는 날짜와 장소 및 거래품목 등을 정하여 엄격하게 관리했다. 그러나 북한 주민들에게는 더 다양한 물자를 사고팔 수 있는 시장이 필요했고, 결국 시장은 북한의 관리감독 밖에서 더욱 빈번하게 많은 장소에서 다양한 물건을 거래할 수 있는 형태로 확대되었다는 것이다. 물론 동일한 조건에서 국가의 계획에 의해 시장이 발전했다는 부분도 유추가 가능한 일이다.

이러한 시장의 형성 과정이 '다운-톱' 방식이었는지 '톱-다운' 방식

---

1   통계청, 「1993~2055 북한 인구추계」, 2010

북한의 화폐

이었는지, 아니면 서로 혼재된 결과물인지에 대해서 현재는 더 이상 논란거리가 되지 못한다. 그 이유는 지금 북한은 국가적으로 인민 생활과 직결되는 인민소비품들에 대하여 질을 높게 그리고 많이 생산할 것을 장려하고 있기 때문이다. 그리고 이러한 소비품이 성공적으로 순환되려면 안정된 시장 및 탄탄한 소비층이라는 두터운 기반이 있어야 한다.

북한의 국가 건설 방향과 척도는 단기적으로는 매년 나오는 북한 최고지도자의 신년사를 통해서 파악해 볼 수 있는데, 김정은 위원장은 집권 초기부터 북한 주민들의 삶의 질 향상을 중요한 정책으로 삼았다. 김정은 위원장이 처음으로 발표한 2013년 1월 1일 신년사는 다음과 같은 내용을 담고 있다.

"올해 모든 경제사업은 이미 마련된 자립적 민족경제의 토대를 더욱 튼튼히 하고 잘 활용하여 생산을 적극 늘리며 인민 생활을 안정·향상시키기 위한 투쟁으로 일관되어야 합니다. 인민경제 선행 부문과 기초공업 부문을 추켜세우기 위한 결정적인 대책을 세워 석탄, 전력, 금속, 철도운수 부문을 확고히 앞세우고 경제 강국 건설의 도약대를 튼튼히 다져야 합니다. 특히 석탄, 금속공업 부문에서 혁신을 일으켜 나라의 전반적 경제를 활성화하도록 하여야 합니다.

경제 건설의 성과는 인민 생활에서 나타나야 합니다. 인민 생활과 직결되어 있는 부문과 단위들을 추켜세우고 생산을 늘리는 데 큰 힘을 넣어 인민들에게 생활상 혜택이 더 많이 차례지게 하여야 하겠습니다.

농업과 경공업은 여전히 올해 경제 건설의 주공전선입니다. 농사에 국가적인 힘을 집중하고 농업 생산의 과학화, 집약화 수준을 높여 올해 알곡 생산목표를 반드시 점령하며 경공업공장들에 대한 원료·자재보장대책을 철저히 세워 질 좋은 인민소비품들을 더 많이 생산하여야 합니다.”

– 2013년 김정은 위원장 신년사 중에서

이러한 신년사의 기조는 2019년이 흐르고 있는 이 순간까지도 변함없이 흐르고 있다. 이후에 북한의 모든 매체들에서 '질 좋은 인민소비품', '질 높은 서비스'를 동반한 '인민 생활 향상'이라는 수식어는 마치 키워드처럼 등장하고 있다. 결국 서민들의 삶의 질을 향상시키는 일은 젊은 지도자의 의도가 담긴 북한 정부의 새로운 트렌드로 자리매김하고 있는 것이다.

그러나 북한의 경제발전 구상은 아직까지는 매우 어렵게 진척되고 있다. 그 주된 이유 중 하나는 바로 핵실험과 미사일실험을 근거로 하는 UN과 미국 중심의 국제사회로부터의 제재인데, 그 내용을 보면 사실상 하나의 국가를 대상으로 경제적 순환 고리를 원천 차단하는 경제적 봉쇄와 흡사하다. 이는 주로 유엔결의안(United Nations resolution) 이름으로 유엔 회의에서 채택되었고 북한이 4차 핵실험을 강행한 2016년부터 2017년 사이에 집중되었다. 한편 북한은 이러한 제재를 '제국주의 련합세력의 극단적인 반공화국고립압살책동'이라고 표현하고 있다.

결의안	채택 시기	원인	주요 내용
2270호	2016.3.2	4차 핵실험 2016. 1. 6	석탄 수출 금지(민생예외), 항공유 공급 금지, 북한 위성 발사 금지, 북한 무기 수입 금지, 제재연루 외교관 추방, 북한행 화물검색 의무
2321호	2016.11.30	5차 핵실험 2016. 9. 9	북한 석탄 수출 상한선 설정, 북한 조형물·은·구리·아연·니켈 수출 금지, 북한 내 금융기관 사무소 개설 금지, 과학기술 협력 금지, 북한 공관 규모 감축 촉구
2356호	2017.6.2	중단거리미사일	고려은행 등 기관 4곳 및 개인 14명 제재
2371호	2017.8.5	ICBM 미사일 2017. 7. 3, 2017. 7. 28	북한산 석탄·철·철광석 수출 금지, 북한산 수산물 수출 금지, 북한 노동자 고용 수준 동결, 제재 금지활동 연관 선박 입항 불허
2375호	2017.9.11	6차 핵실험 2017. 9. 3	원유 연 400만 배럴 동결, 정유제품 공급 55% 감축, 섬유제품 수출 금지, 북한 노동자 고용 사전 인가, 금지품목 적재 의심 선박 공해상 검색, 북한과 합작 사업 금지
2397호	2017.12.22	ICBM 미사일 2017. 11. 28	북한으로부터 조업권 구매 금지, 대북 유류공급 제한, 북한 해외 노동자 복귀, 거래금지 품목 추가, 해상 차단 강화, 제재 대상 확대

결의안 내용을 살펴보면, 원유 공급을 제한하여 나라의 동력을 상실하게 하고 금융거래 금지 및 해상 차단을 통하여 원만한 교역을 어렵게 만들었다. 또한 북한의 주 수입원인 무기 및 광물 등의 수출과 노동자들의 해외 파견을 막아 수입원을 차단하는 내용이 담겨 있다. 특히 미국의 경우에는 세컨더리 보이콧(secondary boycott)으로 북한과 거래하는 정부와 기업, 은행, 개인 등에 대해서도 적극적으로 독자제재를 가하는 초강수를 두었다. 2018년 10월에 미국 재무부가 발표한 내용을 보면 미국이 북한과 관련해 '세컨더리 보이콧 위험'을 적시한 대상은 기업·기관·선박·개인 등 466개다.

실례로 2017년 3월, 중국기업인 ZTE는 북한에 통신장비 등을 공급한 일로 미국 텍사스 연방법원에서 1억9,000만 달러의 벌금과 7년간의 수출특권 거부 집행유예 판결을 받았다. 2018년 10월에는 미국 정부가 남한의 시중은행에 제재를 추진할 예정이라는 소문이 돌아 금융위원회가 곧바로 사실무근이라는 입장을 밝히고 해프닝으로 끝났으나 사람들은 이러한 풍문에도 불안해했다. 이러한 여파로 북한과 기존에 교류를 했거나 혹은 할 예정에 있는 정부·기업·개인은 매우 난처한 입장에 놓이게 되고 북한의 경제발전 구상에 많은 영향을 미치는 것이다.

그럼에도 불구하고 한국은행이 발표한 북한의 인구, 명목GNI, 1인당 GNI, 경제성장률[2]은 완만한 성장곡선을 보이고 있다. 2017년 기준 국민총소득은 36조 6,310억 원으로 최근 5년간 매년마다 소폭 증가하고 있다. 실제 방문자들에 의하면 지금 북한은 많은 변화를 겪고 있고 경제에 활력이 있어 보인다는 것이 정설이다.

저자가 직접 방문하고 느낀 소감 역시 크게 다르지 않다. 최근 수년간만 해도 미래과학자거리, 려명거리 등 대규모 고층 아파트 단지가 신축되었고 거리 곳곳에 설치되어 있는 타워크레인으로 평양의 건설 경기가 어떠한지 한눈에 파악할 수 있다. 여러 차례 방문하면서 같은 백화점·상점들을 방문하게 되면 짧은 기간 내에 새로운 신상품이 들어서고 상품의 종류와 수량이 점점 많아지는 것을 보게 된다. 사양에 민감한 전자장비 역시 언제나 업그레이드된 사양이 출시되고 새로운 트렌

---

2 북한의 경제통계 : 북한은 공식적으로 경제지표에 대한 발표를 하지 않고 있다. 남한에서는 한국은행이 유일하게 관계기관에서 입수한 자료들을 통해서 북한의 경제총량에 대한 추정치를 발표하고 있다. 그러나 이러한 추정치가 실제와 어느 정도 가까운 것인지에 대한 논란의 여지는 항상 존재한다. 원천자료에 대한 제약이 있기 때문이다.

드를 반영하는 다양한 신제품들이 소비자들을 위해 기다리고 있다.

물론 새로 나온 상품·서비스라고 해서 무조건 그 가치를 인정받는 것은 아니다. 그것이 북한의 소비자들에게 가격, 품질 등 여러 가지 부분에서 만족을 줄 수 있어야 간택되는 영광을 얻게 된다. 인기를 끄는 상품·서비스가 어느 정도 지속될 수 있는지 그 누구도 장담하지 못한다. 후에 나온 상품·서비스일지라도 기존의 인기 상품·서비스를 대체할 만하다면 기존의 인기 상품·서비스는 치열한 경쟁을 각오해야 하고 경쟁에서 낙오하면 도태된다. 이러한 무한경쟁의 혜택은 일반 사람들에게 돌아가는 것이다. 좀 더 저렴하고 퀄리티 있는 상품·서비스를 선택할 수 있기 때문이다.

한편 제재의 영향도 분명히 있다. 외화의 주 수입원인 수출이 원활하게 이루어지지 못하는 상태에서 지속되는 무역적자가 경제위기를 촉발시킬 수 있다고 전문가들은 지적한다. 제재가 지속되는 한 규모의 경제를 이루기가 어렵다. 그러나 어려운 환경 속에서도 나라의 경제성장을 위해 많은 국가적 뒷받침이 있다는 것도 사실이다. 그리고 점점 더 다양화되고 대량화되는 생산 및 소비 패턴으로부터 나오게 되는 주민들의 새로운 소비적 요구와 문화적 의식이 공유되면서 북한의 소비문화는 이전에는 없던 양상을 만들어 내고 있다.

북한을 그동안 이끌어 오고 있는 전통적 소비문화 속에서 북한 국내외적 변화 및 소비자들의 요구로 새로운 트렌드가 만들어지고 있고 그 가운데 반짝 인기를 끄는 마이크로트렌드가 꿈틀대는 등 북한에는 역동적이고 거대한 새 시대의 흐름이 시작되고 있다.

★
북한 트렌드 2020
기본 체계

━━

● 「북한 트렌드 2020」 4가지 핵심 지표 ●

직접 방문 – 특별 인터뷰
남북한 및 국제기구 자료
평양 중심
신년사

하나의 사회적 현상을 정확하게 이해하기 위해서 신뢰성 있는 근거를 바탕으로 다각적이며 분석적인 검토가 필요하듯이 북한 트렌드를 파악하는 지표로 어떤 신뢰성 있는 자료들을 활용할 것인가에 대한 문제부터 어떤 범위에서 어떻게 접근할 것인가에 대한 문제까지 많은 고민이 필요하였다. 더군다나 '북한'이라는 범위 자체가 매우 광범위하고 특정 짓기가 어렵기 때문에 연구 지표와 목차 구성에 있어서 보다 신중함이 필요했다. 결론적으로 이야기하자면 「북한 트렌드 2020」에는 북한에 대한 동향을 파악하는 짧은 메시지가 아닌, 북한에 직접 방문하여 조사한 자료뿐만 아니라 남북한 및 외국 자료를 비롯하여 핵심적이고 다양한 지표들을 넣었다.

일반적으로 북한 자료에는 몇 가지 특징들이 있다. 국내외 웹사이트 등에도 조금만 찾아보면 북한에 대한 자료가 많이 있다. 대표적으로 통일부, 통계청, 국방부 등 국가기관 및 주요 언론사들이 정리한 북한 관련 데이터베이스를 들 수 있는데, 이러한 출처의 자료들은 공신력이 있고 해당 분야의 거시적인 파악에 도움이 된다. 그러나 사회적 트렌드를 읽어 볼 수 있을 만큼 상세한 파악은 불가능하고 각 기관 및 단체가 전문화되어 있는 만큼 그 기관 및 단체의 전문화에 따른 분절적인 정보들이 대부분이다. 게다가 어떤 자료의 경우는 더 이상 업데이트가 이루어지지 않는 경우가 있고 업데이트가 되더라도 그 시기가 다르기 때문에 종합적으로 트렌드를 파악하는 데는 한계가 있다.

다른 방향으로 일부 언론사들의 이른바 대북소식통이라고 하는 출처의 내용들을 보면 사회적 현상이나 사건을 바라보는 주민들의 생각이라든지 상품 및 서비스의 가격이나 내용까지 세밀한 부분을 전달하지만, 출처 및 공신력에 의문이 가는 것은 피할 수 없다. 또한 남한의 경우에는 북한의 사회적 트렌드를 보는 잣대로 탈북자들의 증언에 근거하는 경우가 많다.

이것은 일반 대중매체뿐만 아니라 북한을 전문적으로 연구하는 연구자들에게까지 광범위하게 활용되고 있다. 탈북자들을 이용한 지표는 남북관계의 단절로 인한 협소한 교량에 놓인 몇 되지 않는 중요한 지표이다. 그러나 한국에 정착한 탈북자의 75퍼센트 이상이 함경북도와 양강도 지역 출신이며 탈북 시점 이후로는 더 이상 북한에 살고 있지 않기 때문에 2020년을 바라보는 북한 사회를 심도 있게 들여다보기 어렵다. 이러한 이유로 보다 직접적이면서도 다양한 자료적 지표가 필요했다.

「북한 트렌드 2020」은 기본적인 자료들에 대한 장점은 살리면서 단점을 보완하는 접점을 잘 살린 책이다. 이러한 방향성에 따라 직접방문 및 특별 인터뷰, 국제기구 및 남북한 자료, 평양 중심, 신년사의 총 네 가지 핵심 지표로 구성하였다. 디테일한 부분을 위해서 북한에 여러 차례 직접 방문하였으며, 관계 부문 당사자들에게 인터뷰를 요청하여 여러가지 사실관계를 파악해 가며 퍼즐을 맞추어 나갔다. 이러한 지표들을 각각의 분야(카테고리)에 적절하게 이용하였다. 또한 이 지표들은 서로의 부족한 점을 보완해 가면서 분야별 트렌드를 완성시켜 나간다.

직접 방문 - 특별 인터뷰

「북한 트렌드 2020」의 가장 차별화되는 부분은 바로 북한에 직접 방문하여 자료 수집을 일궜다는 점이다. 앞서 언급하였지만 북한에 대한 자료들은 생각보다 많다. 그러나 이러한 자료들의 대부분은 2차 자료로서 그 목적과 출처가 각이하고 출처에 따라 그 특성 또한 매우 다르다. 「북한 트렌드 2020」의 경우, 저자가 지난 4년 동안 총 16차례 북한을 방문하였고 그중 본 책을 목적으로 여섯 차례 평양을 방문하였다. 이렇게 주기적인 방문으로 북한의 사회적 트렌드를 조사하였는데, 그 노력 중 하나가 바로 북한 관계자와의 특별 인터뷰이다.

「북한 트렌드 2020」은 크게 소비트렌드와 문화트렌드로 구분되어 12개의 카테고리로 구성되어 있다. 그 내용도 이동통신서비스, 자동차, 건강, 음식, 미용, 음악 등 매우 구체적이고 직접적이다. 따라서 각 분야에서 종사하는 전문가 등 관계자들의 인터뷰가 필수적이었다. 해당 분야를 가장 잘 알고 있는 전문가 또는 관계자들의 대면을 요청하여 아래와 같은 질문의 기본 체계를 만들어 인터뷰를 실시하였다.

• 질문의 기본 체계 •

기본	– 서비스 장소, 상품 또는 서비스에 대한 개괄적인 설명 – 서비스 장소, 상품 또는 서비스가 인기가 많은 이유
지난 시기 (3~5년 이내)	– 지난 시기 인기가 많았던 상품 및 서비스(무엇을, 언제, 어디서, 누구에게, 어떻게, 왜, 얼마나 등) – 지난 시기 인기가 많았던 상품 및 서비스 중 도태된 상품 및 서비스가 있다면 그 이유
현재	– 최근 인기가 많은 상품 및 서비스(무엇을, 언제, 어디서, 누구에게, 어떻게, 왜, 얼마나 등)
향후 전망	– 앞으로 인기가 예상되는 상품 및 서비스 혹은 시범적으로 들여온 상품 및 서비스(무엇을, 언제, 어디서, 누구에게, 어떻게, 왜, 얼마나 등) – 앞으로 인기가 예상되는 상품 및 서비스에 대한 수요를 어떻게 파악하는지?
참고자료 요청	– 각 상품 및 서비스에 해당하는 상세자료 – 주목할 만한 상품 및 서비스 추세 ex) 서비스 장소라고 한다면 : 위치, 설립년도, 면적, 역사, 이용 현황 등 ex) 상품이라고 한다면 : 출시일, 생산개수 증감 등 ex) 서비스라고 한다면 : 서비스 시작일, 이용 현황 등

물론 위와 같은 질문 체계는 목차의 특성과 인터뷰의 환경에 따라 조금씩 변동되었으며 일부 불가피한 경우에는 서면으로 자료를 받기도 하였다. 그러나 대체적으로 위의 기본 틀에서 벗어나지 않았다. 인터뷰 내용은 교정작업을 거쳐 최대한 가감 없이 수록하였으니 판단

은 독자분들에게 맡긴다. 아래는 「북한 트렌드 2020」 인터뷰에 도움을 주신 각 분야의 전문가 또는 관계자 명단이다.

특별 인터뷰 명단

이동통신서비스
박은철 체신성 이동통신관리국 책임부원
김승일 체신성 국제관계국 책임부원

쇼핑·상품유통
주성호 중앙은행 법규방법론국 국장
최영주 중앙은행 대외사업국 책임부원
정명옥 평양제1백화점 지배인
김경숙 광복지구상업중심 봉사부원
박용애 미래상점 지배인

전문상점·상품전시회
조선국제전람사 관계자
조강진 영광가구공장 및 전시장 지배인
평양 아동백화점 지배인

자동차
고경영 평화자동차 합영지도처장

리정인 수입판매과장

김경성 대외사업과 부원

보건 · 건강

최순희 보건성 치료예방국 부국장

원충일 보건성 약무국 부원

김금란 보건성 대외사업국 부원

문창운 평양산원 대외사업과 과장

표혜숙 평양산원 녀성건강관리과 과장

전명철 평양산원 유선종양연구소 예방검진과장

김은성 옥류아동병원 대외사업과 부원

백향옥 옥류아동병원 어린이건강관리과 과장

류은희 류경안과종합병원 1부원장

김은애 류경안과종합병원 대외사업부원

리정희 류경안과종합병원 시기능교정과 의사

정미옥 평양시 평천구역인민병원 원장

황금철 평양시 평천구역인민위원회 보건부장

변경애 평양시 평천구역인민위원회 산부인과 과장

최순옥 중화군 룡산리인민병원 원장

조혜정 중화군 인민위원회 보건부장

미용 · 화장

리창히 평양화장품공장 명향무역회사 부사장

최영순 향료연구소 실장(박사)

최현이 일용품공업성 책임부원

의복문화

표정금 지방공업성 국장

심준찬 지방공업성 부원

음식문화

김일현 조선료리협회 중앙위원회 대외사업부원

김영일 조선료리협회 요리연구실 연구사

명예화 옥류관 봉사부원

전혜숙 청류관 기사장

두성희 선흥식료공장 기사장

주거·건축문화

수도건설위원회 과학기술국 관계자

교육

김강죽 경상유치원 원장

김철웅 만경대학생소년궁전 부총장

최옥경 만경대학생소년궁전 소개선전원

김승기 인민대학습당 대외사업처장

오순임 인민대학습당 대외사업처 부원

홍경철 김일성종합대학 대외사업부 부부장

리경일 김일성종합대학 대외사업부 부원

오충일 청소년과외교양지도국 문예처장

김선화 청소년과외교양지도국 과학기술처 지도원

차경철 청소년과외교양지도국 대외사업지도원

주혁철 조국통일부 지도원

리문철 교육위원회 국장

유현순 교육위원회 보통교육성 교육방법국 책임교학

리혜련 교육위원회 대외교육국 책임교학

김영명 과학기술전당 처장

박은실 국가소프트웨어 산업총국 부원

김정훈 국가소프트웨어 산업총국 부원

관광·명소

김춘희 국가관광총국 관광선전국 국장

김성심 국가관광총국 조선국제려행사 부원

리성남 유원지총국 유희시설관리처 처장

길명훈 유원지총국 과학지도처 처장

차광훈 유원지총국 대외교류처 책임부원

김혁 개선청년공원 지배인

리상욱 문수물놀이장 지배인

리옥순 문수물놀이장 안내반장

문학예술

박용호 김원균명칭평양음악종합대학 작곡학부 리론강좌장

조금희 김원균명칭평양음악종합대학 대외사업부원

정문철 평양미술종합대학 회화학부장

김휘웅 평양미술종합대학 부총장

로철호 조선예술영화촬영소 대외사업부원

김정란 조선예술영화촬영소 강사

조명철 평양연극영화종합대학 부총장

대중매체부문 관계자

그 외

자전거공장 관계자

대안친선유리공장 관계자

평양어린이완구합영회사 관계자

최명일 출판지도국 부처장

라성룡 출판지도국 책임부원

공창식 상업성 부국장

김평렬 상업성 대외사업국 책임부원

오충일 중앙동물원 대외사업부 책임부원

김현희 중앙동물원 대외사업부 부원

안미향 중앙동물원 강사

리설경 중앙동물원 자연박물관 해설자

남북한 및 국제기구 자료

「북한 트렌드 2020」에서는 기존 2차 문헌 자료들 역시 중요한 지표로 참고하였다. 다만 최대한 공신력 있는 국제·국가기관 및 주요 언론사들의 데이터베이스를 바탕으로 객관성을 담보하는 자료들을 취합하고자 노력하였다. 다음은 「북한 트렌드 2020」에서 유용하게 활용한 주요 자료들의 출처들과 함께 추가적으로 도움이 될 만한 출처들도 명시한 것이다.

일반적인 국내의 통계지표들은 통계청의 '북한통계'라는 사이트를 통해서 대부분 확인할 수 있다. 통계청의 '북한통계'에는 자체 통계 자료뿐만 아니라 국내외 주요 북한 관련 기관들에 대한 바로 가기 링크로 정리되어 있어 유용하다. 주요 통계 간행물로는 매년 '북한의 주요통계지표'를 발행한다. 1995년부터 시작한 이 서비스는 '남북한 경제사회상 비교'라는 이름으로 발행되었다가 2007년부터는 '북한의 주요통계지표'라는 이름으로 서비스되고 있다. '2018 북한의 주요통계지표'만 살펴보더라도 자연환경, 인구, 경제총량, 대외거래, 교육, 사회간접자본, 보건, 남북한 교류 등 14개의 큰 목차를 두고 아래 카테고리를 목적에 맞게 세분화하여 통계를 제공하고 있다.

통일부는 '북한자료센터' 사이트를 운영하고 산하기관인 통일연구원의 연간 간행물(북한이해, 통일문제 이해, 통일백서 등)을 비롯해 남북한 및 국외 간행물들, 북한영화 및 북한 서적자료 등을 제공하고 있다. 통일부 사이트의 경우에는 주로 각 부서들의 역량을 수치화하여 통계자료를 내보이는데 남북경협과에서는 남북인적·물적왕래에 대한 통계를, 정착지원과에서는 북한이탈주민정책에 대한 통계를, 회담협력과에서는 남북회담에 대한 통계를 내는 등 주로 남북관계와 관련된 통계수치를 확인할 수 있다. 그 밖에도 개성공단과 관련한 자료들은 통일부 사이트를 통하여 확인하면 된다.

한국은행의 경우 북한 GDP 관련 통계가 가장 대표적인 자료이다. 1991년부터 이어져 온 한국은행의 북한 소득지표 발표는 다양한 관계기관에서 입수한 만큼 결과 값에 대한 편차가 가장 중위 값에 가깝다. 코트라(대한무역투자진흥공사)에는 무역기관답게 북한의 대외무역과 관련한 뉴스와 자료들이 잘 정리되어 있고 매년마다 '북한 대외무역 동향'을 발간하여 북한의 무역지표를 보다 상세하게 들여다볼 수 있다.

국방부 자료에는 대표적으로 남북 군사력 비교 자료가 포함된 '국방백서'가 있는데 2018년 국방백서의 경우 1967년 첫 발간 이후 23번째 백서이다. 또한 '정책자료집'이라는 페이지를 통하여 다양한 군 관련·정책홍보 자료 등을 제공하고 있다. 이외에도 산업은행, 수출입은행, 국가정보원 등도 각 기관의 전문성에 맞는 북한에 대한 자료를 공개하고 있다.

참고할 점은 순수 북한이 발표한 자료들을 제외하고는 이러한 통계적 수치들은 대부분 추정치가 많다는 점이다. 물론 관련 통계에 대한 관련 역사가 길어지고 경험이 많아지면서 통계 값이 보다 정교해지긴 하겠지만, 북한이 자체적으로 공식적인 통계를 내지 않는 이상 이러한 통계들은 단순 추정치일 뿐이라는 점도 반드시 염두에 두어야만 한다.

이런 측면에서는 직접 북한에 파견을 가서 북한과 협력하여 사회지표를 작성하는 UN과 같은 국제지구의 지표가 오히려 더 신뢰받을 만하다. 대표적으로 UN 산하의 유니세프(UNICEF)와 유엔세계식량계획(World Food Programme)은 각 기구의 목적에 필요한 사회조사를 북한 당국과 협력하고 직접 실시하여 결과를 발표하고 있다.

북한의 매체로는 대표적으로 로동신문[3]과 조선중앙통신사를 들 수 있다. 로동신문은 1945년 11월 1일 평양에서 창간된 조선로동당 중앙위원회의 기관지이다. 또한 한글뿐만 아니라 영어와 중어까지도 열람이 가능한 인터넷 홈페이지 서비스도 동시에 제공되고 있다. 혁명활동보도, 혁명일화, 공식문건, 국내, 조국통일, 국제, 사진, 동영상이 주요 카테고리를 이루고 있다.

조선중앙통신사는 1946년 12월 5일에 창립된 대표적인 북한의 언론기관이다. 한글 이외에도 영어, 중국어, 러시아어, 스페인어, 일어로 최신 소식, 정치, 경제, 문화, 국내, 국제, 대외관계, 북남관계, 체육, 사회생활, 환경 등 다양한 분야의 소식을 전하고 있다.

'우리민족끼리'는 북한의 조국평화통일위원회의 산하의 대외선전용 매체로 조선륙일오편집사가 운영하고 있다. 주요 기사로 최근 소식들을 전달하며 도서, 다매체(화면편집물, 컴퓨터선전화, 휴대전화소리, 탁상화면배경), 사진, 음악 등 콘텐츠가 다양한 것이 특징이다. 또한 트위터, 인스타그램, 핀터레스트 등 SNS를 통한 소식 전달 체계를 잘 갖추고 있다.

3 　로동신문 : 우리민족끼리에 따르면 "《로동신문》은 위대한 수령 김일성 동지께서 항일혁명투쟁의 불길 속에서 몸소 마련하신 혁명적 출판물의 빛나는 전통을 이어받고 불멸의 주체사상과 그 구현인 주체적 출판보도 사상을 지도적 지침으로 하여 주체의 혁명위업을 대를 이어 끝까지 완성해 나가는 데 적극 이바지하는 것을 자기의 숭고한 사명으로 하고 있다."라고 소개하고 있다.

'조선의 오늘'은 위의 매체들에 비하여 가장 최근에 생긴 매체로 평양모란봉편집사에서 운영하고 있다. 현대조선을 빛내이신 절세위인들, 정치, 경제, 사회문화, 조국통일, 관광, 력사, 기사, 동영상, 사진, 음악 감상의 카테고리로 편성되어 다른 매체와 크게 다를 바 없어 보인다. 그러나 우리민족끼리와 같이 SNS 체계를 잘 갖추어 사진 및 영상 편집물들이 비교적 많이 있고, 특히 관광 카테고리의 경우에는 관광지역별 소개와 함께 위치·면적·국장·국기·국화·국수·국조·국견·언어·명절·주요기념일·정당 등이 수록되어 있다.

그리고 역사 카테고리에는 역사 개관 및 상식과 더불어 의식주 풍습이 체계적으로 잘 정리되어 있어 북한의 기본적인 개요 정보를 알기에 유용하다. 또한 관광 일정, 사증 신청 및 수속, 국제 항로 및 열차 시간, 보험 등의 정보도 확인할 수 있어 실제로 북한 관광에 관심을 갖는 사람들에게 큰 도움이 될 수 있다.[4] 그 밖에도 려명, 류경, 아리랑, 우리민족강당 등의 홈페이지에서 다양한 북한 자료들을 파악할 수 있다.

그러나 북한 자료 열람의 경우, 남한에서는 해당 웹사이트들의 직접적인 접속이 차단되어 있어 오직 허가된 기관에서만 소수만이 관련 정보만을 볼 수 있다. 남한에서 온라인상 북한이 운영하거나 북한을 찬양 및 고무하는 웹사이트는 '정보통신망 이용촉진 및 정보보호 등에

---

[4] 남한의 주민이 북한을 방문하기 위해서는 남한의 '남북교류협력에 관한 법률 시행령'에 따라 방문 신청을 해야 하고 통일부장관의 방문 승인을 받아야 하며, 통일부장관이 발급한 증명서(이하 "방문증명서"라 한다)를 소지하여야 한다. 그러나 일반 남한의 주민이 이러한 과정을 거치는 것이 어렵고 현재는 2010년 천안함 사건 이후에 단행한 5·24조치로 인하여 사실상 남한 주민의 북한 방문은 불가능한 상태이다. 예외적으로 외국에 거주하는 재외국민 자격이면 통일부에 북한방문신고서를 제출하고 갈 수 있다.

관한 법률'의 44조 7항 8호에 따라 '국가보안법에서 금지하는 행위를 수행하는 내용의 정보'에 해당되기 때문이다.

물론 이러한 조치가 시대적 흐름에 맞는 것인지에 대한 논란이 있다. 또한 일부 사이트들은 차단되지 않아 접속이 가능하고 외국에서 접속하거나 VPN(Virtual Private Network)과 같은 가상사설망을 통하면 언제든지 접속할 수 있기 때문에 여러 가지 문제가 제기되고 있다.

평양 중심

「북한 트렌드 2020」은 평양[5]을 중심으로 한 트렌드이다. 평양은 조선민주주의인민공화국의 수도라는 행정중심지로서의 의미 이상으로 모든 면에서 핵심적인 본보기 사업의 도시이다. 북한에서는 '본보기 단위'라는 말을 쓰곤 하는데, 하나의 사업을 본보기로 시작하여 전 국가적 사업으로 일으켜 가는 과정에서 그 시작점에 놓인 사업을 바로 본보기 사업이라고 한다.

2018년 11월 9일자 로동신문에서는 '본보기, 표준단위창조사업의

---

[5] 평양 : 평양직할시는 한반도의 서북쪽에 위치한 북한의 수도이자 최대의 도시이다. 예로부터 우리나라의 중심지로 고구려의 수도였고, 고려 삼경중 하나인 서경이었으며, 조선시대에는 평안도 감영 소재지로 행정 중심지였다. 또한 예로부터 수양버들이 많아 '류경'이라는 이름으로 불리기도 하였다. 특히 대성산, 용악산, 모란봉은 경치가 빼어나기로 유명하다. 평양은 광복 이후 1946년 9월 특별시로 승격되었고 1952년 직할시로 변경되었다. 최근의 변화를 보면 2010년 평양직할시를 대동군과 강동군만 남기고 강남군, 중화군, 상원군, 승호구역을 황해북도로 편입시켜 축소 개편시켰다. 그러나 이듬해 2011년 다시 강남군을 평양직할시로 편입시켰다. 따라서 현재 평양시는 2개의 군(강동군, 강남군)과 18구역(대동강구역, 대성구역, 동대원구역, 락랑구역, 역포구역, 용성구역, 만경대구역, 모란봉구역, 보통강구역, 사동구역, 서성구역, 삼석구역, 선교구역, 순안구역, 은정구역, 중구역, 평천구역, 형제산구역)으로 이루어져 있다. 한편 인구는 약 250만여 명 정도이다.

중요성'이라는 제목으로 다음과 같은 기사 내용을 찾아볼 수 있다.

"한 단위에서 모범을 창조하고 그것을 일반화하여 혁명과 건설을 전진시켜 나가는 것은 우리 당의 전통적인 사업 방법이다. ⋯ 중략 ⋯ 본보기, 표준단위창조사업은 바로 당의 구상과 의도가 집중적으로 구현된 새로운 기준을 마련하는 사업이다. 우리 당이 내세우는 본보기, 표준단위들에는 계속 혁명, 계속 전진하는 시대의 요구와 인민의 지향과 념원이 담겨져 있다. ⋯ 중략 ⋯ 본보기, 표준단위를 창조하는 것은 다음으로 사회주의 건설의 전반사업을 최단 기간 내에 근본적으로 변혁시키기 위한 중요한 방도이다.
본보기, 표준을 창조하는 목적은 단순히 현실 발전의 요구, 시대의 요구에 맞는 새로운 기준을 내세우는 데만 있는 것이 아니다. 시대의 전형, 온 나라가 본받아야 할 모범을 창조하고 그것을 따라 배우도록 함으로써 경제, 문화를 비롯한 사회주의 건설의 모든 분야에서 일대 변혁을 가져오자는 데 궁극적 목적이 있다. ⋯ 중략 ⋯ 모든 부문, 모든 단위에서는 본보기, 표준단위를 창조하는 사업이야말로 우리 혁명의 전진을 더욱 가속화하기 위한 중요한 사업이라는 것을 깊이 명심하고 이 사업을 실속 있게, 일관하게 밀고 나가야 할 것이다."

물론 지역적 특성을 고려한 본보기 사업은 지방에도 있지만 과학·교육·문화·상업·체육 등 대부분의 국가 단위사업의 시발점이 바로 평양에서 이루어지고 있다. 문재인 대통령이 2018년 9월 남북정상회담에서 평양의 놀라운 발전상을 보았다고 언급했던 것은 평양이 수도의 환경을 갖추고 있으면서 각종 국가 단위급 본보기 사업의 중심지인 것과 무관하지 않다. 이는 곧 북한 변화의 중심, 트렌드의 출발점이 상당 부분 평양에서 이루어지고 있음을 의미하는 것이기도 하다.

신년사

신년사[6]는 북한의 지도자가 매해 1월 1일 발표하는 것으로, 그해 정책의 대략적인 요점이 정리되어 있다. 따라서 다가오는 한 해 경향을 미리 파악해 보거나 지난 시기의 흐름을 대략적으로 읽어 보고자 할 때에는 이 신년사만 한 것이 없다. 많은 언론들도 새해에 접어들어 신년사가 발표되게 되면 전문을 소개하고 분석에 들어가는 등 매우 중요하게 다루고 있다. 신년사는 그해의 정책적 방향과 함의가 일목요연하게 정리되어 있기 때문에 북한의 한 해 트렌드나 다름없다.

신년사의 내용은 크게 정치, 경제, 국방, 대남·대외 부분으로 나뉜다. 「북한 트렌드 2020」에서는 카테고리의 흐름에 맞추어 핵심 내용을 발췌하였으며 신년사 전문은 부록에 개제하였다. 2018년 신년사의 주요 내용을 살펴보면 국가 핵무력 완성의 역사적 대업을 성취하였다고 밝힘과 동시에 그 어떤 핵 위협도 분쇄하고 대응할 수 있는 강력하고 믿음직한 전쟁억제력을 보유하게 되었다고 발표하였다.

그리고 2017년에 국가경제 발전 5개년 전략 수행에서도 커다란 전진을 이룩하였다고 평가하면서 2018년에는 경제발전과 인민 생활 향상을 위해서 과학기술을 더욱 발전시키고 경제전선 전반에서 활성화의 돌파구를 열어야 한다고 밝혔다. 또한 남북관계에서는 남한의 평

---

6 신년사 : 신년사는 1946년 1월 1일 0시에 김일성 주석이 "신년을 맞이하면서 전국 인민에게 고함"의 제목으로 연설을 한 것이 그 시초가 되었다. 그 이후에는 김일성 주석이 육성으로 신년사를 발표하였다. 김정일 국방위원장 시대에는 로동신문(당신문), 조선인민군(군신문), 청년전위(청년신문)에 공동사설 형식으로 매년 1월 1일 발표되었다. 김정은 국무위원장 시대에 들어서도 이 틀을 유지하고 있고 때에 따라 국무위원장의 육성 신년사도 동시에 발표되고 있다.

창올림픽을 언급하면서 정세를 격화시키는 일을 더 이상 하지 말아야 하며 군사적 긴장을 완화하고 평화적 환경을 마련하기 위하여 공동으로 노력하여야 한다고 밝혔다.

북한연구학회·서울대학교 통일평화연구원 공동 학술 심포지엄에서 발표한 "2018 북한 신년사 분석과 한반도 정세 전망"에 따르면 남북관계와 관련하여 2018년에는 북한의 대대적인 대화 및 평화 공세가 있을 가능성을 내비쳤고, 올림픽 대표단 참가 및 남북한 간의 당국 회담 그리고 군사회담에 대한 적극적인 제스처로 유화국면으로 빠르게 전개될 가능성이 있다고 분석하였다.

실제로 2018년이 저문 지금, 신년사의 내용과 분석이 한 해 동안 그대로 투영되었다고 볼 수 있다. 평창올림픽에는 북한 대표단이 참가하였고 지난 4월과 9월에는 남북 정상이 각각 판문점 선언과 평양공동선언을 잇따라 발표하였다. 또한 군사, 문화, 체육, 철도, 항공, 도로, 산림, 의료 분야 등 광범위한 범위에서 남북관계의 실무적인 접촉이 시작되고 있다. 신년사가 북한의 한 해 경향을 미리 파악하는 데 얼마나 중요한 지표인지 재확인되는 셈이다.

2019년 신년사는 김정은 위원장이 직접 육성으로 1월 1일 오전 9시 조선중앙TV를 통해 방송하였다. 신년사에서는 2018년은 북한의 주동적이면서도 적극적인 노력에 의하여 조선반도에서 평화에로 향한 기류가 형성되고, 당의 자주노선과 전략적 결단에 의하여 대내외정세에서 커다란 변화가 일어났으며, 사회주의 건설이 새로운 단계에 들어선 역사적인 해였다고 평가하였다.

특히 "자력갱생의 기치 높이 사회주의 건설의 새로운 진격로를 열어 나가자!"를 구호로 내세우며 자립경제의 중요성을 설파하고 미국과의 관계에서도 앞으로도 언제든 또다시 미국 대통령과 마주 앉을 준비가 되어 있으며 반드시 국제사회가 환영하는 결과를 만들기 위해 노력할 것이라고 밝혔다. 다만 미국이 약속을 지키지 않고 제재와 압박을 지속한다면 새로운 길을 모색할 것이라는 점도 남겼다.

통일연구원 북한연구실 신년사 분석팀은 이러한 신년사에 대하여 전반적 특징은 내부적인 투쟁과 대외공세에서 벗어나 상당 부분 대화와 협력의 관점에서 구성되었고 대남과 대미 메시지에서 전보다 높은 진전과 적극적인 의지를 밝힌 셈이라고 분석하였다. 또한 대내 메시지에도 투쟁보다는 합리적 개혁에 초점을 맞췄다고 평가했다. 분석팀은 핵심 키워드를 '경제발전', '평화', '관계정상화'로 꼽았다.

★
북한의 주요 지표
──

다음은 가장 최근에 발표된 개괄적인 북한의 주요 지표들이다. 거시적인 측면에서 북한에 대한 수량적 정보를 파악하는 데 도움이 된다. 2017년도 기준 인구는 2,501만여 명을 넘어섰고 국민총소득은 약 36조6천억 원, 1인당 국민총소득은 146만 원, 경제성장률은 −3.5%로 나타났다. 한편 남한의 경우에는 인구 5,144만여 명, 국민총소득은 약 1,730조 원, 1인당 국민총소득은 3,364만 원, 경제성장률은 3.1%로 집계되었다.

• 북한의 인구, 명목 GNI, 1인당 GNI, 경제성장률 •

구분	단위	2017년	2016년	2015년	2014년	2013년
인구	천 명	25,014	24,897	24,779	24,662	24,545
명목 GNI	십억 원	36,631	36,373	34,512	34,236	33,844
1인당 GNI	USD	1,295	1,259	1,231	1,318	1,259
경제 성장률	%	−3.5%	3.9%	−1.1	1.0	1.1

※ 한국은행, 북한 GDP 관련 통계

북한의 대외경제를 보면 2017년도 기준 수출액은 18억 달러, 수입액은 38억 달러로 55.5억 달러의 무역총액을 기록하였다. 총액만 보면 2014년도 76.1억 달러 이후에 지속적으로 줄고 있는 모습이다. 수입액은 증가하지만 수출액은 점차 늘어나 무역수지가 적자인 상황이다. 원유 등의 필수 원자재에 대한 수요는 증가하는데 제재 등의 형국으로 수출길이 막힌 상황을 그대로 보여 주고 있다. 한편 2017년도 기준 남한의 수출액은 5,737억 달러, 수입액은 4,785억 달러로 무역총액은 10,521.7억 달러이다.

● **북한의 대외경제** (단위 : 억달러) ●

구분	2017년	2016년	2015년	2014년	2013년
무역총액	55.5	65.3	62.5	76.1	73.4
수출액	18	28	27	32	32
수입액	38	37	36	44	41

※ 통계청, 북한통계 – 북한의 주요 지표

북한의 산업별 성장률을 보면, 제재가 본격화되고 관련국들의 긴장이 고조되었던 2017년에는 서비스업을 제외한 나머지 부문은 마이너스 성장을 기록했다. 특히 광공업은 2016년도와 대비하여 큰 폭으로 감소하는 추세를 보였다.

● **북한의 산업별 성장률** (단위 : %) ●

구분	2017년	2016년	2015년	2014년	2013년
농림어업	-1.3	2.5	-0.8	1.2	1.9

광공업	−8.5	6.2	−3.1	1.1	1.5
전기가스수도업	−2.9	22.3	−12.7	−2.8	2.3
건설업	−4.4	1.2	4.8	1.4	−1.0
서비스업	0.5	0.6	0.8	1.6	0.3

※ 한국은행, 북한 GDP 관련 통계

　북한의 산업구조를 보면, 2013년도부터 2017년도까지 5년간 추세를 보았을 때 광공업이 점차 감소하고 농림어업, 전기가수수도업, 건설업, 서비스업은 아주 완만한 증가 추세를 보였으나 전체적으로 크게 변화하고 있는 부분은 없는 상황이다.

• 북한의 산업구조 (단위 : %) **•**

구분	2017년	2016년	2015년	2014년	2013년
농림어업	22.8	21.7	21.6	22.4	22.4
광공업	31.8	33.2	32.7	34.4	35.7
전기가스수도업	5.0	5.2	4.5	4.3	4.1
건설업	8.6	8.8	9.0	8.2	7.8
서비스업	31.7	31.1	32.2	31.3	30.0

※ 한국은행, 북한 GDP 관련 통계

　북한의 에너지 산업을 보면, 2017년도 기준 389만 배럴의 원유수입을 하였는데 제재의 여파로 지난 몇 년 동안 동일한 수준을 나타내고 있다. 그러나 2013년도부터 2017년도까지 5년간 화력발전 및 수력발전은 점차 증가하여 발전설비용량도 계속해서 증가하고 있는 모습을 보이고 있다. 한편 2017년도 기준 남한의 원유수입량은 111,817만 배럴, 화력발전전력량은 3,740억kWh, 수력발전전력량은 70억kWh, 발전설비용량은 117,158MW이다.

• 북한의 에너지 산업 •

구분	2017년	2016년	2015년	2014년	2013년
원유수입량(만 배럴)	389	389	389	389	424
화력발전전력량(억kWh)	116	111	90	86	82
수력발전전력량(억kWh)	119	128	100	130	139
발전설비용량(MW)	7,721	7,661	7,427	7,253	7,243

※ 통계청, 북한통계 – 북한의 주요 지표

북한의 농수산물 생산량을 보면 2017년도 기준 식량작물 생산량은 4,701천 톤, 쌀 생산량은 2,192천 톤, 수산물 어획량은 884천 톤으로 집계되었다. 지난 5년간 농수산물 생산량에서는 큰 변화가 없었다. 한편 2017년도 기준 남한의 식량작물 생산량은 4,466천 톤, 쌀 생산량은 3,972천 톤, 수산물 어획량은 3,749천 톤에 달하였다.

• 북한의 농수산물 생산량 (단위 : 천M/T) **•**

구분	2017년	2016년	2015년	2014년	2013년
식량작물 생산량	4,701	4,823	4,512	4,802	4,806
쌀 생산량	2,192	2,224	2,016	2,156	2,101
수산물 어획량	884	1,009	931	842	749

※ 통계청, 북한통계 – 북한의 주요 지표

북한의 광물 생산량을 보면 2017년도 기준 철광석 생산량 5,741천 톤, 아연 생산량 305천 톤, 연 생산량 93천 톤, 석탄 생산량 21,660천 톤으로 특히 석탄 생산량에서 2016년 대비 큰 폭의 감소세를 보였다. 석탄 수출이 어려워진 제재의 여파와 관련이 있어 보인다. 한편 2017년도 기준 남한의 철광석 생산량은 311천 톤, 아연 생산량은 962천 톤, 연 생산량은 807천 톤, 석탄 생산량은 1,485천 톤으로 집계되었다.

• 북한의 광물 생산량 (단위 : 천M/T) **•**

구분	2017년	2016년	2015년	2014년	2013년
철광석 생산량	5,741	5,249	4,906	5,471	5,486
아연 생산량	305	305	305	305	305
연 생산량	93	93	93	93	93
석탄 생산량	21,660	31,060	27,490	27,090	26,600

※ 통계청, 북한통계 – 북한의 주요 지표

북한의 주요공산품 생산량을 보면 2017년도 기준 자동차 생산대수는 3만 4천여 대, 시멘트 생산량은 6,837천 톤, 화학섬유 생산량은 23천 톤, 조강 생산량은 1,090천 톤, 화학비료 생산량은 573천 톤에 달했다. 지난 몇 년간의 시기와 대비해서 큰 차이는 보이지 않는다. 한편 2017년도 기준 남한의 자동차 생산대수는 4백십만여 대, 시멘트 생산량은 57,400천 톤, 화학섬유 생산량은 1,377천 톤, 조강 생산량은 71,090천 톤, 화학비료 생산량은 2,349천 톤이었다.

구분	2017년	2016년	2015년	2014년	2013년
자동차 생산대수(천대)	3.4	3.8	3.5	4.0	4.0
시멘트 생산량(천M/T)	6,837	7,077	6,697	6,675	6,600
화학섬유 생산량(천M/T)	23	23	23	25	25
조강 생산량(천M/T)	1,090	1,218	1,079	1,220	1,210
화학비료 생산량(천M/T)	573	604	528	501	485

※ 통계청, 북한통계 – 북한의 주요 지표

북한의 사회간접자본을 보면 지난 시기와 대비해서 큰 변화는 없는 가운데 2017년 기준 철도총연장은 5,287㎞, 항만하역능력은 4,176만 톤, 도로총연장은 26,178㎞, 선박보유톤수는 101만 톤에 달했다. 한편 2017년도 기준 남한의 철도총연장은 4,078㎞, 항만하역능력은 116,445만 톤, 도로총연장은 110,091㎞, 선박보유톤수는 1,270만 톤이었다.

• 북한의 사회간접자본 •

구분	2017년	2016년	2015년	2014년	2013년
철도총연장(km)	5,287	5,226	5,304	5,302	5,299
항만하역능력(만 톤)	4,176	4,157	4,156	4,156	3,700
도로총연장(km)	26,178	26,176	26,183	26,114	26,114
선박 보유톤수(만G/T)	101	93	100	71	73

※ 통계청, 북한통계 – 북한의 주요 지표

유엔안보리의 경제적 제재로 인하여 북한의 경제는 분명히 어렵다. 그러나 북한의 주요 지표들은 이러한 제재가 제한적이라고 말하고 있다. 2017년도 경제성장률이 하락하긴 했지만 북한 경제에 큰 충격을 가하지는 못했다는 정황들이 속속들이 나오고 있기 때문이다. Daily NK의 북한시장동향을 보면 1달러당 환율이 지난 5년 동안 약 8,000원(북한 화폐) 대로 매우 안정세를 보이고 있고 쌀 가격 역시 1kg 당 약 5,000원 정도로 수년째 이어져 오고 있다.

2019년 3월 29일 국정원이 국회정보위원회 전체회의 업무보고에서도 식량 사정이 악화되는 징후가 있지만 아직까지는 대량 아사자는 없으며 시장의 곡물가격도 안정세를 유지하고 있다고 보고하였다.[7] 이러한 시장동향은 주민들의 삶에 직접적인 영향을 미치는 생필품에는 큰 변화가 없다는 것과 동시에 북한의 강력한 시장에 대한 안정화 정책이 반영되고 있는 것이다.

물론 불확실성도 여전히 존재한다. 국회입법조사처에 따르면 2019년 북한의 경제가 강도 높은 제재하에서 지금처럼 안정적으로 운영이 될지 혹은 지속적인 경상수지 적자로 경제 위기로 이어질 것인지는 좀 더 지켜봐야 한다는 주장이다.[8] 물론 북미관계도 중요한 변수이다. KDI(한국개발연구원)는 미국의 독자적 대북제재는 매우 촘촘할뿐더러 일반적 제재 관련 법규까지 적용되고 있는데 트럼프 대통령과 민주당 간의 갈등, 미국 대선 등이 앞으로 제재 완화에 어떤 영향을 미칠지 가늠하기 어렵기 때문에 정치적 제약 요인에 더 무게를 두라는 조언이다.[9]

---

7   연합뉴스, "국정원 '北 식량사정 악화 징후…대량 아사자는 없어'", 2019.03.29
8   국회입법조사처, 「북한 경제의 현황과 2019년 전망」, 2019
9   한국개발연구원, 「KDI 북한경제리뷰 2019년 1월」, 2019

대외경제정책연구원[10]의 발표에 따르면 2018년 북한의 대중국 수출은 2억900만 달러로 1년 전인 2017년보다 87.3% 급감했고, 수입은 22억1,800만 달러로 역시 1년 전인 2017년보다 33.4% 감소했다. 수출과 수입이 감소한 가운데 수출의 급감으로 인하여 2018년 북한의 대중 무역은 사상 최대의 적자를 기록했다고 분석하였다. 여기에 유엔결의안 2397호에 따라 북한의 해외 노동자 신규고용이 금지되고 2019년 12월까지 기존에 파견되어 있는 노동자들의 비자가 만료되어 귀국해야 하는 상황이어서 서비스 수지가 더욱 악화될 수 있다고 전망하였다.

이러한 가운데 어떻게 남한이 비핵화 문제를 해결해 나아가고, 개발도상에 있는 북한과 경협 및 교류를 해 나아가며, 주변국과의 관계를 잘 옹립할 것인지가 주목되고 있다. 분명한 것은 사회주의 자립경제의 위력을 더욱 강화해 나가자는 2019년 신년사 내용에서 알 수 있듯이 북한 당국이 그 어느 때보다도 강력한 의지를 가지고 국가 경제 발전을 위해 노력하고 있다는 점이다. 따라서 대북 협상 테이블에서도 이러한 가늠자는 중요한 요소 중 하나가 될 것이며 그 향방에 따라 북한 경제에 많은 영향을 미칠 것이다.

---

10 대외경제정책연구원, 「2018년 북·중 무역 평가와 2019년 전망」, 2019

10대 북한 상품 및 서비스

—

「북한 트렌드 2020」에서는 남북한의 언론보도를 종합하고 북한 현지 인터뷰를 통하여 최근 가장 각광받고 있는 북한의 상품 및 서비스(문화콘텐츠 포함)를 선정했다.

1. 체콤기술합영회사의 플래그쉽 스마트폰 "2423"

2018년 10월경 출시된 최신 스마트폰으로 체콤의 2423에 대한 반응이 뜨겁다. 최근 남한의 여러 언론에서도 해당 기기가 입수되어 자세한 보도가 잇따랐다. 2423의 스펙은 5.5인치 디스플레이에 720×1,440의 해상도, 전면 카메라 800만 화소, 후면 카메라 1,300만 화소, 16GB의 저장용량에, 3,000mAh의 배터리용량을 가지고 있다.

특히 이 스마트폰은 다양한 보안기능을 제공하는데, 그중에서도 지문인식기능을 활용한 보안체계가 으뜸이다. 설명서에는 "화면열쇠와 보안암호를 한 번의 손 접촉으로 빨리 해제할 수 있습니다. 또한 보안령역기능을 설정하여 번호판, 주소록, 통보문, 파일관리, 화상서고

스마트폰 2423

스마트폰 2423

에서 두손가락밀기 조작을 하지 않고도 지문인식에 의해 직접 보안령역에 들어갈 수 있습니다."라고 설명하고 있다.

구체적인 내용에 들어가면 '나의 길동무 4.1', '조선말사전', '날씨 2.0' 등 20개의 유틸리티와 23개의 앱이 기본으로 설치되어 있으며 와이파이, 블루투스, 비행기 모드 등의 다양한 기능들이 있는데 여기서 말하는 와이파이는 인터넷 연결이 아닌 북한 내부 인트라넷을 말한다.

특히 삼흥정보기술교류소에서 개발한 앱 '나의 길동무 4.1'은 구글의 '플레이 스토어', 애플의 '앱 스토어'의 역할을 해서 다른 앱을 내려받을 수 있는 창구 역할을 하고 있다. 이 앱을 통하여 '초원의 무사', '환상 속의 자동차', '분노한 새' 등 다양한 오락을 비롯하여 도서, 동영상, 방송녹음물 등을 내려받을 수 있다.

교육 관련 앱도 많이 있다. '조선대백과', '조선말사전', '다국어 사전', '한자 사전', '중어 사전' 등의 사전 앱을 비롯하여 '영어 배우기', '중어 배우기'와 같은 외국어 학습 앱도 찾아볼 수 있다. 또한 '광명 1.22'와 같이 독서 앱으로 북한의 사회·과학교육·상식·의학·문예 등과 관련한 책을 볼 수 있다.[11]

2. 평양판 오픈마켓, 전자상거래 플랫폼 "만물상"

연풍상업정보기술사에서 개발한 '만물상'이라는 전자상업홈페이지는 북한의 2017년 전국정보화성과전람회에서 우수정보기술제품과 10대 최우수정보기술기업으로 선정되었다. '만물상'은 컴퓨터 또는 스마트폰을 이용하여 국가컴퓨터망(내부 인트라넷)에 접속 후 이용할 수 있는 전자상거래 서비스로, 오픈마켓 플랫폼 형식이다. 스마트폰을 가지고 언제 어디서나 쇼핑을 즐길 수 있기 때문에 큰 호응을 이끌어 내고 있고, 대외전자상업봉사도 있어 외국인들의 반응 역시 좋다.

북한에서는 이 '만물상' 서비스가 개설되고 전체 방문자 수가 2,164만 건, 가입자 수(등록자수) 6만 건, 하루 방문자 수 4만 건에 달할 만큼 큰 인기를 끌고 있다. 북한에서 생산한 상품 정보와 경제 관련 지식들을 전문으로 취급하고 있으며 전자상점, 경제 정보, 기업 소개, 상품 올리기, 가상참관, 편의봉사 등 여러 가지 목록으로 분류되어 있어 열람자들이 원하는 목록을 선택하여 정보를 보거나 교환할 수 있다.

상품 정보에는 가격, 판매기관명, 연락할 전화번호, 위치 등의 자료

---

11 통일부 공식블로그, "'평양 2423' 북한 최신 스마트폰 파헤치기", 2019.03.14

만물상 홈페이지 소개화면(출처: 조선의 오늘)

가 정리되어 있어 누구나 쉽게 상품을 구입할 수 있도록 편의를 보장한다. 기업 소개 목록에서는 전국 각지의 공장, 기업소, 단체들과 상품에 대한 구체적인 자료들을 제공받을 수 있다. 특히 가상참관의 경우에는 이용자들이 해당 상점에 가지 않고도 상점을 둘러볼 수 있도록 만들어 놓았다. 2018년 4월 기준으로 약 38,000건에 해당하는 상품 자료들이 올라가 있으며 이 '만물상' 홈페이지 서비스로 인하여 상품을 생산하는 회사들의 기업 전략과 상점들의 판매 방식, 사람들의 제품 구입 방식도 달라지고 있다.[12]

---

[12] 조선의 오늘, "관심을 모으고 있는 전자상업홈페지", 2019.02.14

3. '대동강맥주'축제

다양한 대동강 맥주들

병맥주와 캔맥주

대동강 맥주공장

대동강맥주공장은 북한에서 가장 많이 그리고 대표적인 대동강맥주를 생산하고 있는 공장이다. 평양시 사동구역 송화동에 위치하고 있으며, 전체 공장 부지는 9만 9,000㎡, 연건평 2만㎡로 약 500여 명의 직원들이 근무 중이다. 직장들마다 독립적인 건물을 이용하고 있어 음료생산기지로 가장 현대화되고 완벽한 면모를 갖추고 있다고 평가받고 있다. 대동강맥주는 1번부터 7번까지 7종류로, 최근에는 떼기식통맥주(캔맥주)까지 생산하고 있다.[13]

◆ 대동강맥주 1번: 연한 맥주, 알코올도수 4.5%, 맥아 100% - 길금향이 짙고 쓴맛이 적당하여 진한 맛을 좋아하는 소비자들의 기호에 맞는 맥주

◆ 대동강맥주 2번: 연한 맥주, 알코올도수 5%, 맥아 70%, 백미 30% - 맛이 연하고 깨끗하며 거품성이 좋은 기본 품종의 맥주로서 소비자들의 호평이 많은 맥주

◆ 대동강맥주 3번: 연한 맥주, 알코올도수 5%, 맥아 50%, 백미 50% - 흰쌀의 깨끗하고 상쾌한 맛과 길금의 부드러운 맛, 쓴맛이 조화롭게 겸비되어 유럽과 아시아의 맥주 품격을 다 같이 갖춘 맥주

◆ 대동강맥주 4번: 흰쌀 맥주, 알코올도수 4.5%, 맥아 30%, 백미 70% - 맥주 고유의 맛을 가지면서도 흰쌀의 향미, 깨끗한 맛이 잘 어울리게 하여 주정과 쓴맛이 낮을 것을 요구하는 소비자들의 기호에 맞는 맥주

◆ 대동강맥주 5번: 흰쌀 맥주, 알코올도수 4.5%, 백미 100% - 색이 매우 연하고 거품이 좋으면서도 흰쌀 고유의 향미와 호프 맛이 조화롭게 어울린 특이한 맛을 가진 것으로 하여 녀성들의 기호에 특별히 맞는 맥주

◆ 대동강맥주 6번: 흑맥주, 알코올도수 5.5% - 맛이 진하고 풍부하며 강한 커피 향과 높은 주정, 쓴맛을 가진 전형적인 흑맥주

◆ 대동강맥주 7번: 흑맥주, 알코올도수 4.5% - 기본 맛이 연하고 상쾌하면서도 뚜렷한 초콜레트 향과 부드러운 쓴맛의 흑맥주로서 새 세대 소비자들의 기호에 맞는 흑맥주

- 재미동포전국연합회, "〈방북취재 8〉 사진으로 보는 평양의 이모저모 2", 2014.12.22

---

13 김민종, 「평양의 사계절」, 2017

대동강맥주공장의 전시실에는 공장에서 생산된 맥주뿐만 아니라 북한 내 경쟁 업체의 맥주들 그리고 해외의 유명 맥주들까지 구비되어 있었다. 품질평가를 통하여 품질 면에서 떨어지지 않는 노력을 지속하기 위해서라고 한다. 2016년에는 대동강맥주의 상표를 딴 맥주축제가 열리기도 했다.

조선중앙방송은 "평양대동강맥주축전은 미제와 그 추종세력의 고립·압살 책동을 짓부수며 사회주의 문명강국을 보란 듯이 건설해 나가는 우리 인민의 행복하고 낙관에 넘친 생활 모습을 그대로 보여 주고 있습니다."라고 전하였다. 2017년과 2018년에 이 축제는 열리지 않았지만 북한의 모든 식당 및 상점에서 쉽게 찾아볼 수 있을 정도로 대동강 맥주는 북한의 최고 인기상품 중에 하나이다.

4. 조선의 명품, 개성고려인삼

개성고려인삼차

북한의 로동당 기관지인 로동신문에 따르면 "조선개성고려인삼은 백두대산줄기에 시원을 둔 조선민족의 기상이 어린 인삼이다."라고 표현하고 있다.[14] 고려인삼은 그 효능이 일찍이 입증되어 많은 사람들의 수요가 따르고 있는데, 특히 개성 지방에서 나온 삼이 다른 지방의 삼보다 사토닌 등의 성분 함유량이 더욱 풍부하다고 하여 개성고려인삼이 으뜸인 것으로 알려져 있다. 이러한 개성고려인삼을 조선개성고려인삼무역회사, 조선장수무역회사 등의 회사에서 상품화하여 유통하고 있는데 고려인삼은 가공 형태에 따라 5가지로 분류된다.

---

1. 수삼 : 밭에서 캐낸 상태의 삼(수분 70%~80%)
2. 백삼 : 수삼을 물로 씻어 다듬고 코르크층을 벗겨 말린 삼(수분 11% 이하)
3. 홍삼 : 수삼을 일정한 온도에서 증기로 쪄서 말린 삼(수분 11% 이하)
4. 당삼 : 수삼을 사탕에 졸인 삼
5. 미삼 : 백삼, 홍삼, 당삼을 만들기 위해 다듬어 낸 잔뿌리삼

- 조선국제무역촉진위원회, 「조선상품」, 2018

이러한 삼을 가공하고 다른 원재료를 추가하여 개성고려인삼차, 개성고려홍삼가루, 홍삼생강차, 개성고려홍삼절편, 개성고려인삼단물, 개성고려인삼탕, 개성고려인삼꿀, 개성고려인삼조미료, 개성고려인삼정액 등 다양한 형태의 제품들을 만든다. 이러한 상품들은 많은 사람들의 호응을 얻고 있으며 특히 관광객들에게 인기가 많다.

최근에 북한은 개성고려인삼의 재배부터 수매, 가공, 수출까지 그 유통을 일원화시키기 위하여 조선민주주의인민공화국 인삼협회(조선

---

14   로동신문, "조선개성고려인삼의 외형상 특징과 효능", 2018.12.20

인삼협회)를 출범하였다. 협회 서기장은 오래전부터 널리 알려진 보약재인 개성고려인삼의 사업을 보다 과학화하여 생산량을 결정적으로 늘려 인민들의 건강 증진에 이바지할 것이라고 말하였다. [15]

5. 현금 없이도 체크카드로 결제, 전자결제카드 '나래', '전성'

전자결제카드 나래

전자결제카드 《나래》 사용설명서

1. 전자결제카드 《나래》 상표이름은 내 조국의 창공높이 기세차게 날아오르는 천리마의 비약의 나래와 그 기상을 의미합니다. 《나래》 카드는 외화봉사단위들에서 상품 및 봉사대금을 지불할 때 사용하는 전자지불수단으로서 모든 대금지불을 무현금결제로 신속정확히 진행할수 있게 됩니다.

2. 《나래》 카드는 지원된 외화봉사단위에서 발행되며 카드는 전국의 모든 외화봉사단위들에서 제한없이 카드진고범위안에서 상품 및 봉사대금결제에 리용하실수 있고 카드-카드사이 송금과 손전화기에 의한 대금결제를 진행하실 수 있습니다.

   카드등록권 《나래》 카드소지자가 카드의 잔고범위로 다른 《나래》 카드소지자에게 자금을 넘겨주거나 받을수 있게 하며 손전화기에 의한 대금결제는 임의의 장소에서 손전화를 리용하여 손전화료금이나 봉사대금 결제를 진행할 수 있도록 하는 봉사입니다.

   《나래》 카드 가지 않은 손님들의 경우 출납원의 외화교환봉사카드에 의해 반드시 외화교환을 진행하여 외화파운으로 봉사금을 지불하여야 합니다.

카드-카드사이 송금   손전화기에 의한 대금결제

3. 카드발행단위들에서는 카드를 발행받으려는 손님(외국인 포함)으로부터 외화현금을 받는 당일 외화교환시세에 따라 환산된 외화원을 카드에 입금시킵니다.

4. 카드앞면에 있는 4자리 수자들의 세번째의 네번째 묶음은 개별적인 카드소지자의 카드번호이기때문에 반드시 기억하여야 합니다.

5. 카드보안을 위하여 손님은 카드를 발행받을 때 교환원의 안내에 따라 카드에 본인의 암호를 설정하여야 합니다.
   카드소지자는 카드로 대금을 지불할 때 암호를 사용하여 승인하여야 하므로 본인의 카드암호를 기억하여야 합니다.
   ● 암호를 3번 련속 틀리게 입력하면 카드결제가 자동중지되기때문에 암호를 정확히 입력하여야 합니다.

6. 카드의 잔고보충은 임의의 지정된 외화봉사단위에서 할수 있습니다.

7. 카드잔고를 황원현금으로 전액 또는 일부를 반환받으려는 카드소지자는 카드발행은행에서 해당 봉사를 받을수 있습니다. 외국인의 경우 체류하고있는 호텔과 비행장에서 우와 같은 봉사를 받을수 있습니다.

8. 카드사용과 관련하여 아래의 사항을 준수하여야 합니다.
   ● 카드가 파손되거나 손상되지 않도록 잘 보관하여야 합니다.
   ● 카드 분실(파손)한 경우 무역은행 카드업무부서에 즉시 해당 카드번호를 신고하여야 합니다. 카드분실(파손) 확인되면 자기의 신분을 밝히고 《카드분실(파손)신고서》에 해당한 내용을 기입하여 제출하여야 하며 카드재발급비를 지불하고 카드를 이전 잔고와 함께 발급받을수 있습니다.
   ● 카드분실신고를 제때에 하지 않거나 카드소지자의 부주의로 초래되는 모든 손실은 본인이 책임져야 합니다.

9. 카드소지자의 카드거래와 관련한 비밀은 철저히 보장되며 카드에 입금된 자금은 법적보호를 받습니다.

조선민주주의인민공화국 무역은행

전자결제카드 나래 설명서

---

15 조선중앙통신, "조선인삼협회 조직", 2019.01.22

전자결제시스템이 발달하여 이제 현금을 가지고 다니지 않고 신용카드와 체크카드 등을 통하여 결제할 수 있는 편리한 세상이 된 지 오래다. 북한에도 계좌와 연동하여 잔액 내에서 결제를 할 수 있는 직불카드인 체크카드가 상당히 보편화되었는데 대표적인 것이 '나래카드'와 '전성카드'이다. 나래카드의 발급기관은 무역은행, 전성카드의 발급기관은 중앙은행이다.

상점 및 식당에 가 보면 대형 포스터로 '전자결제카드 〈나래〉 사용설명서'가 광고되고 있는데 다음과 같이 설명하고 있다.

"전자결제카드 〈나래〉 상표 이름은 내 조국의 창공 높이 기세 차게 날아오르는 천리마의 비약의 나래와 그 기상을 의미합니다. 〈나래〉카드는 외화봉사단위들에서 상품 및 봉사대금을 지불할 때 사용하는 전자지불수단으로서 모든 대금지불을 무현금결제의 방법으로 신속 정확히 진행할 수 있게 합니다. 〈나래〉카드는 지정된 외화봉사단위들에서 발행하며 발행된 카드는 전국의 모든 외화봉사단위들에서 제한 없이 카드 잔고 범위 안에서 상품 및 봉사대금 결제에 리용할 수 있고 카드-카드 사이 송금과 손전화기에 의한 대금결제를 진행할 수 있습니다."

이외에도 고속도로 통행료를 지불하는 '미래카드', 주유소에서 쓰는 '주유카드', 상점 등에서 쓰는 상점용 '우대카드' 등 다양한 종류의 전자카드가 있다. 이렇듯 현재 북한에서 사용 중이거나 개발 중인 전자카드의 종류가 최소 20여 종이 넘는 것으로 파악된다.[16]

---

16 자유아시아방송(RFA), "북한에서 사용·개발 중인 전자카드 20여 종", 2018.03.08

6. 평양화장품공장에서 생산하는 종합 화장품 브랜드, '은하수'

평양화장품공장에서 생산하는 제품들

은하수 화장품 세트

최근 'K뷰티'가 세계적으로 주목을 받으며 한국산 화장품이 전 세계에서 큰 인기를 끌고 있는 가운데 북한에서도 많은 사람들의 사랑을 받는 화장품이 있으니 바로 평양화장품공장에서 생산하는 '은하수' 화장품이다.

먼저 평양화장품공장은 2017년 10월에 개건현대화(리모델링)를 마친 최신 화장품 생산 공장으로, 연건축면적 29,200㎡에 281종 1,122대의 현대적인 설비, 모든 생산 공정의 자동화·무균화·무진화를 실현하여 연간 화장품 1,500만 개, 화장품용기 1,000만 개, 세숫비누 2,000t의 생산능력을 갖추었다. 북한에서는 단일 화장품 생산 공장으로는 최대의 규모를 자랑한다. 또한 화장품공장에 화장품전시장을 건립하여 휴무일 없이 1층에서는 기능성 화장품, 기초화장품, 분장용 화장품, 치료용 화장품을 판매하고 2층에서는 피부진단봉사, 피부치료봉사, 피부치료미안봉사 등을 진행한다.[17]

최근 '은하수' 화장품의 새 제품들이 많은 인기를 얻고 있는데 머리카락의 영양액, 과일향의 향수, 피부 탄력을 높여 주는 주름방지크림의 수요가 특히 많이 늘고 있다. 30대 여성들은 디자인이 좋은 화장도구들과 화장도구가방까지도 신경을 쓰고 있으며 입술연지(립스틱), 볼분(볼터치) 등과 같은 색조화장품은 40대, 50대 일반 여성들 사이에서 널리 사용되고 있다. 특히 기능성 세숫비누와 같은 치료용 화장품은 여성뿐만 아니라 남성에게도[18] 인기를 얻고 있다.

---

17 조선의 오늘, "평양화장품공장에 화장품전시장이 새로 문을 열었다", 2017.12.15
18 조선의 오늘, "평양화장품공장의 새 제품들 인기", 2018.11.11

저자와 인터뷰한 평양화장품공장 관계자는 앞으로 주름 방지, 미백, 자외선 방지를 비롯한 기능성 화장품과 치료용 화장품, 남성용 화장품, 분장용 화장품, 머리칼미용화장품, 아동용 화장품 등 피부 유형 및 성별·연령에 따른 화장품 등 다종다양하게 요구될 것으로 보이며, 이에 따라 화장품을 전문으로 판매하는 전시장들에서 판매뿐만 아니라 피부 측정, 진단, 미용, 치료 등의 봉사를 병행하여 보다 과학적인 관리가 가능할 것이라고 밝혔다.

7. 사람도 태우고 물자도 실을 수 있는 평화자동차 '창전'

북한의 자동차 산업은 1958년 덕천 자동차 공장에서 '승리-58'이라는 트럭 모델을 생산하면서 시작되었다. 평화자동차는 2000년대 초에 통일교가 5,000만 달러를 투자하여 북한과 합작하여 설립한 자동차 제작회사로, 2013년 이후 통일교는 운영에서 물러났고 북한이 운영하고 있다.[19]

북한의 대부분의 차들은 개인용 차이기보다는 관용차 또는 기관·기업소의 차량이며, 개인용 차도 소수이긴 하지만 늘어나고 있는 추세이다. 평화자동차는 현재 중국 자동차회사와의 제휴로 반조립 형태로 들여와 완조립을 하여 판매하고 있으며, 라인업은 '휘파람', '준마' 계열의 세단, '뻐꾸기', '쌍마' 계열의 SUV 그리고 '삼천리', '창전' 계열의 소형버스를 들 수 있다.

평화자동차 관계자는 저자와의 인터뷰에서 최근 판매되는 차량의

---

19 조선일보, "북한 자동차 산업과 문화 그리고 벤츠", 2018.04.27

평화자동차 창전

평화자동차 매장 전경

절반은 창전과 같은 소형버스 계열이며 기관·기업소 등에서 사람과 물자를 운반하기에 용이하기 때문이라고 밝혔다. 실제로 북한에는 일명 '서비차'라는 용어가 있는데 이는 '서비스(Service)'와 '차(Car)'를 결합한 합성어이다. 이러한 '서비차'들은 승차 공유 서비스인 우버(UBER)나 물자 운반의 택배차량과 유사한 서비스를 하는 차량으로, 갈수록 그 수가 급증하고 있다. 또한 휴대전화의 대중화로 판매자와 소비자의 의사소통이 원활해지면서 이러한 서비스의 기폭제가 되고 있다.[20] 한편 창전을 비롯한 평화자동차 라인업의 차량 가격은 대략 미화 20,000달러에서 30,000달러 사이 수준이다.

최근의 평양의 많은 방문자들은 사람들을 태우기 위해 줄지어 대기하고 있는 택시들의 행렬을 이야기하는 경우가 많은데, 이렇듯 사람의 이동과 물자 운반에 대한 수요가 얼마나 많아지고 있는지 엿볼 수 있는 대목이다.

8. 많은 인파로 쉴 새 없는 대형마트, '광복지구상업중심'

1991년 10월에 건설된 광복백화점이 2011년 12월에 새롭게 개장하면서 광복지구상업중심이라는 이름을 갖게 되었다. 연건평 12,700㎡인 광복지구상업중심은 상품 입고부터 판매에 이르기까지 체계적이고 현대적인 시스템을 도입하여 구매자들의 편의를 돕고 있다.

지하에서부터 3층에 이르기까지 다양한 서비스들이 있는데, 건물 중앙으로 큰 홀이 있어 에스컬레이터를 타고 올라가면 내부 전경이

---

20 자유아시아방송(RFA), "북한 서비차와 차량 공유 서비스", 2018.09.03

광복지구상업중심 내부

한눈에 들어온다. 지하에는 연회장, 체육, 이발 서비스 등이 있고, 1층에는 고기, 빵, 과자, 수산물, 당과류 등 각종 식료품, 화장품, 전자제품 등이 있다. 2층에는 옷, 신발 등 패션용품과 가구, 가정용품, 약, 귀중품 등이 진열되어 있다. 3층에는 넓은 식사홀이 있어 뷔페 형식의 서비스를 제공한다. 또한 자녀를 동반한 가족 단위 손님들의 편의를 위해 어린이 놀이장도 구비되어 있다.

광복지구상업중심 관계자는 상품의 대부분이 '국산 상품'이라는 것을 강조한다. 특히 식료품의 경우에는 인기 상품이 모두 국내에서 생산된 상품들이라고 설명한다. 상점 오픈시간에 맞춰 사람들이 장을 보려고 문 앞에 대기 행렬이 들어서고 영업시간 중에는 물건을 고르느라 분주한 소비자들과 관리원 및 판매원들의 발걸음으로 대형유통마트를 방불케 한다.

이곳은 해외동포들이 자주 들르는 곳 중 하나이기도 한데 규모가 크고 물건의 종류가 많은 이유도 있지만 흔한 과자나 초콜릿, 담배 종류의 상품도 '미래', '압록강', '금컵', '금성' 등 한글로 포장되고 디자인된 북한 상품이어서 여러 가지로 호기심을 자극하기 때문이다. 외화를 들고 있는 경우에도 환전소가 있어서 그 자리에서 북한 돈으로 환전하여 물품을 구매할 수 있도록 편리를 보장하고 있다.[21]

9. 평양냉면의 대표 주자 '옥류관'

평양에서 4대 음식이라고 하면 대동강숭어국, 평양온반, 녹두지짐 그리고 평양냉면을 꼽는다. 평양냉면은 고서에도 기록될 정도로 전통이 깊은 민족 음식이며 사람들에게 인기가 높은 대중 음식이기도 하다. 이 평양냉면을 취급하는 식당 중에서도 가장 대표적인 곳이 옥류관이라는 점은 널리 알려진 사실로, 옥류관은 사시사철 손님이 많지만 특히 더운 여름철에는 그 인기가 배가된다.

옥류관은 1960년에 준공되었고 2008년에 리모델링을 거쳤다. 소문난 맛집이 그렇듯이 옥류관 본관 앞은 언제나 냉면을 먹으러 온 사람들로 문전성시를 이루는 모습을 볼 수 있다. 냉면은 100g 단위로 300g까지 주문할 수 있다. 냉면과 곁들이는 음식으로 녹두지짐을 시켜 먹으면 맛이 일품이다.

옥류관은 평양시 중구역 창전동 대동강변에 위치하고 있으며 모란봉, 능라도, 대동문, 연광정 등 풍경이 좋은 주변 환경으로 둘러싸여

---

21 김민종, 「평양의 사계절」, 2017

있다. 2010년에는 옥류관 요리전문식당까지 개장함으로써 북한에서는 민족적 고전미와 현대미가 결합된 기념비적 건축물이라고 자랑한다. 옥류관에서는 평양냉면을 비롯하여 쟁반국수, 철갑상어, 자라 등의 수십 가지 요리서비스를 제공하고 있는데 특히 철갑상어간장찜과 메추리요리는 평양 시민들에게 인기가 많다.

옥류관은 유명인사들이 찾는 식당이기도 한데 특히 남한의 대표단들이 방문했을 때는 거의 예외 없이 찾는 곳이기도 하다. 문재인 대통령이 방문했을 때에도, 남한 예술단이 방문했을 때에도 옥류관 냉면 후기를 SNS 등에 올려 큰 화제가 되기도 하였다. 이러한 유명세에 평양을 방문하는 해외동포 및 외국인들에게도 중요한 관광지가 되었다. 일본 여행사인 'JS 투어스'는 '한국 국민도 극찬한 원조 평양냉면 먹기'(韓國國民も絶贊！元祖平壤冷麵食べ比べ) 홍보 문구로 냉면을 먹는 3박 4일 일정의 북한 여행 상품을 내놓기도 하였다.[22]

10. 시민들이 손꼽아 기다리는 연속극 '방탄벽'

북한에서는 TV 드라마를 일반적으로 텔레비전 연속극이라고 칭한다. 조선중앙TV가 방송하고 많은 시청자들의 호응을 얻은 연속극이 있으니 바로 〈방탄벽〉이다. 〈방탄벽〉은 2015년 5월부터 첫 시즌이 방영되자마자 사람들로부터 폭발적인 인기를 얻었으며 방영 종료 후에도 다시 재방송되고 DVD로도 제작되는 등 많은 사랑을 받고 있다.

〈방탄벽〉은 방첩기관과 특수공작원들의 활약상을 담은 첩보물로, 일제에 의해 어머니를 잃고 떠돌이 생활을 한 주인공이 아버지를 만난 후 조국광복회특수회원으로 활동하고 해방 이후에도 적들과의 투쟁을 이어 나가는 내용을 그리고 있다. 첫 시즌으로 1944년부터 1945년까지 광복 전후 시기 두만강 연안의 국경도시를 배경으로 1부에서 7부까지 제작되었고, 두 번째 시즌으로 1948년 남북연석회의 기간 일

---

22 자유아시아방송(RFA), "남북화해 속 '냉면관광' 등 이색상품 등장", 2018.11.06

방탄벽(출처: 유튜브)

2016년 조선충격(출처: 유튜브)

본 간첩과 일당을 체포하는 내용으로 8부에서 14부까지 제작되었다. '방탄벽'은 총알을 막는 방탄이 벽처럼 여러 겹 둘러싸여 있다는 뜻인데 일본 및 미국의 침략을 방탄벽처럼 막는다는 뜻이다.

〈방탄벽〉은 2016년에 러시아 모스크바에서 열리 제18차 국제정탐

물영화축제에서 특별상이 수여되었다. 이외에도 〈북방의 노을〉(2017, 10부작), 〈징벌〉(2013, 16부작), 〈포성 없는 전구〉(2014, 5부작) 등의 연속극이 많은 사랑을 받고 있다.

한편, 북한의 매체에서는 "2016년의 10대 조선 충격"이라는 제목의 동영상으로 가장 중요한 10대 이벤트를 소개하였다. 다음은 본 동영상의 내용 그대로 북한의 10대 이벤트를 소개한다.

· 2016년의 10대 조선 충격 ·

1. 과학기술전당 준공
1월 1일 과학기술전당이 준공되었다. 과학기술전당은 과학기술의 위력으로 부강조국건설을 다그치고 세계를 앞서 나가려는 것은 조선로동당의 확고한 의지이다. 또한 과학기술을 중요한 국가정책으로 내세우고 있다는 상징이고 과학기술에 의거하여 경제발전에 집중하려는 의도이며 과학기술로 세계를 압도하고자 하는 의도를 표명한 것이다.

2. 수소탄시험 성공
1월 6일 수소탄시험에 성공하였다. 조선의 첫 수소탄시험은 백악관을 통째로 들부쉈다. 조선은 세계 6대 수소탄보유국이다.

3. 광명성 4호 발사 성공
2월 7일 9시 지구관측위성 '광명성 4호'가 성과적으로 발사되었다. '광명성 4호'의 발사 성공은 주체조선의 과학기술력을 과시하는 일대사변이었다. 미국은 조선의 수소탄시험과 평화적 위성발사를 걸고 전대미문의 유엔제재결의 2270호를 조작하였다.

4. 국력의 과시 려명거리 건설
려명거리 건설은 제국주의자들의 고립압살책동을 짓부수고 자력자강으로 부강조국을 건설하는 조선의 무한대한 힘을 보여 주었다.

5. 백두산영웅청년3호발전소 완공
4월 백두산영웅청년3호발전소 완공은 청년강국의 위용을 만방에 떨친 계기가 되었다.

조선청년들은 북방의 엄혹한 추위 속에서 반년도 안 되는 짧은 기간에 수력발전소를 일떠세우는 영웅 신화를 창조하였다.

6. 조선로동당 제7차 대회
조선로동당 제7차 대회가 5월 평양에서 성대히 진행되었다. 경애하는 최고령도자 김정은 동지를 조선로동당 위원장으로 높이 추대하였다. 경애하는 최고령도자 김정은 동지를 당의 최고 수위에 높이 모신 것은 백두에서 개척된 주체혁명위업의 최후 승리를 담보하는 민족의 대경사이다. 조선로동당 제7차 대회를 통하여 령도자를 중심으로 한 천만 군민의 일심단결이 힘 있게 과시되었다.

7. '화성'과 '북극성'
지상대지상 중장거리 전략 탄도 로켓 '화성-10' 시험발사 성공, 전략잠수함 탄도탄 '북극성' 수중시험발사의 대성공! 조선의 미국의 핵패권을 짓부숴 버릴 수 있는 실질적인 핵공격능력을 보여 주었다.

8. 핵탄두폭발시험의 장쾌한 뇌성
9월 핵탄두폭발시험 성공, 보다 타격력이 높고 규격화된 각종 핵탄두들을 마음먹은 대로 생산할 수 있는 능력을 과시하였다.

9. 70년 이래 가장 큰 태풍 피해와 복구
8월 29일 ~ 9월 2일 조선의 북부 두만강연안에서 70년 이래 가장 큰 무더기비와 돌풍으로 피해가 심하게 발생했다. 1만 1,600여 세대의 살림집들과 공공건물 파괴, 철길, 도로, 전력망, 수많은 농경지가 파괴·침수되었다. 따라서 국가의 인적·물적·기술적 잠재력을 함북도 북부피해복구전선에 총동원·총집중하여 전화위복의 대승리가 되었다. 불과 60여 일 동안에 1만 1,900여 세대의 살림집을 새로 건설하였고 수많은 거리와 마을을 새로 형성하였다.

10. 승리자의 선언 비약의 리정표
조선로동당 제7차 대회를 빛내이기 위한 충정의 200일 전투를 성과적으로 결속하였다. 만경대소년단야영소, 평양체육기자재공장, 평양중등학원, 자연박물관과 중앙동물원, 미림항공구락부, 보건산소공장, 류경안과종합병원, 류경버섯공장, 룡악산비누공장, 김일성경기장을 개건하였다.

★

PART_ 02

북한의
소비 트렌드

최근 북한의 시장에 대한 관심이 높아지면서 북한의 상품 유통구조가 어떻게 되고 어떤 상품들이 유통되고 있는지에 대한 보도들이 잇따르고 있다. 북한의 사회주의 경제시스템은 '소유', '계획경제', '자립적 민족경제'라는 토대 위에서 자본주의 국가들과는 다른 방식으로 순환되고 있다.

이동통신 서비스

북한 휴대전화의 역사, 어제와 오늘

수년 전부터 북한의 휴대전화 사용에 대한 뉴스들이 언론에 보도되기 시작하였다. 우리의 삶에서 떼려야 뗄 수 없는 휴대전화를 북한 주민들은 어떻게 사용하는지에 대해 사람들은 많은 관심을 보였다. 북한 주민들은 휴대전화를 어디에 얼마나 이용하는지, 북한의 휴대전화 모델은 어떠한지, 그리고 그 성능과 기능은 어떠한지 하나하나가 대중의 관심사였다. 이제는 북한의 휴대전화 이용에 대한 적지 않은 부분들이 알려져 있다.

물론 북한의 휴대전화 역사가 고작 몇 년 사이에 발전된 상황은 아니다. 사실 남한의 휴대전화 역사와 비슷한 출발 시기를 가지고 있다. 북한은 1984년 9월 8일 '합작 회사 운영법(합영법)'을 제정함으로써 외국의 자본과 기술이 들어올 수 있는 근거를 마련하였다. 그로부터 약 10년 뒤인 1995년, 북한의 조선체신회사는 태국의 록슬리 그룹의 자회사인 록슬리 퍼시픽(Loxley Pacific)과 함께 동북아 전화통신회사(NEAT&T, North East Asia Telephone and Telecommunication Company)를 설립하여 이동통신사업을 진행하였다.

당시 계약 규모는 자본금 2,800만 달러(태국 록슬리 퍼시픽 70%, 북한 조선체신회사 30%)로 30년간 통신사업 독점권까지 있는 계약이었다. 대한무역투자진흥공사(KOTRA)에 따르면 2000년에 이미 록슬리 퍼시픽은 1,400만 달러를 집행하였다. 그리고 1998년 7월 20일 나진·선봉(나선특별시) 지역에 최초로 휴대전화망 500회선이 설치되었다. 흥미로운 점은 남한 역시 1998년에 휴대전화 가입자는 784대에 불과했다. 물론 10년 뒤인 2008년에 4,737,000대로 6,000배 가까이 늘긴 했지만 말이다.

어쨌든 이 최초의 공식서비스는 2G 시스템의 이동통신 서비스로 유럽식의 GSM(Global System for Mobile communications)을 택하였다. 2002년 북한의 휴대전화 가입자는 2만여 명에 달할 정도로 빠르게 늘어났지만, 이 시범적인 이동통신 서비스는 2004년 중단되었다. 그 뒤 2008년에 이집트의 통신업체인 오라스콤 텔레콤이 북한의 체신성과 합작하여 이동통신 서비스에 진입하여 3세대 WCDMA 서비스를 개시한다. 이것이 현재까지 이어지고 있는 고려링크이다.

북한의 휴대전화 가입자 수와 관련한 복수의 기관 및 단체들은 조금씩 다른 가입자 수 수치를 내세우고 있으나, 대체적으로 2008년에 휴대전화 서비스를 재개하여 2011년 백만 명을 돌파한 뒤 2013년에는 2백만 명을 넘어섰고 그 뒤로도 북한의 휴대전화 가입자 수는 꾸준하게 증가하고 있다고 판단된다. 또한 2018년 12월 기준으로 약 400만 명 또는 600만 명에 이를 것이라는 일부 보도가 있는데, 본 책에서 심층 인터뷰

를 한 체신성 관계자는 현재 약 500만 명으로 추산한다고 밝혔다.[23]

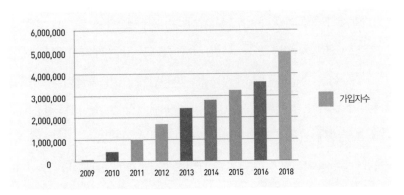

• 북한의 휴대전화 가입자 수 •

출처 : 통계청, 2017 북한의 주요통계지표, 2009년~2016년 이동전화 가입자 수(2018년은 본지조사)

지난 2018년 6월, UN 산하 국제기구 UNICEF는 북한 당국과 같이 '2017년 복수지표집단조사(MICS, Multiple Indicator Cluster Survey 2017)'를 발표했다. 이 MICS 리포트에 따르면 북한 전역의 8,500여 가구를 대상으로 사회 각 분야에 대한 광범위한 조사를 실시하였는데 이 중 Media & ICT(Information and Communications Technologies) 분야에서의 휴대전화 소유 및 이용에 관한 조사 결과(15세~49세)는 다음과 같았다.

먼저 북한 내의 여성의 휴대전화 소유는 47.14%, 남성의 휴대전화 소유는 55.8%로 남성이 여성보다 약 10% 정도 높았다. 지역별로 따져 보면 황해남도가 여성 33.8%, 남성 40.1%, 가구 소유 52.7%로 가장 낮았

---

23 통계청의 2017 북한의 주요통계지표에 나온 북한 휴대전화 가입자 수에 대한 자료는 국제전기통신연합 (ITU, International Telecommunication Union)의 자료에 기반한다.

고 평양이 여성 77.3%, 남성 82%, 가구 소유 90.6%로 모든 지역에서 가장 월등한 비중을 나타냈다. 특히 앞서 언급하였던 500만여 명의 휴대전화 가입자 수에 대비해 본다면, 생산인구에 있는 대부분의 청장년 층들은 비교적 휴대전화 사용 비율이 굉장히 높음을 알 수 있다.

• 지역별 휴대전화 소유 비율 (15세~49세) **•**

지역별	여자	남자	가정의 소유비율
양강도	35.3	51.2	59.9
함경북도	52.8	64.9	73.3
함경남도	40.4	58.6	70.0
강원도	53.7	63.4	75.6
자강도	55.5	59.3	71.5
평안북도	40.5	48.6	65.3
평안남도	48.3	42.5	67.0
황해북도	33.8	47.4	55.8
황해남도	33.8	40.1	52.7
평양	77.3	82.0	90.6
평균	47.14	55.80	69.0

출처 : UNICEF. 2017 DPR Korea MICS – Multiple Indicator Cluster Survey 2017

스마트폰 이용 추이와 대표적인 시리즈

최근에는 북한의 휴대전화 가운데 스마트폰 비중이 크게 증가하고 있는데, 스마트폰 사용자가 증가한 이유에는 먼저 스마트폰 가격과 성능 개선에 있다. 북한에는 곳곳에 휴대전화 서비스 장소들이 있다. 고려링크, 체컴 그리고 각 지역의 휴대전화 서비스센터에 가면 다양한 휴대전화를 구매할 수 있다. 휴대전화는 모델별로 가격대가 다르다. 피처폰도 있고 스마트폰도 있다.

삼성의 갤럭시와 애플의 아이폰과 같이 평양, 진달래, 아리랑, 푸른하늘 등의 브랜드 시리즈들이 있으며 평양 시리즈의 경우는 대체적으로는 평양 2409, 평양 2419, 평양 2422 순으로 뒤의 숫자 두 자리가 올라가면서 최신 모델이 나온다(모든 모델이 그런 것은 아니다). 가격은 100달러에서 500달러 내외로 지속적으로 성능이 향상된 모델들을 출시하고 있다. 예를 들어 2018년 출시한 스마트폰 '아리랑 171'의 경우는 듀얼렌즈 카메라, 4K 동영상 촬영, C형 케이블, 지문 인식 등 세계적인 추세들을 그대로 반영하고 있다.

두 번째는 스마트폰을 이용한 서비스들이 많아지고 다양해지고 있다는 점이다. 인트라넷 기반 서비스로 통신을 이용한 정보의 구독이 가능하고 다양한 휴대전화 애플리케이션 프로그램의 개발 및 보급으로 이용자들의 수요와 편리성을 적합하게 맞추고 있다. 예를 들어 '만

아리랑 171(출처: 조선의 오늘)

아리랑 171(출처: 조선의 오늘)

물상'이라는 온라인 쇼핑몰 홈페이지가 대표적이다. 휴대전화로도 접속하여 상품의 정보를 살펴보고 구매할 경우에는 전자결제로 이루어지며 상품은 곧바로 집까지 배송이 가능한 체계이다.

따라서 이러한 휴대전화 사용 트렌드는 피처폰에 대한 수요를 자연스럽게 급감시켰고, 현재 많은 휴대전화 이용자가 스마트폰을 선택하는 상황이 되었다.

평양 스마트폰의 대표적인 시리즈들이 바로 '평양'과 '아리랑'이다. 북한의 평양모란봉편집사가 운영하는 홈페이지 '조선의 오늘'의 2018년 3월 30일 기사에 따르면 아리랑 171을 다음과 같이 소개하고 있다.

《아리랑171》은 이미전에 개발한 《아리랑》 지능형손전화기들보다 외형 및 구조, 손전화기의 핵심 요소인 주기판의 장치와 조작체계프로그람들이 더욱 개선되고 제품의 다용도화, 다기능화가 보다 높은 수준에서 실현된 새형의 지능형손전화기이다. 10개의 핵심부를 가진 CPU를 장착하고 화면색상도 세계적인 것으로 평가되고 있는 《아리랑171》은 뒤면렌즈가 2개로서 사진기프로그람에 립체사진항목이 따로 추가되었으며 촬영 후 초점변경이 가능하고 촬영한 사진을 3D로 볼 수 있으며 4K동영상도 촬영할 수 있다.

보호유리가 초강질유리로 되어 있고 TF카드용량도 256GB인 《아리랑171》은 앞면사진기에 레드등이 있어 야간촬영의 질도 아주 좋다. 또한 세계적 추세인 Type-C형 케블을 리용하므로 케블 사용이 편리하고 자료전송속도도 높을 뿐 아니라 쟈이로스코프수감부, 선가속도수감부를 유일하게 가지고 있어 360°회전에 대한 정확한 자세 및 위치수감을 진행하고 동작속도가 빠르며 다른 손전화기들에서는 불가능한 오락재생도 가능하다.

이동통신망용 SIM카드꽂이홈과 자료통신망용 SIM카드꽂이홈이 따로따로 있어 이동통신과 자료통신에 아주 편리하며 제품의 다용도화, 다기능화도 높은 수준에서 실현할 수 있다. 이밖에도 지문입력을 리용하여 음악, 비데오, 사진 촬영, 최근 프로그람보기 등 다양한 기능을 사용할 수 있게 하는 기능이 추가되었으며 뒤집기동작, 세손가락에 의한 손동작, 눈보호방식 등을 리용하여 사용자들의 편의를 도모해 준다. 사용이 간단하고 사업과 생활에 많은 도움을 주며 편리를 도모해 주는 새로운 지능형손전화기 《아리랑171》은 개발된 지 몇 달밖에 되지 않았지만 벌써 사용자들 속에서 커다란 호평을 불러일으키고 있다.

– "조선의 오늘"의 2018년 3월 30일 기사 전문

2018년 새로 출시한 스마트폰 소개에서 확인할 수 있듯이 고사양과 다기능을 사람들이 선호한다는 것을 알 수 있다. '아리랑 171' 이외에도 앞서 소개하였던 '평양 2423' 역시 플래그십에 해당하는 기기로 스마트폰 트렌드에 가장 앞선 모델이라고 할 수 있다.

올해의 10대 휴대전화 프로그램

북한의 스마트폰도 안드로이드 기반으로 된 운영체제를 가지고 있다. 스마트폰을 구입할 때 기본적으로 설치되어 있는 프로그램들도 있지만 대개는 휴대전화 관련 서비스장소(봉사장소)에 가서 새로운 프로그램들을 설치해야 한다. 북한의 다양한 홈페이지 자료들을 종합하여 올해 가장 있기 있는 휴대전화 프로그램(애플리케이션 및 모바일 홈페이지) 8개를 선정하여 소개하고자 한다.

1. 온라인 쇼핑 '만물상'

앞서 "10대 북한 상품 및 서비스"에서도 소개했듯이 만물상 서비스는 북한 최대의 전자상거래 서비스이다. 하이브리드 플랫폼으로 컴퓨터나 스마트폰을 통해서 언제든지 쇼핑몰에 접속 가능하고 오픈마켓 형태로 상품을 팔고자 하는 북한의 기관·기업들이 자유롭게 업로드할 수 있다. 이러한 경쟁 속에서 판매자들은 소비자들의 관심을 끌 수 있도록 보다 눈에 띄는 홍보를 하기 위해 노력한다. 인기 있는 상품으로 선정되면 홈페이지의 전면부 및 상단에 배치된다. 최근에는 전자

만물상 홈페이지 소개 화면(출처: 메아리)

결제체계와 운송체계까지 완벽하게 하기 위한 준비를 하고 있다.

2. 교육 '조선의 성과 본'

'조선의 성과 본'이라는 프로그램은 사람들에게 본인의 조상, 성과 본의 대한 상식을 넓혀 주는 교육 프로그램이다. 이용자들이 장소와 시간에 구애받지 않고 휴대전화로 자기의 성씨와 본관의 내력, 자기 성씨의 시조에 대한 이해를 돕고 자기의 조상들 가운데서 역사에 널리 알려진 인물들과 선조들의 문화, 생활을 비롯한 민족풍습을 잘 알도록 하는 데 그 효과성이 있다고 홍보하고 있다. 좀 더 구체적인 내용을 살펴보면, 이 프로그램은 우리나라의 성씨 가운데서 221개의 성씨와 550여 개 본관의 내력, 본관에 따르는 3,300여 명의 인물들의 소개 및 활동 내용이 총망라되어 있다.

조선의성과본(출처: 조선의 오늘)

3. 뷰티 '봄향기'

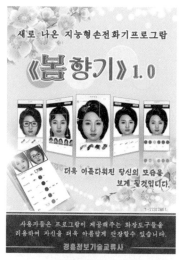

새로 나온 지능형손전화기프로그람

《봄향기》 1.0

더욱 아름다워진 당신의 모습을 보게 될것입니다.

사용자들은 프로그람이 제공해주는 화장도구들을 리용하여 자신을 더욱 아름답게 단장할수 있습니다.

경흥정보기술교류사

봄향기 소개(출처: 조선의 오늘)

경흥정보기술교류사에서 개발한 '봄향기'라는 프로그램은 여성들을 타깃으로 한 뷰티 애플리케이션으로, 일종의 사진 보정 프로그램이다. 이 프로그램은 해외 언론 BBC를 포함하여 국내 언론에 다수 소개되기도 했다. 물론 여느 사진 보정 프로그램과 크게 다르지 않다. 사진에 다양한 기능(화장도구, 악세사리 등)을 사용하여 꾸며 볼 수 있는데 세부 정보를 통하여 화장법에 구체적인 정보도 알 수 있다. 이 봄향기 프로그램은 "더욱 아름다워진 당신의 모습을 보게 될 것입니다. 사용자들은 프로그램이 제공해 주는 화장도구들을 리용하여 자신을 더욱 아름답게 단장할 수 있습니다."라고 홍보하고 있다. 북한의 언론사 '조선의 오늘'은 이 프로그램이 여성들 사이에서 대단히 평가가 좋다고 전했다.

4. 농업정보 '농업기상'

농업기상 소개(출처: 조선의 오늘)

북한의 기상수문국에서 개발한 '농업기상'은 휴대전화용 농업기상 전문서비스 프로그램이다. 농업 시기별 기상조건과 관계되는 기술적 대책들에 대한 정보가 들어 있어 농업과 관련된 사용자들에게 전문적인 자료를 제공한다.

이 프로그램에는 기상예보와 기온, 강수량, 토양 온도, 땅이 언 깊이 등에 대한 정보들을 열람할 수 있고 사용자가 적산온도와 관련된 인수들을 직접 설정하고 적산온도를 계산할 수 있다. 또한 농작물 생육예보를 사용자들이 편리하게 받아 보고 파일로 보관할 수 있도록 만들었다. 이밖에도 지방별 단기예보와 중기예보, 15일 경향예보 문자메시지와 월 예보, 계절 예보 등 농업에 가장 중요한 예보에 관한 정보를 문자메시지로 받아 볼 수 있으며 기상재해경보들도 빠르게 통보받아 사용자들이 농업 생산현장에서 큰 도움을 받을 수 있다.

또한 모든 지표별 자료들을 평년과 작년, 당해 연도 자료들과 같이 볼 수 있어 자료의 정리와 분석에도 효과적으로 만들었다. 게다가 지표별 농업기상자료들이 북한의 행정구역 리를 단위로 구성되어 있어 사용자는 필요한 지역을 설정하고 그에 해당되는 농업기상자료들을 집중적으로 이용 가능하다.

5. 건강 '활력'

활력 소개(출처: 조선의 오늘)

'활력'이라는 프로그램은 김일성종합대학 첨단과학기술교류사에서 개발한 의료서비스 프로그램이다. 특히 휴대전화에 최적화된 이 프로그램은 지표별로 사용자의 건강 상태를 측정하고 분석할 수 있으며 여러 가지 운동을 병행할 수 있도록 만들어졌다.

스마트폰에 설치되어 있는 카메라, 마이크, 센서 등의 장치를 이용하여 혈압, 시력, 청력, 폐활량, 걸음수와 같은 생체 측정을 하고 그 측정 자료에 기초하여 사용자의 건강 상태를 과학적으로 분석하는 것이다. 또한 건강보호증진을 위하여 여러 가지 운동 상식을 찾아보고 따라 할 수 있도록 정보를 제공한다.

6. 요리 '료리세계'

요리세계 소개 사진(출처: 메아리)

'료리세계'라는 프로그램은 조선료리협회 중앙위원회 산하의 서재료리정보기술교류사에서 개발하였다. 최근 가정주부들 사이에서 인기가 많은 이 프로그램은 수백 가지 요리를 가공하는 방법을 동영상으로 시청할 수 있도록 만들었다. 낟알요리, 남새(채소)요리, 수산물요리, 김치 만들기, 세계 요리 등 10여 개의 카테고리로 구성되어 있고 검색 기능과 이력 열람 기능 등 편의 기능까지 갖추고 있다.

7. 지리 정보 '평양안내'

'평양안내'라는 프로그램은 북한 최초의 지리정보기술을 활용한 애플리케이션이다. 상평정보기술교류소에서 개발한 이 프로그램은 평양시의 모든 상업시설들과 과학, 교육, 문화, 보건, 체육 시설들의 위치 정보가 들어 있고 관련 시설들의 소개 및 연락처까지 담겨 있다. 또한 목적지까지 가는 방법도 쉽게 찾아볼 수 있도록 했으며 TV프로그램 방영 순서, 생활 상식, 과학기술 소식 등을 넣어 사용자들이 지루하지 않도록 만들었다.

평양안내 소개(출처: 메아리)

8. 게임 '양키소탕전'

양키소탕전 소개(출처: 조선의 오늘)

　수정천기술교류사에서 제작한 스마트폰 게임으로 플레이어가 일명 '미제침략군'인 적을 향에 저격총을 포함한 여러 가지 무기로 공격하는 1인칭 슈팅게임이다. 턴이 끝날 때마다 무기들을 업그레이드할 수 있어 게임의 재미를 더한다. 북한의 매체 '메아리'에 따르면, 이 게임은 청소년들과 근로자들 사이에서 인기가 높다고 한다.

특별 인터뷰

박은철 | 체신성 이동통신관리국 책임부원
김승일 | 체신성 국제관계국 책임부원

Q. 북한의 휴대전화 문화는 어떻게 되나요?

A. 우리는 기본적으로 인간의 건전한 정신을 병들게 하고 사람들을 온갖 사회악의 범죄자로 만드는 퇴폐적이고 폭력적인 서방식 자본주의 문화, 제국주의사상문화를 철저히 반대·배격합니다. 미국과 서방을 비롯한 세계의 적지 않은 나라들에서는 자유를 제창하며 색정적이고 변태적이며 폭력적인 오락프로그램들과 동영상편집물들이 사람들의 정신을 마비시키고 온갖 강력범죄를 일으키는 등 사회악이 되어 판을 치고 사회 발전을 심히 억제하고 있습니다.

그러나 우리나라의 손전화기문화에 대하여 말한다면, 손전화기가 인민들의 물질문화 생활과 문명 강국 건설을 적극 추동하는 문화수단으로 이용되고 있다는 것입니다. 손전화기를 통하여 사람들의 사업과 생활에 도움을 주는 여러 가지 전자자료 봉사들이 활성화되고, 사람들 사이의 인간관계가 더욱 친근하게 밀접해지고 있습니다. 이렇게 우리나라에서 손전화기는 인민들의 문화생활과 사회 발전에 훌륭히 이바지하고 있습니다.

Q. 휴대전화의 보급 및 서비스 현황은 어떻게 되나요?

A. 우리나라에서는 2008년 12월부터 이동통신봉사가 시작되었습니다. 손전화봉사는 인민들에게 보다 문명한 생활조건을 보장해 주기 위한 중요하고도 책임적인 봉사 부문으로 발전하였고, 현재는 손전화기가 우리 인민들의 생활상 편의 보장을 위한 매우 중요한 수단이 되고 있습니다. 현재 전국적으로 손전화기 판매봉사와 프로그램 봉사, 수리봉사 등 여러 가지 봉사를 진행하는 백수십여 개의 손전화 봉사

장소들이 전개되어 있으며 수백만 명의 가입자들이 손전화기를 이용하고 있습니다. 앞으로 전국적 규모에서 이동통신망가입자들의 편리를 보장하기 위한 봉사장소들이 계속 확장·전개될 전망입니다.

Q. 휴대전화 구입은 어떻게 하나요?

A. 손전화를 구입하는 것은 전적으로 본인의 의사와 요구에 따라야 하는 만큼 우리나라에서는 구매자의 요구와 편리에 맞게 손전화봉사를 진행하고 있습니다. 우리나라에서 손전화기를 구입하려는 사람은 봉사장소에 와서 봉사원들에게 자기의 신분을 확인만 하면 자기가 요구하는 손전화기와 가입자식별카드(SIM카드)를 구입할 수 있습니다.

현재 우리나라에서는 수십여 가지 기종의 손전화기들이 사용되고 있는데 아름다움을 지향하는 여성들 속에서는 흰색, 분홍색, 금빛색과 같이 밝고 산뜻해 보이는 손전화기들이 많이 사용되고 있고, 남성들 속에서는 검은색과 진한 청색, 은빛색과 같은 바탕이 크고 보기에도 든든해 보이는 손전화기들이 많이 사용되고 있습니다. 또한 노년기의 연로한 사람들 속에서는 색깔이나 모양보다도 자신들이 이용하기에 편리한 손전화기들이 많이 사용되고 있습니다. 한마디로 말하여, 사람들 속에서는 각자가 자기의 성격과 취미에 맞게, 사회의 발전을 추동하고 자신의 문화수준을 더욱 높이는 수단으로서 손전화기를 사용하고 있습니다.

Q. 휴대전화 서비스 및 장소는 어떤가요?

A. 우리나라에서는 인민들의 편리를 도모하여 지역적 거점들과 교

통상 유리한 지역들을 비롯하여 평양시와 각도의 소재지들, 주요
시·군들에 손전화기 봉사장소들이 전개되어 있습니다. 세계적인 거
리로 훌륭히 일떠선 미래과학자거리와 려명거리에도 손전화봉사장소
들이 최상의 수준에서 꾸려져 있으며 여기서는 손전화기판매봉사와
수리봉사, 프로그램봉사를 비롯한 다양한 봉사를 손님들의 요구에 맞
게 진행하고 있습니다.

또한 '과학기술전당', '만물상' 홈페이지 등을 통해서 사람들의 사업
과 생활상 편의를 보장하는 과학기술자료, 식당, 상점, 편의봉사에
대한 검색, 주문봉사를 받을 수 있으며 봉사기관, 기업소들에 대한
종합적인 소개와 함께 가상 참관 기능까지 추가되어 있으므로 이와
같은 손전화봉사들이 가입자들에게 생활적으로 더욱 친숙해지고 있
습니다.

이렇듯 이동통신망을 이용한 종합적인 전자자료 및 전자상점봉사
가 가입자들 속에서 인기가 높은데, 그 원인은 가입자들이 이동통신
망 홈페이지에 접속하여 임의의 시간과 장소에서 사업과 생활에 필요
한 자료들을 신속·정확히 열람할 수 있으며 홈페이지 운영 및 봉사단
위들의 자료봉사 형태가 다양해지고 자료의 깊이가 보장되며 갱신주
기가 빠르기 때문입니다.

지난 시기에는 사람들이 사업과 생활 과정에 필요한 자료를 열람하
자면 도서관이나 컴퓨터가 있는 사무실 혹은 집에 가야만 하던 제한
성이 있었다면, 이동통신이 시작되면서부터는 그러한 제한성이 거의
없어지게 되었으며 사람들은 이동통신봉사가 미치는 지역 안에서는
임의의 시간과 장소에서 자기가 요구하는 자료들을 열람할 수 있게

되었습니다.

Q. 지난 시기 인기가 높았던 휴대전화 서비스는 무엇인가요?

A. 지난 시기에는 이동통신망에서 음성통신(음성통화)과 통보문전송(문자메시지)이 기본 통신 방식으로 진행되었으며 이 과정에 손전화기를 사용하는 가입자들의 요구를 반영하여 호출음 설정봉사, 호출통보문전송봉사, 요금이용봉사, 받지 못한 전화알림봉사를 비롯한 부가가치봉사가 가입자들 속에서 반응이 좋았습니다. 그러나 지금은 자료통신봉사가 활성화되면서 홈페이지를 통한 다매체편집물, 전자오락, 전자도서, 상품 구입을 비롯한 전자상점봉사에 대한 인기가 높습니다.

이동통신봉사를 시작하여 몇 년 동안은 기능형 손전화기(피처폰)만이 이용되면서 손전화기용 프로그램에 대한 개발과 봉사가 활발히 진행되지 못하였습니다. 앞에서도 언급하였지만 가입자들에 대한 봉사는 주로 부가가치봉사에만 머물러 있었습니다. 그러나 안드로이드 조작체계를 설치한 지능형손전화기(스마트폰)가 급속히 보급되면서 자료봉사가 시작되고 활성화되는 과정에 성능이 낮은 기능형손전화기(피처폰)는 점차적으로 그 수요가 떨어지게 되었으며 따라서 그 손전화기에 설치하여 이용하던 응용프로그램에 대한 수요도 점차 줄어들고 현재는 거의 찾아볼 수 없게 되었습니다.

Q. 휴대전화 서비스 발전 전망은 어떤가요?

A. 현재 우리나라에서 운영하고 있는 이동통신망은 3세대 이동통신망입니다. 현재 수백만 명의 가입자들이 손전화기를 사용하고 있으

며 앞으로 가입자들이 계속 증가되는 조건에서 자료전송속도와 자료
전송량이 제한되어 있는 3세대 이동통신망의 자료통신능력으로는 수
백만 가입자들의 자료통신을 원만히 보장할 수 없습니다. 그러므로
우리나라에서는 다음 세대(4세대) 이동통신을 도입하기 위한 준비사업
을 빠른 속도로 추진하고 있으며, 앞으로 가까운 시일 내에 4세대 이
동통신이 시험단계를 거쳐 상업화가 실현될 전망입니다.

또한 자료통신봉사가 활성화되면서 지능형손전화기(스마트폰)에 대
한 요구자가 급속히 늘어나 지금은 거의 지능형손전화기만 생산하여
판매하고 있습니다. 이와 함께 이미 있던 연간 100만 대 이상의 생산
능력을 가진 손전화기 생산공장을 세계적 발전 추세에 맞게 현대적인
설비들로 생산하고 생산능력을 확장하기 위한 공사가 마감 단계에 진
행되고 있으며, 가까운 기간 내에 손전화기와 필요한 이동통신설비들
을 국내에서 자체로 생산 보장하는 자랑찬 현실이 펼쳐지게 될 것입
니다.

또한 현재 세계적인 이동통신의 발전 방향을 볼 때 음성통신보다
자료통신 활성화의 방향으로 발전하고 있으며 이는 우리나라에서도
마찬가지입니다. 앞으로 다음 세대 이동통신을 도입하면서 손전화 이
용에서 음성통신봉사에 비해 자료통신봉사가 비할 바 없이 증가 및
활성화될 것이며 가입자들은 자기의 요구에 따라 해당한 봉사를 받게
될 것입니다. 이와 함께 현재 손전화기를 이용하여 진행되는 열람봉
사와 전자상점에 대한 주문봉사를 비롯하여 손님들의 편의를 보장하
기 위한 원격봉사가 활발히 진행될 것으로 전망됩니다.

또한 현재 운영되고 있는 가입자호출봉사센터를 이용한 가입자의

견접수봉사의 제한성을 극복하기 위하여 손전화기조작체계에 이동통신봉사용 응용프로그램을 표준으로 설치해 주어 이동통신망 홈페이지를 비롯하여 가입자들의 의견을 종합적으로 수집·분석하는 체계를 세워 가입자들이 호출봉사센터를 호출하지 않고도 필요한 정보 및 자료들에 대한 봉사를 받을 수 있도록 하려고 합니다. 앞으로도 우리나라에서 이동통신봉사는 인민들의 생활상의 편의를 도모하고 사회발전을 추동하는 힘 있는 수단으로서의 자기의 사명을 책임적으로 수행할 것입니다.

이동통신서비스 트렌드 2020

고려링크서비스센터

체신성 관계자에 따르면, 북한의 휴대전화 가입자 수는 약 500만 명 수준이다. 북한의 전체 인구와 생산 활동이 활발한 인구를 고려해 볼 때, 사실상 보편적인 이동통신문화가 발달했다고 볼 수 있다. 그동안 북한이 내부에서만 활용이 가능한 인트라넷 체계를 갖추고 있어 다양한 이동통신서비스에 대해서 알려진 것이 많지 않은 것일 뿐 북한은 사실상 하드웨어뿐만 아니라 소프트웨어적인 측면도 빠른 속도로 발전하고 있는 것으로 보인다. 체신성 관계자가 밝혔듯이 앞으로 이동통신과 관련한 각종 봉사망이 더욱 확대될 것이다.

북한도 전화와 문자메시지 정도의 이동통신 본연의 간단한 기능은 소화한 지 오래다. 고성능 스마트폰들이 보급되면서 전자상거래가 시작되고 다양한 기계적 성능을 활용한 수많은 애플리케이션들이 출시되고 있는데, 이는 더 향상된 기기와 다양한 콘텐츠를 즐기고 싶어 하는 두터운 수요층이 형성되었다는 의미이다. 그리고 이러한 수요층은 끊임없이 새로운 것을 요구한다.

스마트폰으로 생활에 활용할 수 있는 범위가 메신저, 정보 검색, 금융거래, 전자상거래, 게임 등 다양해지면서 우리의 삶에서 점차적으로 스마트폰의 영향이 증가하고 있듯이 북한에도 이미 이러한 생태계가 등장한 이상 4세대를 넘어서는 이동통신망이 들어서게 되면 그 영향이 가속화될 전망이다.

특히 이동통신의 발달은 유통경제의 급격한 변화를 야기할 것이다. 이미 '만물상'이라는 오픈마켓 형태의 플랫폼이 출시되어 사람들의 뜨거운 반응을 얻고 있는데, 다양한 아이템을 가지고 있는 판매자가 출현하여 상품에 대한 더욱 상세한 정보를 공유하고 있다. 소비자들 역시 이런 정보에 보다 쉽게 접근하고 있다. 최근 '만물상'이 상점을 360도로 촬영하여 상점에 가 보지 않고도 상점에 간 것처럼 검색해 볼 수 있는 최신 서비스를 출시하였는데, 이러한 서비스는 발달한 데이터의 송수신 체계가 받쳐 주지 않으면 불가능하다.

또한 판매자와 소비자를 연결해 주는 배송시스템이 많은 발전을 할 것으로 보인다. 보다 더 편리하고 신속한 유통서비스를 찾는 것은 당연한 일이기 때문이다. 통신의 발달과 고성능 기기 그리고 다양한 콘텐츠 욕구를 충족하고 있는 북한의 젊은 세대들이 앞으로 어떤 변화를 만들어 낼지 기대되는 부분이다.

이렇게 가파르게 늘어나고 있는 휴대전화의 보급대수가 어느 선에서 포화 상태가 될지는 미지수지만, 당분간은 계속 증가될 것으로 보인다. 최근에는 휴대전화를 2대 이상 갖는 수요자들이 많이 늘어나고 있기 때문이다. 또한 휴대전화의 가격대가 기체의 성능에 따라서 다르지만 일반적 생활수준에 부담되는 수준이 아니라는 점도 한몫한다. 그리고 체신성 관계자가 인터뷰에서 자세히 밝혔듯이 북한당국이 이동통신 서비스의 발전에 대한 강한 의지와 계획을 가지고 있으므로 북한의 이동통신 서비스의 전망은 맑음이다.

다만 북한은 내부 인트라넷을 사용하고 있기 때문에 이동통신과 관련된 다양한 국제공용의 질서들과 어떻게 융화시켜 나갈 수 있을지 커다란 도전에 직면해 있다. 또한 이러한 망에 대한 당국의 검열이 이동통신의 발달에 어떻게 영향을 미칠지도 중요한 변수 중에 하나이다. 이러한 점들을 극복하면서 북한의 이동통신 서비스가 어떻게 변화할지 귀추가 주목된다.

쇼핑·
상품 유통

___

북한 사회주의 경제체제의 특징과 핵심 키워드

시장(market)은 수요와 공급의 법칙에 따라 재화 또는 서비스의 교환이나 매매가 이루어지는 매개체이다. 시장에서는 자유경쟁 속에서 상반된 두 가지 힘이 반복적으로 작용하면서 가장 효율적인 자원 배분을 하는데, 이러한 시장의 기능을 영국의 경제학자 애덤스미스(Adam Smith)는 '보이지 않는 손(invisible hand)'이라고 설명하였다. 자유경쟁을 중시하는 자유방임주의 관점은 많은 근대국가들의 자본주의 발전에 토대가 되었다.

최근 북한의 시장에 대한 관심이 높아지면서 북한의 상품 유통구조가 어떻게 되고 어떤 상품들이 유통되고 있는지에 대한 보도들이 잇따르고 있다. 세계적인 명품 브랜드부터 시작해서 북한의 브랜드까지 두루 갖춘 최신식 대형 쇼핑몰인 '대성백화점'부터 '만물상' 같은 하이브리드 플랫폼을 갖춘 전자상거래 쇼핑몰에 이르기까지 다양한 북한의 소비매체들이 소개되었다. 이렇게 북한 경제순환의 일부만을 보여주는 그리고 볼 수밖에 없는 상황에서 여전히 우리들은 북한 내의 쇼핑문화와 쇼핑 활동에 대한 방점을 단순한 '시장화'에만 촉각을 두고 살펴보는 경향이 있다.

그러나 사실 북한의 경제활동 순환에서 무엇보다 중요한 주체 요소는 바로 '국가'이다. 북한은 사회주의 국가이고 사회주의 국가에서 경제 건설은 국가계획이 강력하게 뒷받침한다. 북한 도서 「오늘의 조선」에서는 사회주의 경제를 다음과 같이 소개하고 있다. "조선이 건설하려는 경제강국은 그 성격에 있어서 사회주의를 근본으로 하는 경제강국이다. 다시 말하여 근로자들에게 사회주의 사회의 본태에 맞는 참다운 경제생활을 원만히 보장할 수 있는 발전된 국가경제력을 가진 나라이다."[24]

따라서 사회주의 경제체제에서 소비활동은 자본주의 사회에서의 개념과는 다른 측면이 있다. 이러한 부분은 북한의 사회주의의 특수성에서 나오는데, 다시 말하면 사회주의 경제체제에서 상품 및 서비스의 유통과 소비가 구조적으로 다르다는 데서 기인한다. 다음은 이러한 구조적 요인의 설명으로 북한 사회주의 헌법의 경제조항 몇 가지를 정리한 것인데, 북한 경제체제의 특징을 잘 포괄하고 있다.

---

24 평양출판사, 「100문 100답으로 보는 오늘의 조선」, 2015.12

제19조 조선민주주의인민공화국은 사회주의적 생산관계와 자립적 민족경제의 토대에 의거한다.
제20조 조선민주주의인민공화국에서 생산수단은 국가와 사회협동단체가 소유한다.
제24조 개인소유는 공민들의 개인적이며 소비적인 목적을 위한 소유이다.
제26조 조선민주주의인민공화국에 마련된 자립적민족경제는 인민의 행복한 사회주의생활과 조국의 륭성번영을 위한 튼튼한 밑천이다.
제34조 조선민주주의인민공화국의 인민경제는 계획경제이다.

– 북한 사회주의 헌법 중에서

위의 헌법 조항에는 북한 경제 운영의 핵심 키워드들이 전부 들어 있다. 바로 소유, 계획경제, 그리고 자립적 민족경제이다.

첫 번째로 '소유'라는 것은 국가의 동력인 생산수단에 대한 소유 주체를 누가 할 것인가에 대한 문제이다. 북한은 해방 직후부터 산업에 있어서 사회주의적인 개조 과정, 즉 산업의 국공유화 과정을 거쳐 왔다. 농업과 목축업의 경우에는 1946년 3월에 북조선임시인민위원회가 '토지개혁에 관한 법령' 발표하여 무상몰수, 무상분배 원칙에 의한 토지개혁을 단행하였다. 이에 따라 농업협동화를 적극적으로 추진하였다. 상공업의 경우는 1946년 8월에 '산업, 교통, 운수, 통신, 은행 등의 국유화에 관한 법령'을 발표하여 사회주의적 개조를 추진하였다.

이렇게 생산수단을 국가와 사회협동단체가 소유하는 것을 바로 국공유제라고 한다. 국가와 협동단체는 양자 간에 소유 형태, 국가의 보호 정도, 처분권, 분배 및 보수 기준 면에서 다르나 국가의 공공 재산으로 틀을 같이한다. 개인소유는 제24조에 나와 있듯이 공민들의 개인적이며 소비적인 목적을 위한 소유이다. 사회적인 분배 뒤에 남은 잉여물에 대한 혜택, 개인적인 부업 경리 그리고 합법적인 경리에 의한 생산물에 대하여 상속권을 보장한다는 이야기이다.

두 번째로 '계획경제'이다. 말 그대로 국가계획에 따라 운영되는 경제로 중앙 당국이 사전에 주요사업에 대하여 생산과 소비량, 수요와 공급 및 유통 과정을 결정하는 것이다. 이러한 계획경제는 국가 의도에 맞춰 각 생산단위들의 경영활동이 밀접히 연계되어야 하기 때문에 단위들이 경영활동에 밀접히 연계되도록 계획을 구체적이고 세밀하게 수립하는 계획 세부화 과정을 거치게 된다.

계획 세부화 과정(4단계)

1. 예비수치의 작성 : 하부생산단위
2. 통제수치로 전환 : 당 중앙위원회 → 국가계획위원회
3. 계획초안의 작성 : 하부단위 → 국가계획위원회
4. 국가계획 확정 : 내각 → 당 → 최고인민회의

이러한 계획경제는 유일적인 국가계획에 따라 운영되는 중앙집권적인 경제관리의 모습을 보인다. 당은 경제정책(노선)을 수립하고 내각이 당 지도 아래 경제정책 집행, 경제관리를 하는 것이다.

세 번째로 '자립적 민족경제'다. 북한은 자립적 민족경제란 남에게 예속되지 않고 제 발로 걸어 나가는 경제로서 예속경제와 대치되는 자주적인 경제이고 자기나라의 자원과 자기 인민의 힘에 의거하여 발전하는 경제이며 자립적 민족경제를 건설하는 것은 사회주의 건설의

합법칙적 요구라고 설명하고 있다.[25] 북한은 한국전쟁 직후부터 중공업을 우선적으로 발전시키면서 경공업과 농업을 동시에 발전시켜 나가는 사회주의 경제 건설의 기본 노선으로 자립적 민족경제의 토대를 마련하였다.

이러한 자립적 민족경제는 동구권 사회주의 국가들이 붕괴하기 시작하고 미국을 비롯한 국제사회의 제재와 압박으로 인하여 국방을 우선적으로 발전시키는 선군시대 경제건설노선으로 나아갔다. 그리고 2010년대에 들어서는 경제건설과 핵무력 건설을 병행하는 핵무력 병진노선을 제시하였다. 자립성과 주체성이 강하고 과학기술을 기본 생산력으로 하여 발전하는 사회주의 경제 강국을 건설해 나가고 있다고 선전하고 있다.

따라서 북한의 사회주의 경제시스템은 '소유', '계획경제', '자립적 민족경제'라는 토대 위에서 자본주의 국가들과는 다른 방식으로 순환되고 있다고 정리할 수 있다.

북한의 대표적인 상품 유통 경로

기본적으로 사회주의 경제에는 의식주 전부를 포괄하는 국가에 의한 배급제도가 있지만, 생활의 다양한 욕구를 충족시키기 위하여 부족한 생활용품들을 시장, 국영상점, 백화점 등의 봉사시설들을 이용

---

25 조선의 오늘(www.dprktoday.com), 경제 – 자립적 민족경제

한다. 최근에는 통신의 발달로 컴퓨터나 스마트폰을 이용한 전자상거래가 급속하게 발전하고 있다. 다음은 몇 가지 대표적인 상품 유통 경로를 소개한 것이다.

1. 국가배급

북한의 사회주의 경제체제에 따라 북한 사람들의 의식주 생활은 국가배급제도에 큰 영향을 받는다. 통일부 통일교육원의 「2018 북한이해」에 따르면 의식주에 필요한 생활필수품은 일정한 원칙에 따라 분배되고 소비되는데 공급은 중앙공급대상, 일반공급대상으로 나누고 물자공급 등급을 매일공급대상자, 1주공급대상자, 2주공급대상자, 인민반공급대상자로 세분하여 배급된다.

식량의 경우에는 노동자와 사무원의 경우 월 2회 식량배급표에 준한 식량배급, 월 급여(생활비)를 받아 생활하고, 농민은 1년에 1회 현물 분배와 현금 분배를 받아 생활한다. 의복의 경우도 중앙공급대상자와 일반공급대상자가 나뉘어 당국에서 배급하도록 제도화되어 있는데 이때 털모자, 면장갑, 스타킹과 같은 보조 의복들은 개인적으로 구입해야 한다. 최근에 김정은 위원장 집권 이후 모든 학생들에게 새로운 교복을 지급하는 등 학생들의 의류 배급에는 보다 많은 신경을 쏟고 있다.

주택의 경우 주민들이 당국으로부터 입사증(해당 집에 거주할 수 있는 권리)을 받아 거주하게 된다. 주택 배정은 직장과 직위에 따라 주택 유형 및 평수 등이 다를 수 있고, 평양시를 제외한 지방의 일반 노동자 등의 주민들은 대부분 11평 정도의 일자형 다가구 주택을 배정받는 경우가 많다. 농민의 경우 농촌 문화주택을 배정받는다.

한편 2016년 유엔인구기금(UNFPA)과 북한 중앙통계국이 공동으로 발간한 「북한의 사회경제, 인구통계, 보건조사(Democratic People's Republic of Korea: Socio-Economic, Demographic and Health Survey 2016)」에 따르면 북한 주민의 주거 유형은 연립주택 42%, 단독주택 33%, 아파트 25% 순서로 나타났지만, 평양의 경우 62.9%의 주민이 아파트에 거주하는 것으로 나타났다.[26]

2. 시장

국가배급을 제외하고 인민들의 소비품이 가장 많이 유통되는 곳이 바로 시장이다. 통일연구원에 따르면 북한 전역에서 영업 중인 시장 수는 404개에 이른다.[27] 남포특별시의 경우 가장 조밀하게 시장이 발달되어 있는 것으로 나타났는데, 이는 위치적으로 외부로부터 물자가 유입되는 길목에 있는 통로이기 때문이다. 물론 이러한 시장의 조밀도는 교통의 접근성, 시장의 규모 등은 제외한 결과이다.[28]

함경북도 청진시의 수남시장은 잡화·공업품·수산물·채소를 취급하는 도·소매시장이다. 특히 의류 품목이 40%에 이를 정도로 발달되어 있다. 평안남도 평성시의 옥전시장은 의류 및 가공업 부자재시장으로 공업품이 약 30%에 달한다. 양강도 혜산시의 혜산시장은 외국

---

26 통일교육원, 「2018 북한이해」, 2017

27 404개라는 시장의 총 개수는 탈북자들의 면담과 구글 어스 위성사진을 종합한 결과로 북한이 발표한 자료는 아니다.

28 통일연구원 (2016). "북한 전국 시장 정보 : 공식시장 현황을 중심으로"

산 잡화시장인데, 대부분은 중국산 제품이 유통되고 있다. 자강도 강계시의 외룡시장은 생필품 종합시장으로 식품이 약 35%이다. 함경남도 함흥시의 사포시장은 함흥시 최대 규모의 종합시장으로 공업품·잡화·가전제품이 50% 이상이다. 평양시의 경우 송신시장은 가축과 공업품·잡화 등을 주로 취급하여 대표적인 종합소비재 시장이고. 이에 비해 통일거리시장과 중구역시장은 고가품이 비교적 많다.[29]

이렇듯 도 단위 종합시장을 중심으로 중소시장이 연결되어 있고 지역적·환경적 특징에 따라 취급하는 물품이 다양하게 포진되어 있다. 이러한 시장의 발달은 지역 상권과 유통 역량을 발전시킨다. 시장에서 종사하는 사람들이 늘어나고 물자와 사람을 운송할 수 있는 배송 서비스가 급격하게 발달하고 있다. 이는 본지의 평화자동차 특별 인터뷰에서 배송에 적합한 소형 버스가 가장 많은 판매를 이루었다는 관계자의 설명과 무관하지 않다.

한편 통일연구원은 시장의 역할이 단순히 주민들이 필요한 생필품을 사고파는 현장으로만 보기에는 한계가 있다고 말한다. 국가가 시장의 관리를 통하여 이윤, 지위 등을 유지·확대·재생산하기 때문이다. 따라서 시장은 국가와 주민이라는 요소가 다양한 이해관계로 얽혀 있는 복합적 네트워크이다.

3. 백화점 및 상점

공식적인 시장뿐만 아니라 백화점 및 상점 또한 중요한 상품 유통

---

29 통일연구원 (2016). "북한 전국 시장 정보 : 공식시장 현황을 중심으로"

경로이다. 최근에 현대화되고 최신식 설비를 갖춘 큰 규모의 백화점 및 상점들이 지속적으로 개건되고 있는 추세이다. 이외에도 도로나 길가에 있는 편의봉사 매대, 국영상점 매대 등이 상품의 유통에 기여하면서 상업적 봉사를 하고 있다. 다음은 대표적인 백화점 및 상점들에 대한 소개이다.

◆ 평양제1백화점

평양의 중심부인 김일성 광장 옆에 위치하고 있는 평양제1백화점은 1982년 4월에 준공한 역사가 오래된 백화점이다. 지하층부터 지상 9층까지 있으며 화장품, 식료품, 의류를 비롯한 여러 경공업품을 취급한다. 주요 상품전시회가 열리는 장소 중 하나로, 전시회에는 각종

평양제1백화점 전경

경공업품이 전시되는 동시에 판매도 진행된다. 최근에는 2019년 6월 11일부터 21일까지 제11차 평양제1백화점 상품전시회가 열렸다.

◆ 대성백화점

가장 최근에 개점한 평양시내 백화점으로 김정은 국무위원장이 현지 지도까지 하였다. 2019년 4월 15일 태양절(김일성 주석 생일)을 맞아 준공되었다. 북한의 매체에서는 대성백화점이 상업봉사뿐만 아니라 종합적이며 다기능화된 봉사기지로서 현대판 백화점으로 멋지게 꾸려져 인민들의 물질문화생활을 높이는 데 이바지할 것이라고 대대적으로 홍보하였다. 백화점은 슈퍼마켓(생활용품, 식료품)을 비롯하여, 화장품, 식당, 의약품, 귀금속, 섬유, 가전제품 등 구획별로 잘 갖추어져 있고 특히 세계적으로 인기 있는 명품까지 빠짐없이 진열되어 있다.

대성백화점 전경(출처: 조선의 오늘)

대성백화점 내부(출처: 조선의 오늘)

◆ 미래상점

보통강변에 위치한 미래상점은 2012년 4월에 첫 개장을 하였다가 상점의 규모와 내용을 더욱 확장하여 2016년 다시 개장하였다. 따라서 봉사설비가 굉장히 현대화되어 있고 인테리어가 깔끔하다. 특히

미래상점 내부

최신형 전자제품을 구입할 수 있는 곳이기도 하다.

미래상점 개장 당시 북한의 관영매체는 "2012년에 개점하였던 미래상점은 조선로동당의 과학 중시, 인재 중시 사상에 떠받들려 보다 훌륭한 명당자리에 규모와 내용에 있어서 더 멋들어지게 일떠섰다. 오늘의 과학기술시대를 상징하듯 날아오르는 로케트와 지구의 모양의 기둥들이 천장을 떠받들고 세계적 추세에 맞게 다님길들의 공간들을 효과적으로 리용하여 상품들을 진렬한 것을 비롯하여 상점의 건축 형식과 공간들은 새롭고 특색 있으면서도 고도로 예술화되어 있다."고 전했다.

1층부터 3층까지 있는 종합상점으로 1층에는 화장품, 전자제품, 식료품이 있고 2층에는 전자제품, 체육용품, 아동용품이 진열되어 있으며 3층에는 안경점이 있다. 대리석 바닥을 인테리어로 해서 매장 전체적으로 환한 느낌을 주고 저자가 방문했을 때에도 손님들이 많이 붐비고 있었다. 특히 전자제품과 같은 경우에는 최신 트렌드를 잘 반영하여 노트북, DVD, 보조배터리 등 다양한 제품을 구비하고 있었다.

◆ 광복지구상업중심

광복지구상업중심은 상품 대부분이 북한에서 생산된 것이 특징으로 내국인 및 외국인들에게도 인기가 많다(상세한 내용은 '10대 북한 상품 및 서비스'의 8번 내용 참조).

광복지구상업중심의 담배매대

광복지구상업중심의 술매대

4. 전자상거래

최근 몇 년 사이 통신의 발달과 스마트폰과 같은 통신기재들의 대중화로 컴퓨터와 모바일을 활용한 전자상거래가 급속하게 증가하고 있다. 앞서 소개된 "만물상"이 대표적으로, 이 사이트의 조회 수는 하루 약 7만여 명에 달한다.[30] 물론 현재까지는 시장이나 상점 등을 이용하는 규모에 비해서는 대비할 수 없지만 북한의 통신환경에 대비해 볼 때 매우 주목되는 유통 경로이다. 앞으로 통신 여건이 더욱 발전함에 따라 전자상거래를 이용하는 사람들은 지속적으로 늘어날 것으로 전망된다.

◆ 조선상품 2018

한편 조선국제무역촉진위원회에서는 다양한 북한의 상품을 소개한 책자를 출판하였는데 그 내용이 흥미롭다. 상품은 개성고려인삼제품, 식료품, 화장품, 전자제품 등 15개의 카테고리로 구성되어 있는데 주소와 연락처 등이 수록된 회사정보와 함께 한글, 영문, 중문까지 3개국어로 상품명이 소개되어있다. 다양한 북한산 상품의 신제품과 인기상품, 그 디자인 등을 한눈에 확인할 수 있다. 이 도서는 매년 발행이 예정되어 있다.

---

30 조선의 오늘, "관심을 모으고 있는 전자상업홈페이지", 2019.02.14

조선상품 표지

조선상품 목차

조선상품 1

조선상품 2

조선상품 3

조선상품 4

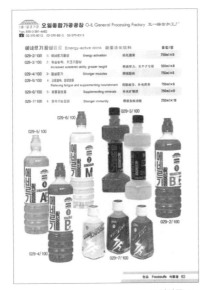

조선상품 5

조선상품 6

특별 인터뷰

주성호 | 중앙은행 법규방법론국 국장
최영주 | 중앙은행 대외사업국 책임부원
정명옥 | 평양제1백화점 지배인
김경숙 | 광복지구상업중심 봉사부원
박용애 | 미래상점 지배인

Q. 국가가 금융사업을 지도·감독하는 수준은 어느 정도인가요?

A. 우리나라에서 국가가 금융사업을 틀어쥐고 지도·감독하는 것은 국가의 법과 규정을 준수할 것을 요구하는 것이지, 개별적 금융기관들의 관리·운영을 이렇게 저렇게 하라는 것이 아닙니다. 그 어떤 나라나 자기의 주권이 행사되는 영역에서 제도와 질서를 지킬 것을 요구할 권리가 있으며 금융기관들은 그것을 지킬 의무가 있습니다. 우리나라에서 금융업을 진행하는 합영·합작은행들과 외국인은행, 외국인지점도 우리의 법과 규정을 준수할 의무가 있습니다.

Q. 각 은행과 국가의 분배관계에 대해 이야기해 주세요.

A. 분배관계에 대하여 이야기한다면 국가적 소유의 금융기관들은 국가가 정한 국가납부의무를 먼저 수행하고 그들의 요구에 따라 필요한 분배를 자체적으로 결정하도록 되어 있습니다. 그러나 합영·합작은행이나 외국인은행, 지점들은 일반적으로 결산 기간에 소득을 계산하여 국가가 정한 세금을 바치는 것으로 되어 있습니다. 다시 말하면, 국가적 소유의 금융기관들은 먼저 국가가 정한 납부 몫을 수행한

다음 필요한 분배를 하도록 규제되어 있으나 소유가 다른 금융기관들은 먼저 세금을 바치고 필요한 분배를 하도록 규제하지 않고 결산 기간 안에 국가가 규제한 세금을 아무 때나 내면 되는 것입니다.

Q. 저금과 환전, 결제체계에 대해 이야기해 주세요.

A. 저금과 환전, 결제체계에 대하여 말씀드리면 우리나라에서 저금은 공민의 권리에 속하는 문제이며 개인저금과 관련하여 국가의 정책이 있습니다. 그것은 개인저금에 대한 비밀을 철저히 보장하며 그것을 담보해 준다는 것, 신용을 철저히 지켜야 한다는 것, 저금자들에 최대한 봉사성을 높여 주어야 한다는 것이 법으로 규제되어 있습니다.

국가적 소유의 금융기관들에 대한 저금은 일정한 지역 또는 범위에서 개별적 저금자를 대상으로 저금을 할 수 있도록 규제하였습니다. 우리나라는 금융기관들이 지역적으로 볼 때 시내지구를 제외하고는 전국의 모든 지역에 골고루 분포되어 있으며 각종 저금소, 저금대리소들이 산골, 벌방, 농촌, 탄광, 광산 등 그 어디에서나 편리하게 저금을 하고 찾을 수 있도록 분포되어 있습니다.

앞서 이야기하였지만 신용을 지키고 봉사성을 최대로 높이는 문제는 국가의 정책으로, 법적으로 규제되어 있기 때문에 농촌 지역이든 산간 지역이든 저금소들이 있으며 공장, 광산, 탄광 등이 밀집되어 있는 지역들에는 저금대리소들을 두고 있습니다. 저금소, 저금대리소들은 자기 지역 또는 공장, 기업소 종업원들이 편리하게 저금을 받아 주고 그들의 요구에 따라 임의의 지역, 임의의 대상에 필요한 자금을 보내 줄 수 있습니다.

그것을 국가적인 결제체계를 놓고 설명하면, 우리나라에서는 각 도를 단위로 도은행들이 있으며 그 아래 시·군들에 지점을 두고 있습니다. 시·군 지점 아래에는 저금소, 저금대리소들이 있습니다. 저금소는 지점의 산하 금융기관으로, 저금대리소들은 공장, 기업소, 협동농장 등이 자기의 실정에 맞게 대리소를 두고 운영하도록 되어 있습니다.

만일 한 개 지역(군) 안에서 저금한 사람이 다른 사람에게 돈을 보내려고 할 때에는 그 지점 안에서 자금결제로 처리하며, 군 지역을 벗어나 다른 군에 있는 사람에게 저금돈을 보내려고 할 때에는 지점의 상위은행인 도은행에서 지점들 사이의 결제 처리 과정으로 돈을 받으려는 사람에게 정확히 지불되도록 합니다. 도와 도 사이를 넘어 저금이 오갈 때에는 그에 대한 결제를 중앙은행이 맡아 결산 처리하는 방법으로 저금자의 요구와 돈을 받으려는 사람의 요구를 원만히 충족시켜 줍니다. 만일 서로 다른 은행에 거래하는 저금한 사람의 돈을 받거나 보내려는 자금결제도 중앙은행의 결제중심을 통하여 진행됩니다.

Q. 저금에 카드를 도입하는 사업도 진행 중인가요?

A. 카드의 경우, 저금을 전자카드를 이용하여 진행되고 있습니다. 저금에 카드를 도입하는 사업은 2004년부터 진행되어 왔고 이제는 카드 도입이 전국적 견지에서 활용되고 있습니다.

Q. 조국에서 금융(은행, 저금, 환전, 자금결제체계, 카드 등)과 관련한 단기적 추세 및 변화에 대해서 설명해 주세요.

A. 우리나라에서 금융사업은 국가경제발전전략에 따르는 금융전략

을 제기하고 그 과업 관철에로 추진하고 있습니다. 선생도 신문을 비롯하여 여러 수단을 통해 우리 조국에서 당 제7차 대회에서 국가경제 발전을 위한 5개년 전략을 제시하고 그 수행을 위한 사업을 진행하고 있다는 것을 알고 있으리라 봅니다. 올해가 5개년 계획의 전략적 과업을 수행하는 세 번째 해입니다. 우리는 당의 경제 건설 방향에 따라 금융 업무를 높은 과학과 기술에 의거한 사업으로 전환해 나가고 있습니다.

물음에서도 제기하였지만 저금을 비롯하여 환전 업무, 자금결제체계와 방법을 부단히 혁신하고 있으며 금융 업무를 개선하기 위한 사업에서도 일련의 연구 성과도 이룩하고 도입하는 사업도 동시에 추진하고 있습니다.

집약해서 이야기한다면, 우리나라의 금융사업을 세계적으로 금융업이 가장 발전되었다는 나라들과 어깨를 나란히 하는 것이 2020년까지의 단기적 목표이며 그 이후에는 그들보다 더 높은 금융수단과 방법을 연구·도입하여 세상에서 가장 으뜸한 자리를 차지하자는 것이 우리의 욕심이고 목표입니다.

Q. 인기가 높은 금융관련 봉사장소, 금융상품 및 봉사는 무엇인가요?

A. 인민들에게 인기가 높은 봉사장소라고 한다면 상점, 식당, 편의 봉사시설이 갖추어진 곳들입니다. 우리 당은 언제나 〈모든 것을 인민을 위하여〉, 〈인민을 위하여 복무함〉이라는 사상을 제시하고 인민들의 복리 증진과 문화휴식장소 등 인민의 요구와 이익을 제일 먼저 제기하고 그것을 위해 모든 것을 집중하며 추진해 오고 있습니다.

그렇기 때문에 인민들의 인기, 다시 말하여 인민의 요구와 이익이라면 우선 먼저 자금을 투자하여 건설하며 불편 없이 이용할 수 있도록 하는 것이 우리 당의 요구입니다. 예를 들어 마식령스키장, 문수 물놀이장, 마전해수욕장을 비롯한 우리나라의 여러 지역들에 문화휴식장소를 비롯하여 명승지 등 봉사 부문들에 금융 업무를 전개해 주고 있습니다. 앞으로 원산·갈마 관광지에도 금융 업무가 반드시 전개될 것입니다.

우리나라 금융업의 기본 특징은 다른 나라들과 같이 금리를 목적으로 인기 있는 장소들을 골라 가며 금융업을 전개하는 것이 아니라, 인민들의 편의를 위해서 필요한 모든 장소 또는 지역에 금융업을 전개해 주는 것입니다. 따라서 서로 다른 금융기관들이 금융 관련 상품들을 제각기 제기하고 많은 거래 대상을 확보하기 위하여 금융업을 전개하는 것이 아니라 누가 더 금융적 봉사성이 높게 제기하는가, 누가 더 인민들의 요구와 이익 실현을 신속·정확히 하는가 하는 기준에서 금융 관련 장소를 전개하며 그에 의거하여 금융 수단과 방법을 발전시켜 나가고 있습니다.

다른 나라들의 금융업을 연구해 보면 누가 금융인기상품을 만들어 내는가, 어떤 장소들을 차지할 때 더 많은 이익을 얻겠는가 하는 원칙에서 금융기관들이 각기 경쟁을 벌리고 있다고 봅니다. 물론 우리나라에도 금융기관들 사이의 경쟁은 진행되고 있습니다. 〈따라앞서기〉, 〈따라배우기〉 원칙에서 그 어떤 금융기관이든 인민의 요구와 이익을 실현하기 위한 데서 더 좋은 금융상품을 개발하면 그것을 전국의 모든 금융기관들에 일반화하는 방법으로, 앞선 단위는 뒤떨어진

단위를 이끌어 주고 뒤떨어진 단위는 앞선 단위의 경험을 본받아 보다 새롭게 창조하기 위해 노력합니다.

우리나라에서 금융업의 발전은 자체 금융기관의 더 많은 이익을 위해 금융 관련 장소와 금융상품을 개발하는 원칙이 아니라 누가 더 인민의 요구와 이익을 반영하였는가, 그 이용에서 신속·정확성이 보장되었는가 등으로 신용등급이 평가되며 그러한 단위의 금융제품을 전국에 일반화하는 방법으로 금융업이 발전되고 있습니다.

Q. 지난 시기 인기가 높았던 금융 관련 봉사장소, 금융상품 및 봉사는 무엇인가요?

A. 지난 시기 금융 관련 봉사장소라고 한다면 저금소나 저금대리소들입니다. 당시에는 개인들이 저금소나 저금대리소에 자기 돈을 저금시켰다가 필요한 때 현금을 찾아가는 것이 일반적인 것으로 되어 있었습니다. 지금과 같이 금융기관과 봉사기관이 연계되어 자기가 예금한 범위에서 봉사단위들에서 봉사를 받으면 그것을 금융기관이 처리하는 봉사적 기능과 금융업이 밀착된 유형의 금융봉사는 발전하지 못하였습니다.

이 시기 인기 있는 금융상품 및 봉사라고 한다면 아마도 카드라고 말할 수 있습니다. 우리나라에서는 2004년부터 금융 업무에 카드를 도입·이용하였고 카드에 의한 정산체계가 도입되면서 금융봉사가 더욱더 발전하면서 상품 및 봉사를 카드로 정산하는 금융 관련 봉사가 시작되었다고 볼 수 있습니다. 가장 유효하며 신속성이 있고 편리한 카드는 인민대중의 요구와 이익의 실현, 편리성으로부터 인기 있는 상품 및 봉사가 된 것이라고 봅니다.

Q. 지난 시기 인기가 높았던 금융상품 및 봉사 중에서 사라진 상품 및 봉사는 무엇인가요?

A. 지난 시기 금융 부문에 카드와 함께 신용권이라는 금융상품, 다시 말하면 증권형식의 행표 등이 동시에 출현하였습니다. 이것은 전자적 수단이 아닌 종이로 된 증서, 다시 말하면 즉시지불방식의 증권형식으로서 자기의 예금 범위에서 그 어느 은행에 그 증서를 제출하면 아무 때나 찾아 쓸 수 있게 만들어진 금융상품이었습니다. 그러나 그것은 이제 인기 없는 금융상품이 되었습니다. 그것은 신용권 그 자체가 전반적인 근로대중에게 사용된 것이 아니라 제한적 범위에서 기관, 기업소, 단체를 대상으로 발행되는 금융상품이었으며 다음으로 단 한 번만의 기능만을 수행하였기 때문입니다.

다시 말하면, 신용권은 예금 범위에서 지출한도액이 밝혀져 있으며 다른 은행에서 그 한도액만큼 지출받으면 신용권은 지출받는 은행의 전표를 남기고 다시 사용되지 못하는 단능기능의 역할을 수행하였다는 것입니다. 또한 은행경영의 실리적 견지에서 신용권(증권)을 계속 인쇄하여 발행해야 하는 것으로서 증권인쇄비용이 적지 않게 들어갔습니다. 다시 말하면 편리성이 보장되었다고는 할 수 있으나, 경영상 견지에서는 실리 보장의 견지에서 잘 맞지 않는다는 것입니다. 이런 유형의 원인 등으로 하여 신용권으로 발생되었던 금융상품은 이제 유통계에서 인기가 떨어지면서 점차 없어졌습니다.

Q. 앞으로 인기가 예상되는 금융 관련 상품 및 봉사는 무엇인가요?

A. 우리나라 금융 분야에서도 일관되게 견지해 오는 원칙이 있습니다. 그것은 사회생활의 모든 분야, 경제관리 모든 분야에서 인민대중이 주인이 되고 그들의 주인으로서의 지위를 차지하고 역할이 높아질 때 사회경제발전이 이루어질 수 있으며 우리나라의 국력이 더욱더 강화된다는 우리 당의 인민 중시, 인민 존중, 인민 사랑의 요구를 철저히 구현하는 것이며 모든 것에 있어 인민의 요구와 이해관계를 앞세우고 그 실현을 위하여 국가경제관리기관들이 자기의 기능과 역할을 수행하는 것입니다.

현재 우리나라 금융 분야에서는 인민들이 금융봉사를 가장 편리하면서도 신속·정확히 요구를 실현하도록 하는 방향에서 발전시켜 나가고 있습니다. 근로인민대중은 금융적 봉사를 보다 편리하게, 신속하면서도 정확히 받는 것을 요구하고 있으므로 점차 카드에 의한 결제 방법으로부터 컴퓨터망에 의한 결제, 이동통신망에 의한 결제 방법 등 시기·장소 등의 구애 없이 금융적 봉사를 제공해 줄 것을 필수적인 문제로 제기하고 있습니다.

오늘 과학과 기술의 발전으로 지난 시기와는 달리 사람들은 직장에 출근하면 컴퓨터로 사무를 진행하며, 출퇴근을 비롯한 출장 또는 기타 사업상 용무를 위해 길거리를 다닐 때에는 이동통신망을 이용한 손전화를 사용하고 있습니다. 물론 이것이 세계적인 발전 방향이라고 봅니다. 따라서 우리나라에서는 각종 정보적 수단에 의하여 모든 근로자들이 사무실에서나, 길거리에서나, 집 안에서나 편리한 금융적 봉사를 제공받을 수 있도록 금융 업무 방향을 집중시키고 있습니다.

이와 같이 금융관련 봉사장소는 한 개의 기관, 지역적 범위를 벗어나 그 어떤 장소의 구애 없이 발전시키는 방향에로 지향시키고 있으며 그것은 곧 실현될 것입니다. 결국 금융 관련 상품이라고 하면 종전시기와는 달리 각종 증권을 발행하는 방법이 아닌 개인들이 소지하고 있는 정보적 수단이나 국가적으로 널리 이용되고 있는 컴퓨터 망에 의한 결제 방법을 활용하는 방법으로 발전시켜 나가고 있습니다.

Q. 인민들의 의사 반영은 어떻게 이루어지나요?

A. 우리나라에서는 모든 사람들이 집단 속에 자기 자신이 있다고 생각하고 있으며 사회적 집단을 떠난 자기 개인이 있다고 생각하지 않습니다. 이 때문에 모든 사람들은 다 사회정치조직에 망라되어 정치생활을 누리고 있고 정치사상생활을 통하여 자기 자신의 요구와 이익을 반영하고 있습니다.

또한 인민정권기관이 있습니다. 가정생활이나 사회생활 과정에서 제기되는 이러저러한 문제들은 인민정권기관에 제기를 합니다. 그러면 인민정권기관에서는 제기된 문제를 제때에 알아보고 자기 권능으로 해결해 주어야 할 문제는 즉시 대책하며 권능 밖의 사업에 대해서는 해당 기관에 통보해 주거나 정치조직에 반영되며, 그것이 종합되고 정책에 반영되면 행정경제지도기관에서는 그 대책을 세우게 됩니다.

이렇게 인민의 의사는 정치조직과 인민정권기관에 집중되며 정책으로 반영되어 집행됩니다.

우리 당의 정치로선, 당정책은 〈모든 것은 인민을 위하여〉, 〈모든 것을 인민대중에게 의거하여〉라는 구호를 제시하시고 인민을 위해 멸

사복무하는 것을 최우선 과업으로 내세우고 있습니다. 그러니 인민들의 의사를 반영하고 빠르게 실현하는 근본 비결을 알 수 있으리라고 봅니다.

Q. 평양제1백화점에서 사람들이 가장 많이 찾는 인기 제품은 무엇인가요?

A. 최근에 우리 원수님께서 공장들에서 다품종화·소량화를 원칙으로 그리고 인민들에게 인기 있는 상품들을 많이 만들라고 하셨습니다. 그래서 현재는 인민들에게 국내산 식료품이 추세가 되었단 말입니다. 다양한 음료 중에서는 우리 인민들이 천연음료를 많이 요구하는데 대동강종합과일가공공장에서 생산한 음료들이 제일 많이 나가고 있습니다. 기초식품도 보면 다종다양한데 전부 국내산입니다. 간장 하나를 보더라도 불고기감, 양념간장, 매운간장 등 다양합니다.

Q. 평양제1백화점이 최근 발전시키고 있는 부분은 무엇인가요?

A. 우리 원수님께서 인민들에게 인기 있는 명상품을 만들고 상품을 다종화·다양화라고 말씀하셔서 공장들에서 원수님의 의도에 맞게 인민들이 제일 찾고 즐기는 상품을 위주로 생산을 힘 있게 벌렸습니다. 위층에는 주로 합영·합작 단위들이 생산한 상품들 위주로 진열했습니다. 세숫비누도 품종이 매우 다양해졌습니다.

우리 백화점은 인민들에게 더 많은 상품을 저렴한 가격으로 봉사하기 위해 많은 노력을 하고 있습니다. 우리 백화점을 매번 올 때마다 달라지는 것이 느껴질 것입니다. 인기 있는 봉사장소 중에 하나는 옷 주문실인데, 옷 주문실의 경우 사람들이 많이 이용하는 곳 중에 하나로 옷의 치수를 맞춰 주문 가공하는 것입니다.

또한 최근에 와서는 우리 인민들이 우리나라 상품들을 많이 요구합니다. 신발, 양말, 식료품, 가방 등 매우 다양한데 그 이유는 수입산보다도 우리 인민들의 감성에 맞게 상품을 잘 만들기 때문입니다. 그리고 백화점에 찾아오는 인민들의 편의를 도모하기 위해서 청량음료점도 만들었습니다.

이 모든 상품 하나하나에는 우리 원수님의 요구가 깃들여져 있습니다. 양말만 하더라도 양말공장에 현지지도를 하시면서 어떻게 하면 우리 인민들이 편리할 수 있겠는가 하는 방향을 다 알려 주셨습니다. 그렇게 해서 나온 양말들, 예를 들면 철쭉 상표 양말이 제일 인기 있습니다. 최근에는 또한 악기에 대한 수요가 굉장히 높습니다. 인민들의 문화 정서생활을 높이기 위해 많이 전시해 놓았습니다. 대중 수요가 높은 것은 북과 기타입니다.

Q. 평양제1백화점의 앞으로의 계획은 무엇인가요?

A. 백화점에서는 1년에 2차례씩 상품전시회를 합니다. 상품전시회를 열어서 모든 공장·기업소가 자기 상품들을 다 내놓고 서로 경쟁도 하면서 질도 높이고 인민들의 요구하는 부분도 알게 됩니다. 일반적으로는 6월 및 12월 즈음하여 합니다. 이러한 상품전시회를 효과적으로 개최하면서 세계적인 추세에 맞게 백화점을 좀 더 현대화할 계획에 있습니다. 최근에는 인민들이 천연상품을 많이 요구하고 있습니다. 천연제품이라고 하면 식료품뿐만 아니라 인체에 무해한 마감건재

들도 있습니다. 따라서 이러한 방향에서 제품을 더 많이 할 것을 계획하고 있습니다.

Q. 미래상점에서 사람들이 가장 많이 찾는 인기 제품은 무엇인가요?

A. 최근에 우리 손님들은 자기 토양과 물에서 생산하는 것이 체질에 맞기 때문에 좋다는 것을 압니다. TV를 통해서도 많이 광고되었습니다. 차례대로 보면 먼저 우리나라에서 생산되는 건강기능식품들이 인기가 많습니다. 최근 우리나라에서 약이 정말로 많이 생산되고 있습니다. 개성인삼과 관련된 제품들이 많이 나갑니다. 그리고 판형 컴퓨터의 수요가 많이 높습니다. 기능과 속도에 따라 여러 가지 제품이 있는데 손님들은 간편하면서도 휴대가 편리한 제품을 찾습니다. 또한 태워져 있는 프로그램과 자료가 많은 제품을 좋아합니다.

최근에 체육용품에 대한 수요도 대단히 높습니다. 온 나라에 체육 열기가 일어나고 있는 중에 우리 상점에도 많은 손님들이 찾아옵니다. 손님들을 보면 작년과 올해가 다를 만큼 다종다양한 것을 요구합니다. 등산 제품들도 잘나갑니다. 가는 곳마다 산이 많으니 날로 그 수요가 높아지고 있습니다. 그리고 가정에 아이들이 한 명 내지 두 명 아닙니까. 옷 사러 오는 것도 할머니, 할아버지까지 다 동원에서 상품을 고릅니다. 최근에 아기 어머니들의 아기용품에 대한 수요가 급성장하면서 아기용품 매대를 크고 새롭게 확장했습니다. 수입 우유가루 종류는 여러 가지인데 압타밀 우유가루가 잘나갑니다.

TV의 경우는 55인치가 잘나갑니다. 큰 텔레비전의 수요가 점차 높아지고 있습니다. 귀금속도 보면 진짜 금보다도 여성들이 편안하게 할 수 있는 장신구용으로 많이 이용합니다. 여러 가지 옷과 형태에 맞춰서 수요가 있습니다. 대체로 18K 이상의 금들은 예물이나 결혼식 기념으로 수요가 있고 평상시에는 유행이나 옷에 맞게 추세가 많이 달라졌습니다. 최근에 트렁크(캐리어)들도 많이 팔리고 있습니다. 그리고 최근 몇 년간 인민들의 휴양지가 많이 생겼습니다. 따라서 마식령스키장을 비롯한 유원지 등에 여행 갈 때 사람들이 필수품으로 찾습니다.

Q. 미래상점 악기매대 – 악기 종류는 최근에 어떤 것들이 잘나가나요?

A. 악기 판매원 : 먼저 민족악기 중에서는 가야금이 잘나갑니다. 우리 원수님께서 민족음악의 발전에 대하여 많이 말씀해 주셨단 말입니다. 가야금, 장고, 소해금 등이 잘 유통됩니다. 대중악기 중에서는 기타가 잘나갑니다. 가정들에서 문화생활을 하면서 많이 이용합니다.

Q. 미래상점 신발매대 – 신발들은 어떤 스타일이 유행하나요?

A. 신발 판매원 : 최근에는 우리 여성들이 뒤축(굽)이 높은 게 인기가 많습니다. 본인의 옷차림과 어울리는 신발들을 많이 찾습니다. 나이 드신 분들은 낮고 편안한 신발들을 요구합니다. 최근에 조국에서 남자 구두도 많이 생산하고 있습니다. 남자 구두들이 편안하고 가볍고 저렴하여 손님들이 많이 찾고 있습니다. 최근에는 끈이 없지만 끈이 있는 것처럼 보이는 구두 형태가 신기가 간단하고 가벼워서 많이 좋아합니다.

Q. 미래상점 생활용품매대 – 생활용품은 어떤 제품들이 인기 있나요?

A. 전기용품 중에는 아무래도 전기를 쓰다 보니까 전력소비가 적은 제품들을 선호합니다. 그리고 전기밥가마, 물정수기(물주전자), 칼판, 식칼 등 여성들이 좋아하며 다루기 편리한 제품들은 거의 여기에 집결되어 있습니다. 최근에는 건강에 신경 써서 물을 최대한 정화하려고 하여 수소수, 물정수기 등이 많이 나가고 있습니다.

Q. 미래상점의 제품의 수요는 어떻게 파악합니까?

A. 손님들을 통해서 파악합니다. 먼저 판매액을 확인하고 손님들이 어떤 상품을 좋아해서 많이 찾았는지 매일 확인합니다. 또한 손님들이 요구하지만 제품이 없는 것들을 주문대장에 기입하여 생산 공장에 통지하여 새롭게 만들기도 합니다. 따라서 손님들이 신용이 있어서 좋다고 합니다.

Q. 미래상점에서 최근의 변화 및 앞으로의 계획은 어떻게 됩니까?

A. 가구 매대를 새로 내왔습니다. 지난 시기에는 가구 매대는 없었습니다. 우리 상점을 찾는 손님들이 가구들을 많이 요구했습니다. 최근에 가구용품과 전기용품에 대한 수요가 높아지면서 이 두 종류의 상품을 1층에 새롭게 개시했습니다. 또한 판매원들의 교육에도 노력을 하고 있습니다. 판매원들도 세대가 계속 교체되기 때문에 계속 기능을 높여 나가야 합니다. 따라서 상업대학 등에서도 나와서 초빙강의도 하는 등 자기 일에 정통하도록 많은 노력을 합니다.

쇼핑·상품유통 트렌드 2020

북한에서의 쇼핑, 즉 물건을 구입하는 행위는 자본주의 나라들과 분명한 차이점이 있다. 이러한 차이점은 생산수단의 '소유', '계획경제', '자립적 민족경제'를 특징으로 하는 북한의 사회주의 경제로부터 나온다. 상품유통에서 가장 중요한 부분은 국가배급제도로 생활필수품뿐만 아니라 의식주와 관계된 기본적인 용품들이 국가로부터 지급된다. 또한 국정가격의 상품과 서비스는 무상과 다름없는 저렴한 가격에 유통되고 있다.

그러나 점차 다양해지고 복잡해지는 인간 생활에서 개개인의 각기 다른 수요와 요구를 충족시키는 데에는 한계가 있기 때문에 사람들은 국가 및 기관·기업소에서 관리·운영하는 시장, 백화점, 상점 등을 이용하여 필요한 물건을 구입한다. 이러한 유통채널에서 나오는 상품들은 사람들의 선택을 받기 위해서 일정한 경쟁력을 갖추어야 할 필요성이 생겼는데, 그 핵심은 지난 수년간의 신년사에도 밝혔듯이 인민들의 삶을 위한 '경쟁력 있는 질 좋은 소비품'을 만드는 것이다. 이제는 이러한 요건이 모든 상품에 있어서 갖추어야 할 우선 조건이 되었다.

물론 아직까지는 저렴한 상품들이 대세를 이루고 있다. 그러나 앞선 이동통신 트렌드에서 최근의 소비자들이 다기능이 있는 고성능 스마트폰을 선호하는 것처럼 북한의 소비자들은 일반 생활필수품에서도 가격 경쟁력이 있으면서 품질도 좋은 상품을 선호하고 있다. 전력 소비량이 적은 전기제품, 화면이 넓은 TV, 기능이 많고 속도가 빠른 테블릿, 기능성 가구들이 추가적인 예이다. 또한 고품질 상품에 대한 인기는 최근 개장한 대성백화점의 명품 매장에 사람들의 발길이 끊이지 않는다는 점에서도 확인할 수 있다. 또한 보다 차별화된 상품 및 서비스를 이용하려는 소비는 변화에 민감한 젊은 층일수록 강하게 나타난다.

게다가 통신의 보급 및 발달은 판매자와 소비자와의 의사소통 및 배송서비스에도 큰 영향을 미치면서 전자상거래를 통하여 구입한 상품이 집으로 배송되는 등 사람들의 편의를 위한 시스템이 끊임없이 발전하면서 새로운 유통혁명이 시작되고 있다고 해도 과언이 아니다.

이러한 경쟁 속에서 시장·백화점·상점 할 것 없이 사람들의 수요를 파악하는 것이 해당 단위를 관리하는 지배인들의 가장 중요한 포인트가 되고 있다. 또한 판매자들은 손님들의 요구 수준이 갈수록 높아짐에 따라 판매원(봉사원)들의 지속적인 서비스(봉사) 교육을 통하여 보다 친절하고 좋은 서비스를 제공하고 시장의 트렌드를 잘 파악해서 한 걸음이라도 남보다 빨리 앞서서 경쟁에서 유리한 고지에 올라가려고 노력한다.

결국 쇼핑은 공급자와 소비자 그리고 국가의 이해관계가 상존해 있는 복합적 행위이며 최근 북한의 쇼핑 트렌드는 인민들에게 품질 좋은 소비품을 제공해야 한다는 국가적인 방향점, 기존의 상품과 차별화된 상품을 원하는 수준이 높아지는 소비자들의 수요, 이 수요에 대응하는 판매자들의 경쟁력 제고, 통신의 보급 및 발달로 의사소통 및 배송서비스의 혁신이 맞물려 매우 빠르고 큰 변화를 만들어 내고 있다.

★
전문상점·
상품전시회
___

평양은 지금 소비 붐(boom)

　최근 평양에 다녀온 방문자들은 대북제재가 심해졌음에도 불구하고 평양의 모습이 전반적으로 활기차며 빠르게 바뀌고 있다고 말한다. 신축 및 증축을 위한 도심 곳곳의 크레인, 거리의 수많은 자동차와 택시, 누구나 사용하는 휴대전화와 스마트폰, 상점마다 진열된 가득 찬 상품들과 그 상품들을 소비하는 사람들을 보며 평양의 경기가 예상보다 훨씬 안정되어 있다는 것이다. 이러한 증언은 최근 몇 년간 시장 활동에 대한 규제가 줄어들고 주민들이 자유롭게 소비문화를 즐길 수 있는 대규모의 쇼핑, 문화 시설들이 새롭게 건축되고 있다는 점 그리고 외국인투자 등을 적극 촉진하여 경제의 순환과 소비부양활동을 돕고 있다는 점에서 그 신빙성을 가지고 있다.

◆ 2017년 김정은 국무위원장 신년사 중

경공업부문에서는 원료와 자재의 국산화를 종자로 틀어쥐고 경영전략을 바로 세워 생산을 활성화하며 인민소비품의 다종화, 다양화와 질 제고에서 전환을 가져와야 합니다.

◆ 2018년 김정은 국무위원장 신년사 중

경공업공장들의 설비와 생산공정을 로력절약형, 전기절약형으로 개조하고 국내원료와 자재로 다양하고 질 좋은 소비품들을 더 많이 생산·공급하며 도·시·군들에서 자체의 원료원천에 의거하여 지방경제를 특색 있게 발전시켜야 합니다.

◆ 2019년 김정은 국무위원장 신년사 중

경공업 부문에서는 현대화, 국산화, 질 제고의 기치를 계속 높이 들고 인민들이 좋아하는 여러 가지 소비품들을 생산 보장하며 도·시·군들에서 기초식품공장을 비롯한 지방공업공장들을 현대적으로 일신하고 자체의 원료, 자원에 의거하여 생산을 정상화하여야 합니다.

또한 최근 3년간의 신년사에서도 밝혔듯이 '경쟁력 있는 질 좋은 소비품'은 모든 상품에 있어서 갖추어야 할 기본 트렌드가 되었는데, 이렇게 북한 자체 생산의 제품의 질이 개선됨에 따라 수입산 상품의 대다수를 차지하고 있던 저품질의 중국산 상품에 대한 선호는 급격하게 줄어들었다. 그리고 그 자리에 북한에서 생산하는 상품이 대체되어 경제 활력에 강력한 일조를 하고 있다.

결국 수많은 시장, 백화점 그리고 국영상점에 북한산 상품뿐만 아니라 외국산 상품까지 다양하게 들어가고 있으며 사람들은 보다 가성비 좋은 상품을 선택할 수 있는 권리를 가질 수 있게 되었다. 이러한 환경에서 자연스럽게 상품과 서비스의 전문화 및 차별화를 실현하고 있는 전문상점들이 다시 주목받고 있다.

평양의 특색 있는 전문상점들

다음은 평양에서 상품의 전문화로 인정받고 있는 장소들을 소개한다.

◆ 평양아동백화점

평양시 중구역 만수대언덕 근처에 자리 잡고 있는 평양아동백화점은 1961년 11월에 개점하였고 2012년에 리모델링되었다. 지하 2층과 지상 3층으로 되어 있는 평양아동백화점은 연건평이 5,042㎡로 대부분 북한 자체에서 생산한 제품들을 구비하고 있다. 지상층들은 매 층마다 어린이들이 놀 수 있는 실내놀이터들을 갖추고 있다. 남한의 언론에는 이 실내놀이터들을 북한의 '키즈카페'라고 하여 여러 차례 소개된 바 있다. 실제로 틀린 말은 아니다. 상점뿐만 아니라 아이들이 놀 수 있는 공간까지 갖춰 놓았기 때문이다. 세부적으로는 완구류,

평양아동백화점에서 손님과 점원

학용품류, 내의류, 신발류, 체육자재류 등을 취급하는 상점 등이 입점하여 있다.

◆ 영광가구합영회사(영광가구상점)

영광가구상점의
인기상품인
접이식 쇼파

영광가구상점 내부

영광가구합영회사는 내각 건설건재공업성 산하의 기업으로 2004년에 중국기업과 합영계약을 맺었다. 북한의 대표적인 가구제조업체이며 최근에 북한의 대규모 건설공사에 힘입어 많은 가구들을 납품하고 있는 업체로도 잘 알려져 있다.

송도원국제소년단야영소, 마식령스키장, 김일성종합대학 교육자살림집, 류경구강병원, 옥류아동병원, 문수물놀이장 등 대표적인 시설들에 영광가구합영회사의 가구들이 공급되었다. 영광가구합영회사가 한 해에 생산하는 가구는 140여 종에 10만여 점으로 국내뿐만 아니라 해외에도 수출하고 있다.[31] 또한 자회사로 영광가구상점을 두고 있어 굳이 공장까지 가지 않아도 상점에서 상품을 보고 선택할 수 있는 보다 편리한 접근성을 가지고 있다.

◆ 문수내고향체육용품상점

2016년 12월부터 개장하여 서비스를 시작한 문수내고향체육용품상점은 평양 대동강구역 문수거리에 들어서 있다. 여러 종류의 운동복, 운동화, 구기류, 탁구채 등 다양한 체육용품들이 판매되고 있는데 북한제 상품을 비롯하여 해외 상품까지 다양하게 구비되어 있다. 많은 종류의 물건을 구비해 놓은 덕택으로 체육인들은 물론이고 청소년 학생들에게까지 인기가 많은 상점이다.

이곳에서 판매되고 있는 북한제 상품 중에는 '내고향'이라는 상표를 달고 있는 체육용품들이 인기가 많다. 2016년 평양에서 열린 제21차

---

31 조선중앙통신, "비약적으로 발전한 영광가구합영회사", 2014.06.14

문수내고향체육용품상점 내부

월드컵경기대회 아시아지역예선경기에서 응원단이 입은 붉은색 티셔츠가 바로 이 '내고향' 상품이었다. 또한 주문 제작 서비스도 가능한데, 기관이나 단체의 주문에 따라 운동복을 맞춤으로 제작해 준다. 이밖에도 건강음료를 기본으로 한 식료품 상점과 의약품 상점 그리고 탁구장과 청량음료 매대도 있다.

◆ 보통강정보기술교류소

보통강 정보기술교류소는 전자제품을 살 때 평양 시민들이 가장 많이 찾는 상점 중에 하나이다. 이곳에는 컴퓨터, 프린트기, TV, 세탁기, 냉장고 등 가전제품 위주로 가득 진열되어 있다. 언제나 사람들이 분주하며 판매원과 가격을 흥정하는 모습도 쉽게 볼 수 있다. 상점에서는 제품의 구입뿐만 아니라 배송 및 AS(After Service)도 함께하는

보통강정보기술교류소 내 컴퓨터 상점

진열대 가득한 프린트기

데, 보증 기간은 일반적으로 3개월이다.

HP, Acer, Lenovo 등 해외 전자제품 브랜드뿐만 아니라 푸른하늘, 별무리, 삼지연 등 자국산(북한산) 상품에 대한 인기도 굉장히 높다. 원하는 제품이 매장이 없을 경우에는 주문할 수도 있으며 상점에는 언제나 최신 상품들이 입고되어 진열되기 때문에 사람들에게 인기가 많다.

◆ 류원신발공장

류원신발공장은 1988년 11월 북한의 첫 운동화 생산공장으로 시작되었다. 그 뒤 2017년에 새로 개건되어 연면적 24,700㎡에 1,844종의 최신설비로 연간 백만 켤레가 넘는 생산기지로 탈바꿈하였다. 원료배합, 재단, 사출, 제화, 재봉공정들을 자동화시켜서 생산성을 크

류원신발공장에서 생산한 신발들(출처: 조선의 오늘)

게 향상시켰다. 공장옥상에는 400kW 능력의 태양광설비들을 설치하여 신발 생산뿐만 아니라 냉난방, 식당, 조명 등 필요한 전기를 이용한다.[32]

공장 아래에는 공장에서 직접 생산한 신발들을 구매할 수 있는 상점이 있는데 미화 10달러 미만으로 살 수 있는 운동화들이 대부분일 만큼 가격도 매우 저렴하며 품질도 좋다. 상점에는 운동화뿐만 아니라 구두, 작업화, 아동화 등 다양한 종류의 신발을 판매하고 있다. 류원신발공장은 평양역전백화점에서 열리는 전국신발전시회에도 참가하는 등 사람들의 연이은 호평을 받고 있다.

북한에서 개최되는 다양한 상품전시회

다양한 상품들이 경쟁하는 각축장, 외국기업들의 참관과 투자가 활발하게 성사되는 곳이 바로 상품전시회이다. 세계의 여러 나라에서 다양한 주제로 박람회, 전시회 등이 개최되는 것처럼 북한에서도 '전시회', '전람회' 등의 이름으로 다양한 행사들이 열린다. 그중에서도 평양제1백화점 상품전시회, 평양국제상품전람회가 일반상품들을 한번에 가장 많이 볼 수 있는 최대의 행사로 손꼽히고 있으며 이외에도 크고 작은 전시회, 전람회들이 많다. 행사장에서는 다양한 상품 및 기술을 한자리에서 볼 수 있을 뿐만 아니라 그 자리에서 구매도 가능

---

32 조선의 오늘, "류원신발공장을 찾아서", 2019.06.17

하기 때문에 행사 기간 중에는 수많은 인파로 북적인다.

한편 북한은 법적인 차원에서 외국인의 투자를 보장하고 그 재산과 소득에 대해서 합법적인 권리와 보호를 받을 수 있도록 장치를 마련하였다. 특히 경제특구와 같은 경제 특수지대에 투자를 장려하고 있는데, 중국과 달리 외자기업의 지분 제한을 두고 있지 않고 있다. 합영법, 합작법을 비롯하여 외국인투자법, 외국인기업법 등 다양한 투자법들이 있으며 라선경제무역지대와 같은 경제특구는 26곳이 지정되어 있다.

이 중 11개가 북·중 접경지역에 집중되어 있으나 중국의 대북제재 동참으로 어렵게 진전되고 있다.[33] 최근에는 원산-금강산국제관광지대[34] 개발의 일환인 원산갈마해안관광지구에 대한 개발에 박차를 올리면서 국제투자설명회를 개최하는 등 외자 유치에 많은 노력을 쏟고 있다.

◆ **평양제1백화점 상품전시회**

평양제1백화점 상품전시회는 북한의 국영백화점인 평양제1백화점에서 열리는 상품전시회이다. 보통 북한 자국의 원료와 자재를 가지고 만든 제품들을 기본으로 출품한다. 2010년 12월 제1차 상품전시회가 열린 이후 2014년 6월 제8차 상품전시회를 끝으로 중단되었다가 2018년 4월에 제9차 상품전시회가 열리면서 다시 시작되었다. 특히

---

33 코트라, "북한 투자 환경 설명회 현장을 가다", 2019.4.10

34 '원산-금강산국제관광지대' : 2014년 6월 최고인민회의 상임위원회 정령을 통해 공식화된 관광지구 개발사업

평양제1백화점 전경

이 상품전시회는 김정일 국방위원장이 지난 2011년 7월에 열린 제2차 상품전시회를 현지지도하면서 인민 생활 향상과 강성국가 건설에 획기적인 전환을 가져와야 한다고 밝힌 전시회이다.

북한의 로동당 기관지 로동신문에 따르면, 2018년 12월 4일부터 12일까지 제10차 평양제1백화점 상품전시회가 성황리에 개최되었는데 "인민소비품생산자들과 경공업부문 과학자, 기술자들이 우리의 힘, 우리의 기술, 우리의 자원에 의거하여 국제시장에 내놓아도 손색이 없게 만든 명제품, 명상품"이 전례 없는 규모에서 특색 있게 진행되었다고 전하였다. 특히 최신과학기술이 도입된 첨단제품들이 많이 출

품되었고 하루에도 수만 명의 참관자들이 다녀갔다.[35]

북한 매체들의 자료 화면에서는 수많은 상품들이 가지런히 진열되어 있고, 그 사이를 분주하게 오가는 평양의 소비자들이 담겨 있다. 최근에는 2019년 6월에 제11차 평양제1백화점 상품전시회가 열렸으며 연간 두 차례의 전시회가 계획되고 있다.

◆ 평양국제상품전람회

평양국제상품전람회는 북한 최대의 국제상품 전시행사로 봄철과 가을철에 개최되고 평양봄철국제상품전람회, 평양가을철국제상품전람회라는 이름으로 불리기도 한다. 북한을 포함한 세계 여러 나라의 회사들이 참가할 수 있고 다양한 부문에서 상품과 서비스가 출품되어

제22차 평양봄철국제상품전람회 개막식(출처: 조선의 오늘)

---

35 로동신문, "제10차 평양제1백화점 상품전시회 성황리에 진행, 2018.12.13

경쟁한다. 최근에 진행된 평양국제상품전람회는 제22차 평양봄철국제상품전람회이고 제15차 평양가을철국제상품전람회는 9월 23일부터 27일까지 진행된다(봄철과 가을철의 행사 차수가 별도로 집계된다).

제22차 평양봄철국제상품전람회 개막

공화국에서 제22차 평양봄철국제상품전람회가 개막되었다. 조선과 중국, 로씨야, 파키스탄, 뽈스까 등 여러 나라와 지역의 450여 개 회사들이 참가한 이번 전람회에는 금속, 전자, 기계, 건재, 운수, 보건, 경공업, 식료일용공업을 비롯한 여러 부문에서 선진과학기술을 도입하여 생산한 제품들이 출품되었다. 개막식이 20일 3대혁명전시관에서 진행되었다. 개막식에는 리룡남 내각부총리, 김영재 대외경제상, 김철훈 평양시인민위원회 부위원장, 경제무역 부문 일군들과 여러 나라와 지역의 대표단들, 주조 외교대표부 성원들이 참가하였다. 박웅식 조선국제전람사 사장의 개막연설에 이어 오룡철 대외경제성 부상의 축하연설이 있었다.

연설자들은 해마다 평양에서 성황리에 진행되는 봄철국제상품전람회가 나라들 사이의 경제관계와 지역의 경제발전에 긍정적 역할을 하고 있는 데 대하여 언급하면서 이번 전람회가 다방면적인 경제적 협조와 과학기술 교류 등 여러 분야에서의 무역 활동을 촉진시켜 주는 의의 있는 계기가 될 것이라고 말하였다. 개막식이 끝난 다음 참가자들은 전람회장을 돌아보았다. 전람회는 24일까지 진행된다.

– "조선의 오늘" 2019년 5월 22일 기사 전문 [36]

◆ 라선국제상품전시회

라선국제상품전시회는 중국과 러시아의 국경지대와 밀접한 북한 동북부 지역의 라선특별시에서 개최되는 국제상품전시회이다. 제8차 라선국제상품전시회는 2018년 8월에 개최되었으며 북한을 비롯한 중국,

---

36 조선의 오늘, "제22차 평양봄철국제상품전람회 개막", 2019.5.21

러시아, 캐나다 등 여러 나라들이 참가하였고 120여 개의 회사들의 경공업품, 전기전자제품, 건재품, 식료품, 의약품 등이 전시되었다.[37]

◆ 전국마감건재부문 과학기술성과전람회

마감건재와 관련한 주제로 하는 전람회로 마감건재들의 다양화·다종화·다색화를 중점으로 과학기술 성과를 내보이는 전람회이다. 2019년에는 5월 13일부터 20일까지 진행되었고 위원회, 성, 중앙기관, 각 도인민위원회 산하 기구, 마감건재연구 및 생산단위에서 출품한 250여 건의 연구 성과와 제품들이 실물과 도해로 전시되었다.[38]

◆ 전국신발전시회

전국신발전시회는 전국에 있는 신발 관련 회사, 공장, 연구소 등에서 참가하는 신발 관련 최대의 전시회이다. 2019년에는 3월 21일부터 27일까지 평양역전백화점에서 진행되었으며 류원신발공장, 평양구두공장, 서천해동공장, 라선삼룡신발공장 등 60여 개의 신발 생산 연관 단위들이 참가하였고 '매봉산', '삼천리', '날개', '천리' 등의 상표를 다종화·다양화·다색화·경량화하여 많은 사람들에게 호평을 받았다.[39]

◆ 전국 술 및 기초식품전시회

지방공업성이 주최하는 이 행사는 전국에 있는 술 및 식료공장에서

---

37 로동신문, "제8차 라선국제상품전시회", 2018.8.21

38 조선중앙통신, "전국마감건재부문 과학기술성과전람회-2019 개막", 2019.5.13

39 로동신문, "《봄철전국신발전시회-2019》 폐막", 2019.3.27

상품들이 출품되는 행사이다. 2018년에는 11월 26일부터 29일까지 제 8차 전국 술 및 기초식품전시회가 진행되었고 각종 소주, 맥주, 막걸리를 비롯하여 간장, 고추장, 된장, 식초(초음료) 등 기초식품들이 제 각기 제품의 질을 자랑하였다. '부벽루' 상표를 단 사동식료공장의 소주와 '선경' 상표를 단 삭주식료공장의 간장이 사람들에게 많은 인기를 끌었다.[40]

◆ 전국김치전시회

전국김치전시회는 민족 고유의 음식인 김치가 다양한 방법으로 만들어지고 사람들에게 음식문화의 하나로 발전하는 모습을 널리 알리는 행사이다. 2018년에는 려명거리 료리축전장에서 11월 28일과 29일 진행되어 다양한 식료부문 관계기관들이 참가하였고 모란지도국-평양호텔의 보쌈김치, 백김치와 함경북도-락랑구역녀맹위원회의 갓김치, 양배추김치가 사람들의 호평을 받았다.[41]

특별 인터뷰

조선국제전람사 관계자
조강진 | 영광가구공장 및 전시장 지배인
평양 아동백화점 지배인

---

40 로동신문, "특색 있게 진행된 전시회(1), (2)", 2018.12.3
41 로동신문, "전국김치전시회 진행", 2018.11.30

Q. 조선국제전람사는 어떤 기관인가요?

A. 조선국제전람사는 다른 나라들에서 진행하는 국제상품전람회와 교역회, 박람회들에 우리나라 전람회대표단을 조직하고 파견하여 조선민주주의공화국령 내에서 진행하는 국제상품전람회들의 조직과 운영을 통일적으로 주관하는 조선민주주의인민공화국의 유일한 상품전람회조직운영기관입니다. 조선국제전람사는 2007년 11월 19일 국제전람동맹(BIE)[42]의 정식성원으로 등록되었습니다.

Q. 조선국제전람사가 진행하는 가장 큰 행사는 무엇인가요?

A. 평양국제상품전람회입니다. 평양국제상품전람회는 봄철 및 가을철 국제상품전람회, 나라별 단독전람회, 부문별 전람회 등의 형식으로 진행됩니다. 올해 평양에서는 제22차 평양봄철국제상품전람회와 제15차 평양가을철국제상품전람회가 5월과 9월에 열리게 됩니다. 해마다 평양에서 진행되는 국제상품전람회는 공동의 경제발전과 부흥을 안아 오려는 세계 여러 나라와 지역의 경제단체들과 경제인들의 공통된 지향과 요구를 반영하여 나라들 사이의 친선협조관계를 발전시키며 경제무역 분야에서 다방면적이고 폭넓은 상품 및 기술 교류와 판로 개척, 투자유치활동을 진행하는 국제적인 경제회합입니다.

지난 시기 국제상품전람회에는 중국, 러시아, 독일, 말레이시아, 시리아, 스웨덴, 싱가포르, 영국, 오스트리아, 호주, 이탈리아, 인도

---

42 국제박람회기구(Bureau of International Exposition) : 1928년에 설립된 기구로 박람회에서 주최 측과 참가 측에 의무와 권리를 준수시키고 일어날 수 있는 다양한 갈등 등을 해결하여 세계적인 박람회를 원활하게 개최하는 것을 목적으로 활동하는 국제기구이다.

네시아, 베트남, 태국, 프랑스 등 수많은 회사들이 참가하였으며 기계, 전기 및 전자, 석유화학제품, 농업제품, 의약품, 의료기구, 식료품, 경공업제품 등 우리나라와 세계 여러 나라의 회사들에서 출품한 국제시장에서 경쟁력이 있는 제품들이 전시되었습니다.

전람회 기간 무역상담회, 합영, 합작 등 투자설명회들도 조직하며 무역회사들 사이의 다방면적인 경제무역 거래와 계약 및 합의서, 과학기술 교류들이 광범위하게 진행됩니다. 전람회에서는 우리나라와 다른 나라들에서 출품한 전시품들에 대한 광고선전사업도 진행하고 있으며 우수한 제품들을 출품한 국내외 회사들에 전람회조직위원회의 명의로 된 상장을 수여하고 있습니다. 전람회에 참가한 다른 나라의 경제단체들과 경제인들이 체류 기간 동안 의의 있고 즐거운 나날을 보낼 수 있게 평양시를 비롯한 우리나라의 명승지들에 대한 관광과 공장, 기업소, 회사들에 대한 참관도 조직해 주고 있습니다.

올해 진행하는 평양국제상품전람회는 세계 여러 나라와 지역의 기업체, 회사들과 우리나라 회사들 사이의 회사 및 상품 소개, 면담, 설명회, 참관 등을 통하여 경제·무역 분야에서의 폭넓고 다방면적인 대외경제활동이 진행되는데, 지난 시기보다 전람회 규모가 커질 것으로 전망하고 있습니다.

Q. 최근 국제상품전람회에 출품하는 상품(회사)들은 주로 어떤 것들인가요?

A. 조선민주주의인민공화국은 튼튼한 자립적 민족경제에 토대하여 인민경제의 주체화·현대화·과학화를 힘 있게 다그치고 있으며, 전

기·전자·석탄·건설·금속·화학공업을 비롯한 경공업 부문과 농업 부문의 생산성을 다그치고 있습니다.

대외무역에서 가공수출의 비중을 결정적으로 늘리고 봉사무역과 기술무역에 힘을 넣고 있으며 이 분야에서 질 좋은 수출품들을 많이 생산하고 있습니다. 대표적인 것은 련하기계회사에서 출품하는 CNC공작기계, 번영무역회사의 천리마타일, 조선화장품무역회사의 봄향기화장품, 신발무역회사의 신발제품, 경공업무역회사의 피복 및 편직제품, 세계적으로 이름 있는 우리나라의 고려약들, 목란광명회사의 태양에 너르기 제품들, 개성고려인삼무역회사의 인삼제품 등이 있습니다.

Q. 지난 시기 국제상품전람회에 출품된 상품(회사)들 중에서 가장 인기가 좋았던 것은 어떤 것이었나요?

A. 가장 인기가 있었던 제품들 중에서 단연 첫 자리를 차지한 것은 련하기계회사에서 출품한 CNC공작기계입니다. 특히 CNC의 명맥을 확고히 틀어쥐고 최첨단 돌파전으로 세계와 당당히 맞서 우리의 과학자, 로동계급이 생산한 멋쟁이 CNC공작기계는 유럽의 발전된 나라들의 공작기계들과 당당히 어깨를 겨루고 있으며 전람장에서 외국인들의 경탄을 자아내면서 주체적 기계 제작공업의 위력을 힘 있게 과시하였습니다. 그들은 한결같이 우리 조국이 자체의 힘으로 인공지구위성을 제작하고 발사하며 세계적인 전략국가의 지위에서 자기의 존엄을 떨칠 수 있는 그 경제적·기술적 힘을 잘 알게 되었다고 말하였습니다.

Q. 앞으로 평양국제상품전람회의 발전 추세에 대하여 설명해 주세요.

A. 국제상품전람회는 해당 나라의 대외경제발전에서 중요한 몫을 차지하고 있으며 나라들 사이의 경제 및 과학기술교류와 협력에서 첫 공정으로 되고 있습니다. 조선국제전람사는 발전하는 세계적인 전람회의 발전 추세에 맞게 전람회의 내용과 형식을 부단히 개선하며 그 질적 수준을 높이기 위하여 끊임없이 노력하고 있습니다.

평양국제상품전람회의 기본 발전 방향은 우리 수출상품들에 대한 국제시장판로를 개척하고 전람회를 통하여 다른 나라들과의 경제 및 과학기술 교류를 더욱 확대함으로써 경제 강국 건설과 인민 생활 향상, 과학기술 발전에 적극 이바지하는 것입니다. 또한 세계경제발전의 추세에 맞게 자연에네르기 제품, 록색제품, 나노기술, 우주, 전자, 생물학 등 첨단과학기술 분야의 제품들과 기술 자료들이 기본으로 평양국제상품전람회에 전시될 것입니다.

우리는 앞으로 봄철 및 가을철에 정기적으로 진행하는 전람회뿐만 아니라 우리나라와 경제 거래를 희망하는 나라들의 단독전람회, 경제의 여러 부문별 전람회들도 많이 조직하려고 합니다.

Q. 영광가구공장에서 사람들이 가장 많이 찾는 인기 제품은 무엇인가요?

A. 전통적으로 보면 우리나라 가구들에는 기본적인 형식이 있습니다. 현대 시기에 들어서 우리나라의 목재와 수요 추세에 맞게 가구들이 점차 발전하기 시작하였습니다. 이 가운데 우리나라의 목재와 다른 나라의 재료를 결합해서 가구를 만드는 합영회사를 조직하였습니

다. 이 합영회사들이 우리나라의 가구 발전에 국가적인 이바지를 하였습니다. 기술도 많이 발전하여 다른 나라에서는 빨라야 1년 이상 걸리는 제작 공정을 20일 만에 마치기도 합니다. 현재 우리 인민들이 쓰는 가구들을 많이 생산하고 있고 인민들의 수준도 많이 높아지고 있습니다.

최근에 가구의 발전 방향은 세계적인 수준에 따라설 수 있도록 지능화된 가구들, 건강에 이바지할 수 있는 녹색형 가구들로 나아가고 있습니다. 우리가구공장의 인기 제품도 기능성 가구입니다. 예를 들어 소파로도 쓰고 침대로도 쓸 수 있는 접이식 소파가 인기가 높습니다.

혹시 '지구유해파'라고 들어 보셨습니까? 땅속에서 생명체에 나쁜 영향을 주는 유해파가 나오는 지역이 있는데, 그 지역은 어디라고 말을 못 한단 말입니다. 따라서 목재와 가구를 가지고 유해파를 차단할 수 있는 방법이 없는지에 대한 연구를 하게 되었습니다. 우리가 이러한 유해파와 관련된 설비를 독일에서 한 대 들여와 검사해 보니 실제 유해파가 나오는 것을 증명하였습니다. 이와 관련하여 유해파를 차단하는 기계를 개발하고 가구를 만들었습니다. 앞으로 이러한 추세에서 가구들을 적극 발전시켜 나갈 것입니다.

Q. 평양 아동백화점에서 사람들이 가장 많이 찾는 인기 제품은 무엇인가요?

A. 경애하는 원수님의 현지지도에 따라 놀이감들을 아이들의 수요에 맞게 작은 것에서부터 큰 것에 이르기까지 잘 갖추었습니다. 놀이

감들 중에서는 아이들용 걸음마차, 오토바이 등이 잘나갑니다. 일반 용으로 놓고 볼 때는 작은 승용차나 물총 놀이감들이 잘나갑니다. 그리고 쪽무늬맞추기(퍼즐)나 도형맞추기도 어린이들의 지능에 좋다고 알려져 많이 나갑니다. 그리고 조립식 놀이감들도 잘나갑니다. 여자아이들의 경우에는 세간놀이 놀이감, 남자아이들의 경우에는 총 놀이감 등이 잘나갑니다.

가장 최근에 들어온 상품은 모형을 만들 수 있는 자석 놀이감입니다. 아이들에게 좋다고 하여 인기가 많습니다. 또한 최근에 수요가 높은 학습장에는 민들레 학습공장에서 만든 민들레 학습장이 있는데, 글씨를 배울 때 쓰거나 그림을 배울 때 쓰는 학습장 등 종류가 다양하고 질이 좋아서 아주 잘나갑니다. 그리고 아이들이 부모들과 같이 오니까 놀이터를 잘 꾸려 놨습니다. 가방 중에는 가방 전시회에 출품된 소나무표 가방이 잘나갑니다. 이 소나무표 가방은 평양가방공장에서 생산된 상품입니다.

전문상점·상품전시회 트렌드 2020

최근 국가적으로 상품의 질이 중요시되고 소비 활동을 촉진하는 환경의 변화로 평양은 지금 소비 붐의 현상이 일어났다고 해도 과언이 아니다. 품질과 가격이 뛰어난 북한산 상품이 등장하면서 품질이 떨어졌던 중국산 상품들은 점차 도태되기 시작했다. 소비자들의 수준에 맞춰 각이한 상품들은 치열한 경쟁 속에서 살아남아야 한다. 이제 평양의 소비자들은 상품 구매에서 다양한 옵션을 놓고 고민을 한다. 소비자 중심의 시장으로 변화하고 있는 것이다.

이러한 상황 속에서 다양한 전문상점들이 주목받고 있다. 한 부문에서의 상품을 집중적으로 취급하는 전문상점들은 해당 카테고리 안에서 다양한 스펙트럼의 상품을 가지고 있고 독보적인 유통망까지 확보하고 있다. 또한 해당 부문의 깊이 있는 지식까지 겸비하고 있기 때문에 소비자들의 만족도가 높다. 또한 상품의 판매뿐만 아니라 배송 및 AS까지 원스톱 서비스(One Stop Service)를 제공해 주어 많은 호평을 받고 있다. 앞으로 경쟁이 점차 심해지고 있는 상황에서 상품과 상품, 상점과 상점, 상권과 상권 사이의 경쟁도 충분히 예상해 볼 수 있는 대목이다.

이러한 가운데 각종 상품전시회들이 성황을 이루고 있다. 식품, 과학, 기술, 체육, 건강, 의류 등 다양한 분야에서 정기적인 행사뿐만 아니라 일회성 격인 팝업 행사까지 열리고 있다. 특히 북한은 국제 규모의 큰 전시회를 운영하는 기관인 '조선국제전람사'를 두고 조직적으로 전시회들을 전개해 나가고 있다. 특히 국제전시회 중 최고로 손꼽히는 평양 봄철·가을철 국제상품전람회는 해외투자자들의 관문격인 역할을 톡톡히 해내고 있다. 해가 거듭할수록 참여 단위들의 숫자가 증가하고 상품이 다양화되고 있으며 새로운 것을 요구하는 수요자들의 수준에 맞춰 기존의 것보다 발전된 신상품이 아니면 주목받기가 점점 어려워지고 있다.

현재는 대북제재의 영향으로 어려운 점들이 있지만 이러한 상황이 개선되면 상품유통이 더욱 활발해져 전문상점들과 각종 전시회들은 더 큰 호황을 누릴 것으로 예상된다. 특히 북한 사회의 특성상 관리 주체가 복잡하지 않고 단일화되어 있는 만큼 이미 잘 알려진 상점들과 전시회들이 더 큰 기회를 얻고 사업적 탄력을 받게 될 것이다.

★
자동차
—

자동차 산업의 역사, 어제와 오늘

사람과 물건을 싣고 이동할 수 있는 자동차는 평시에는 화물용으로 쓰이다가 전시에는 전쟁용으로 전환할 수 있기 때문에 방위산업적인 특징을 가지고 있다. 북한은 1950년대부터 "사회주의 공업국가로서 자동차만큼은 다른 나라에서 사다 쓰지 않고 자체로 생산하여 만들어 쓰겠다."는 방침을 세울 정도로 자동차 산업에서 자립에 대한 의지를 강하게 비쳤다.

북한의 자동차 역사는 1950년대 덕천자동차 공장을 설립하여 구소련제 'GAZ51'호를 본떠 만든 2.5톤급 산업용 화물자동차인 '승리 58'을 시제품으로 생산하면서 시작되었다. 덕천자동차 공장의 생산능력은 1,200여 대가 넘는 자동차를 조립할 수 있는 규모로 주로 구소련의 제품을 모방한 것들을 생산하였다. 1960년대에 들어서는 자동차 부속품 공장의 건설을 추진하면서 6톤급 화물차, 5인승 지프차, 10톤급 '자주호' 화물차를 생산하였다.

1970년대에는 자동차 생산라인이 보다 종합공장으로서의 면모를 갖추게 되면서 중량급의 자동차를 생산하기 시작하였다. 25톤급, 40톤급 화물차와 '백두산호' 승용차, '충성호' 버스 등이 시제품으로 생산되었다. 1980년대에 들어서는 대량생산 및 차종의 다양화, 자체 생산 확대에 많은 노력을 쏟았다. 승리자동차 공장(구 덕천자동차)의 경우 30여 개의 생산 공정을 갖춘 건물을 신축하고 승용차 생산기반을 만들었으며 '집산88' 버스까지 생산하였다.

1990년대에 들어서는 이른바 고난의 행군시기로 국가적인 경제 위기가 닥쳐와 자동차 산업에도 침체기에 봉착하였다가, 2000년대에 들어서 노후화된 설비를 현대화하고 자동차 산업을 정상화하기 위해서 외자유치 활동을 적극적으로 하는 등 많은 노력을 했다. 그리고 2010년대에 들어서는 중국과 협업하는 공장을 설립하는 등 그 결실을 맺고 있다.[43]

현재 북한의 자동차 산업의 구조는 기본적으로 내각의 기계공업성에서 주관하고 있으며 관리운영의 경우에는 육해운성에서 관장하고 있다. 육해운성은 각 도에는 자동차 관리국을, 시와 군에는 자동차 관리소를 두어 운영하고 있으며 다양한 무역회사들에서 자동차 및 관련 부품을 수입하고 있는 상황이다.

자동차 생산량의 경우 2017년 기준으로 3,400여 대로 2000년대 들어와서 매년 4,000여 대 전후의 생산량을 보이고 있으며 생산능력은

---

43 한국정책금융공사, 「북한의 산업」, 2010

연간 6만여 대에 달한다.[44] 원자재는 대부분 자체적으로 조달하고 있으며 자동차 부품 같은 경우에는 대체적으로 중국을 통해서 수입하고 있다. 특히 완성차의 경우 필요한 모든 개별 부품을 들여와 조립하는 완전분해수입(CKD : Complete Knockdown) 형태 또는 부품을 부분적으로 조립하여 들여와 조립하는 반제품수입(SKD : Semi Knockdown)과 같은 현지조립형 반제품(Knock Down) 형태가 많다.[45]

북한의 주요 자동차 회사

현재 북한의 자동차 회사에는 일반적으로 많이 알려진 평화자동차를 비롯하여 승리자동차연합기업소, 평양무궤도전차공장 등이 있다. 다음은 주요 자동차 회사들에 대한 간략한 소개 정보이다.

◆ 평화자동차

평화자동차는 1998년 세계평화통일가정연합(당시 통일교) 산하 재단인 통일 그룹이 북한의 조선민흥총회사와 합작하여 설립한 남북 최초의 합영기업이다. 통일그룹에서 2012년 말 사업지분을 매각하여 현재는 운영권 전체가 북한에게 있다. 공장은 남포에 위치하고 있으며 2000년에 착공식을 시작하여 2002년 4월에 준공식을 가졌다. 연간 1만 대

---

44 통계청, 「2018 북한의 주요통계지표」, 2018
45 코트라, "북한의 자동차 시장 동향", 2018.12.21

의 생산능력을 가지고 있다. 이탈리아의 피아트(FIAT), 중국의 제일자
동차그룹(FAW), 진베이자동차(JINBEI)에서 라이센스를 받아 승용차,
스포츠유틸리티자동차(SUV), 픽업트럭 등을 조립·판매하고 있다. 평
양시에는 자동차를 전시 및 판매하는 딜러샵이 있고 부속품상점도 있
다. 일반 승용차와 SUV의 가격대는 약 1,500~3,000만 원 선이다.

◆ 금성트랙터공장(금성뜨락또르공장)

남포특별시 강서구역에 위치한 트랙터공장으로 40만 평에 연건평
4.3만 평의 입지를 가지고 있다. 트랙터 생산량은 연간 200여 대로
생산능력은 1만여 대에 달한다. 근로자수는 약 1만여 명이며 주요 생
산차량은 트랙터(천리마2000, 천리마28호, 풍년75호, 소년호45마력, 천리마32

평화자동차 전경

호, 천리마40형), 불도저(풍년)이다. [46]

◆ 금평자동차

2014년 중국 선양에 본사를 둔 자참단실업과 북한의 조선응양무역 회사가 7:3합작으로 만든 합영회사로 연간 2만여 대의 트럭을 생산할 수 있는 공장을 남포에 설립하였다. 중국 진베이자동차(JINBEI)에서 반제품수입(SKD : Semi Knockdown)으로 들여와 조립하여 0.5톤에서 30 톤급에 달하는 트럭을 생산하고 있다. 2015년에는 리진쥔 북한 주재 중국대사가 '모란봉'과 '질풍' 상표의 자전거를 생산중인 평진자전거합 영회사와 함께 이 금평자동차 회사를 방문하기도 하였다. 대표 자동 차는 '금매' 트럭으로 진베이 자동차의 금과 북한의 국조인 참매에서

---

46 북한정보포털, "금성트랙터종합공장", 2019

한 글자씩 따온 것이다.[47]

◆ 승리자동차연합기업소

덕천자동차의 전신인 승리자동차연합기업소는 1950년대에 시작된 역사가 가장 오래된 북한의 화물 자동차 전문 회사이다. 평안남도 덕천에 위치하고 있으며 연간 3만여 대의 생산능력을 가지고 있다. 근로자수는 약 2만 5천여 명으로 주요 생산차량으로는 승리호, 갱생호, 자주호, 건설호, 금수산호, 충성호(마이크로버스), 군용 트럭 및 포차, 수륙양용차 등이 있다.[48] 2017년 12월에는 김일성 광장에서 진행된 '새형의 뜨락또르와 화물자동차 진출식'에도 참여할 정도로 그 능력을 인정받았다.

승리자동차기업연합소의 신형 트럭(출처: 조선의 오늘)

---

47 자유아시아방송(RFA), "북중합작 '금평', 연간 차 2만대 생산", 2015.12.21
48 북한정보포털, "승리자동차연합기업소", 2019

◆ 평양무궤도전차공장

무궤도전차는 평양 시민들이 가장 일반적으로 이용하는 대중교통 중 하나로, 무궤도전차 위의 전기선을 에너지로 받아 이동하는 버스 형태의 교통수단이다. 공장은 평양시 서성구역에 위치하고 있고 2018 년에는 12개의 건물을 새로 건설하고 4개의 건물을 보수하여 리모델 링을 마쳤으며 신형의 무궤도전차와 궤도전차를 출시하였다. 근로자 수는 약 5천여 명으로 무궤도전차, 궤도전차, 냉동차, 위생차, 천리 마호(버스), 마이크로버스 등을 생산한다. 한편 2019년에는 창립 60주 년을 맞았다.[49]

신형 무궤도전차(출처: 조선중앙통신)

---

[49] 로동신문, "경애하는 최고령도자 김정은동지께서 새로 개건된 평양무궤도전차공장을 현지지도하시였 다.", 2018.02.01

북한의 대표 브랜드 평화자동차 시리즈

◆ 휘파람 시리즈

휘파람 광고지

기술적특성 (Specification)

№	항 목 (Item)	단위 (Unit)	특성 (Specification)	№	항 목 (Item)	단위 (Unit)	특성 (Specification)
1	길이×너비×높이 (L×W×H)	mm	4 487×1 706×1 470	9	구동형식 (Drive type)		앞기관뒤구동 (4×2)
2	최저지상고 (Ground clearance)	mm	128	10	기동형식 (Engine type)		직렬4기통
3	빈차질량 (Kerb weight)	kg	1 120	11	기통용적 (Displacement)	L	1.6
4	총질량 (Gross Weight)	kg	1 600	12	연료소비량 (Fuel consumption)	g/km	60
5	최대출력 (Max power)	kW (HP)	81(110)	13	연료탕크 (Fuel tank)	L	55
6	최대속도 (Max speed)	km/h	185	14	변속기형식 (Transmission type)		수동5단 (5MT)
7	승차인원 (Seating capacity)	명	5	15	제동형식 (Brake type F/R)		원판식/원판식(Disc / Disc)
8	기관자호 (Engine model)		CPD	16	다이야규격 (Tire size)		185/60R15

판 매 장 소 : 평화자동차회사 판매부-평양시 만경대구역 축전2동　　　　전화번호: 02-761-5224
부속품상점: 평화자동차기술교류소-평양시 평천구역 정평동　　　　　　전화번호: 02-436-0664, 02-436-0445
　　　　　평화자동차광복부속품상점-평양시 만경대구역 축전2동　　　　전화번호: 02-761-1626
　　　　　평화자동차종합공장-남포시 항구구역 류사동　　　　　　　　전화번호: 039-46-1662

ㄱ-588283

휘파람 제원

가장 대표적인 승용차 모델로 가격도 부담스럽지 않아 평양의 거리에서 흔히 볼 수 있다. 기종마다 조금씩 상이하지만 5인승에 배기량이 1,500㏄~1,600㏄ 사이이며 1,600㎏의 무게로 가벼운 편이라 연비가 좋다. 전륜구동과 후륜구동이 있으며 변속기는 수동 5단이다. 최신모델의 최대속도는 185㎞/h이다. 휘파람 1518, 휘파람 1613, 1516 등의 모델이 있다.

◆ 뻐꾸기 시리즈
평화자동차의 스포츠유틸리티자동차(SUV)로 일반도로에서 주행이 필요한 소비자뿐만 아니라 지방이나 험로를 가야 하는 소비자들에게도 인기가 많다. 차량은 4륜구동(4WD)을 지원하며 5인승에 2,000㏄급 배기량을 가지고 있다. 최근에 나온 모델들은 17인치 타이어를 주

뻐꾸기 광고지

뻐꾸기 제원

로 장착하고 있으며 겨울철 기동에 적합하도록 휘발유를 많이 쓴다. 최신모델의 최대속도는 180㎞/h이다. 뻐꾸기 2405, 뻐꾸기 2008, 뻐꾸기 2019 등의 모델이 있다.

◆ 창전 시리즈

15명 이상이 탑승 가능한 소형버스이다. 사람과 물자를 싣고 이동해야 하는 기업들에게 가장 적합한 차량이라 평화자동차의 판매량 중에 가장 많은 부분을 차지하는 효자 상품이다. 휘발유를 사용하며 후륜구동에 배기량이 3,000㏄에 달한다. 최신모델의 최대속도는 180㎞/h이다. 창전 1902, 창전 1718 등의 모델이 있다.

창전 광고지

№	항 목 (Item)	단위 (Unit)	특성 (Specification)	№	항 목 (Item)	단위 (Unit)	특성 (Specification)
1	길이×너비×높이 (L×W×H)	mm	4 586×1 820×1 695	10	기관자호 (Engine model)		YC4FA130-30
2	축간거리 (Wheel base)	mm	2 650	11	기통형식 (Engine type)		직렬4기통
3	최저지상고 (Ground clearance)	mm	190	12	기통용적 (Displacement)	L	3.0
4	빈차질량 (Kerb weight)	kg	1 545	13	구동형식 (Drive type)		앞기관뒤구동(4×2)
5	총질량 (Gross weight)	kg	2 035	14	변속기형식 (Transmission type)		수동5단 (5MT)
6	최대속도 (Max speed)	km/h	180	15	앞현가형식 (Front suspension type)		좌축현가 (Rigid axle)
7	최대출력 (Max power)	kW (HP)	108 (147)	16	뒤현가형식 (Rear suspension type)		좌축현가 (Rigid axle)
8	승차인원 (Passenger capacity)	명	5	17	제동형식 (Brake type F/R)		원통식/원통식(Disc / Disc)
9	연료소비량 (Fuel consumption)	g/km	80	18	다이아규격 (Tire size)		7. 00R16LT

판 매 장 소: 평화자동차회사 판매과-평양시 만경대구역 축전2동   전화번호: 02-761-5224
부속품상점: 평화자동차기술교류사-평양시 평천구역 정평동   전화번호: 02-436-0664, 02-436-0445
　　　　　평화자동차광복부속품상점-평양시 만경대구역 축전2동   전화번호: 02-761-1626
　　　　　평화자동차종합공장-남포시 항구구역 류사동   전화번호: 039-46-1662

ㄱ-588282

창전 제원

　　이밖에도 픽업트럭을 기반으로 해서 만든 쌍마 시리즈와 창전 소형
버스보다 좀 더 작은 사이즈인 삼천리 시리즈 등 다양한 차종이 생산
되고 있다.

특별 인터뷰

고경영 | 평화자동차 합영지도처장
리정인 | 수입판매과장
김경성 | 대외사업과 부원

Q. 평화자동차 회사의 판매 현황은 어떻게 되며, 인기 있는 자동차는 무엇인가요?

A. 저희 평화자동차가 2002년부터 시작해서 지금까지 전문 승용차 계열, SUV 계열, 5t 이하 소형 화물차 계열, 30석 이하 버스 계열을 기본으로 맡아 생산하고 있습니다. 따라서 이와 같은 계열에서는 우리나라에서는 역사가 있는 남포의 조립공장을 가지고 연 1만 대의 규모 생산 능력을 갖춘 가장 큰 회사로 알려져 있습니다. 지금 현재는 1년에 2,000대 정도 생산해서 국내에 판매하고 있습니다. 아직까지 수출된 것은 없습니다. 우리는 기본 자재들을 중국이나 해외에서 반제품(CKD) 형식이나, 완전분해 형식, 또는 단순분해 형식으로 들여와 공장에서 조립해서 우리 평화자동차 상표를 달아 판매하고 있습니다.

우리가 제일 많이 판매하고 있는 차는 소형버스 계열입니다. 기업소들의 수요가 제일 높습니다. 일 년에 1,000대 정도이기 때문에 전체 판매량의 절반입니다. 그다음에는 승용차 계열인데 승용차 계열은 휘발유가 적게 먹는 차를 선호합니다. 고급차에 대한 수요는 그렇게 많지 않습니다. 우리는 판매량을 높이는 것을 전략의 방점으로 두고 있습니다. SUV 계열은 우리나라 지형 특징상 산길이 많기 때문에 배기량 2,400cc 이상, 4륜구동 형식의 차를 위주로 많은 주문이 이루어지고 있습니다.

Q. 평화자동차 회사에서 최근 몇 년 사이에 차량 판매 정형은 어떻게 되나요?

A. 우리 자동차 판매 수량은 바로 이야기했듯이 2,000여 대 규모인데 최근 몇 년간 크게 달라진 것은 없고 같은 수준을 유지하고 있습니다. 그런데 우리말고도 새롭게 자동차를 조립하는 회사들이 여러 군데 생겨나고 있습니다. 따라서 총적으로 볼 때는 늘어나고 있다고 봐야 하겠지만 현저하게 늘어나는 규모는 아닙니다.

최근에 소형버스에 대한 수요가 높아지는데 이 소형버스가 인기가 많은 이유는 어떤 기업소라고 하더라도 경영에 이 차가 가장 적합하다고 보기 때문입니다. 의자를 떼면 물자를 실을 수도 있습니다. 한편, 디젤유는 우리나라는 러시아에서 들여오는데 우리나라는 겨울에 좀 춥습니다. 디젤기관들은 계절 조건에 구애되기 때문에 힘을 써야 하는 화물차를 제외한 차들은 휘발유 쪽을 대체적으로 선호하는 편입니다.

Q. 승용차들은 주로 어떤 고객들이 구매를 하나요?

A. 승용차는 간부들부터 시작해서 업무 부서들에서 사무를 보시는 분들은 대체적으로 승용차를 요구합니다. 우리는 회사들마다, 기관들마다 차량을 이용하는 규정들이 있습니다. 그 규정에 따라 차를 구

입합니다. 승용차 계열 5종류, SUV 3종류 등 매 종류마다 3종류 이상씩 있습니다. 따라서 그 차량 등급을 상·중·하로 해서 기본 만 달러 범위, 2만 달러 범위, 3만 달러 이상 대체적으로 그렇게 나가고 있습니다.

Q. 차를 구매할 때 사람들이 제일 많이 찾는 옵션은 어떻게 되나요?

A. 사람들이 차를 구매할 때 가장 많이 보는 첫 번째 기준은 휘발유를 얼마나 많이 소비하는가 그리고 두 번째로는 차의 하체구조가 얼마나 튼튼한가 하는 것입니다. 우리나라에서는 지방에 나가면 산길이 많고 도로가 나쁘기 때문에 든든한 하체를 요구합니다. 또한 대체로 큰 차를 요구하지 않습니다. 차축 거리가 길면 불편하기 때문입니다.

Q. 해외와의 합작은 어떻게 이루어지고 있나요?

A. 최근 중국의 장성(하발-HAVAL)자동차가 SUV판매가 1위이고 발전 속도가 빠르기 때문에 장성 자동차와 합작 계약을 체결했습니다. 우리 공장에 직접 장성 자동차 사람들이 와서 우리 공정 검토를 했습니다. 우리도 합격점을 맞았고 우리 기술자들도 중국에 가서 기술 전수를 받아 왔습니다. 그래서 장성을 올해부터 시작해서 조립해서 나가려고 했는데 제재가 있다 보니까 자재가 못 들어와서 생산을 하지 못하고 있습니다.

물론 준비는 다 갖추어 놓았습니다. 앞으로 SUV는 장성 계열로 나갈 것입니다. 이 SUV에서도 차가 높고 산악극복용을 많이 요구합니다. 광산이 많으니까요. 물론 뒤에 간단히 짐도 실을 수 있고요. 픽업

형태도 수요가 많습니다. 이렇게 합작의 경우에는 공장을 보더라도 발전 속도가 주목되거나 1위를 하는 회사와 하고 있습니다.

Q. 가격대는 대체적으로 어떻게 되나요?
A. 가격대는 중국 시장에서 현지 팔고 있는 차와 같다고 보면 됩니다. 중국 자동차 회사들은 수출할 때 17%의 장려금을 받습니다. 그 장려금이 결국은 우리가 조립하고 우리의 이익이 되는 겁니다. 따라서 가격은 중국 현지 가격과 같습니다. 기술자 및 회사 관계자가 중국에서 나와서 여기서 일하시는 분들이 많습니다. 그분들도 중국에서 차를 가져오지 않고 여기서 구매합니다.

Q. 앞으로 어떤 차들이 수요가 높을 거라고 예상하시나요?
A. 앞서 말씀드렸지만 SUV 계열의 수요가 있어야 합니다. 그런데 시내에서 뛰고 있는 승용차 계열에서는 하이브리드(혼합동력), 전기(순전동) 차들이 나올 것이라고 보고 있습니다. 배터리 공장들도 국내에 다 있으니 그런 방향에서 많이 개발을 정해 나가고 있습니다. 일본, 미국 등이 순전동차들이 상당한 수준에 올랐습니다. 일본의 프리우스나 미국의 테슬라를 보면 기술적으로 완비되었다고 볼 수 있단 말입니다. 우리도 이러한 방향에서 나갈 것입니다. 우리는 현재 최대한 국산화를 위해서 많은 노력을 하고 있습니다. 내연기관차보다는 배터리로 가는 전기자동차 계열을 연구 중입니다.

Q. 차량의 보증기간은 어떻게 되나요?

A. 1만 킬로미터, 6개월 이내입니다. 보증 방식은 다른 나라와 같고 첫 3천 킬로에는 엔진오일 교환 및 오일필터는 무상으로 해 줍니다. 그리고 차량 부속 상점은 평양시에 한 다섯 군데 정도 있습니다. 형식적으로 진열해 놓고 기본은 창고에서 가져옵니다. 엔진오일, 미션오일, 배터리 등은 다 국내 생산한 것으로 들어갑니다.

자동차 트렌드 2020

1950년대 덕천자동차 공장으로 첫발을 뗀 북한의 자동차 산업은 1980년대까지는 화물 자동차, 군용트럭, 무궤도 전차와 버스 등을 주로 생산하였다. 이후로는 승용차와 소형버스의 수요도 증가하기 시작했다. 특히 2016년, 인민경제 전반을 활성화하고 경제 부문 사이 균형을 보장해 나라의 경제를 지속적으로 발전시킬 수 있는 토대를 마련하는 것을 목표로 내세운 '국가경제발전 5개년 전략'을 발표한 이후 북한의 상용차의 수요가 매우 급증하고 있다.[50]

실제로 평화자동차 관계자와의 인터뷰에서 가장 판매량이 높은 자동차가 사람과 물자를 동시에 운송할 수 있는 소형버스인 점에서도 북한 경제 전반의 변화를 감지해 볼 수 있다. 또한 복수의 방문자들에게서 택시와 승용차의 증가와 그에 따르는 교통체증 현상이 목격되는 점도 주목할 만하다. 한 주요일간지에서는 북한의 택시가 약 6,000여

---

50 코트라, "북한의 자동차 시장 동향", 2018.12.21

대가 넘으며 그중 2,500여 대는 평양에서 운행하고 있는 것으로 보도하기도 하였다(현재까지 북한에서 공식적으로 밝힌 택시의 숫자는 없다).[51]

앞으로도 이러한 상용차 시장은 북한의 경제성장과 도어투도어(Door to Door) 배송시스템까지 등장하고 있는 유통혁신과 맞물려 비교적 빠른 성장이 예상된다. 물론 대북제재에 따른 원유 공급 제한 등으로 인하여 원유 가격 상승 및 공급 제한이 이러한 성장을 방해할 수는 있겠으나 과거 원유 가격의 상승장 속에서도 상용차 시장의 질주는 막을 수 없었다.

한편 차량의 생산은 모든 개별 부품을 들여와 조립하는 완전분해수입(CKD : Complete Knockdown) 형태 또는 부품을 부분적으로 조립하여 들여와 조립하는 반제품수입(SKD : Semi Knockdown)과 같은 현지조립형 반제품(Knock Down) 형태가 주를 이루고 있는데 이러한 수입구조와 해외자본의 투입은 대부분 중국의 회사들과의 합영·합작이 많다. 따라서 완성차뿐만 아니라 자동차 부품 등의 시장에서도 중국시장의 영향력 증가를 전망해 볼 수 있다.

그럼에도 불구하고 여전히 북한 자동차 산업의 기본 골자는 화물차, 트럭과 같은 물자를 원활히 운송시켜 국가적 생산 활동에 보탬이 되는 산업용 자동차에 집중되어 있다. 최근 로동신문을 비롯한 각종 매체들에서 승리자동차연합기업소, 금성뜨락또르공장의 트랙터와 트럭과 같은 산업용 자동차 생산과 성과 보도를 대대적으로 홍보하는 점은 이러한 방향에서 수송기계 공업의 초점이 맞춰져 있음을 입증한

---

51 통일연구원, 「김정은 시대 북한 경제사회 8대 변화(KINU 정책연구시리즈 18–01)」, 2018.11

다. 따라서 국가의 계획과 투자에 따르는 화물차, 트럭 등의 산업용 자동차와 다양한 기업소와 민간 부문에서 경제활동에 필요한 소형버스, 승용차 등의 상용 자동차가 양립하여 성장할 것이다.

★
보건·
건강
—

북한의 의료체계: 사회주의보건제도

북한의 보건제도는 일찍이 '사회주의보건제도'라고 하여 1947년 노동자, 사무원들에 대한 무상치료제가 도입된 이후 1960년부터는 완전하고 전반적인 무상치료제가 실시되었다. 완전하고 전반적인 무상치료제의 토대 위에 각 도·시·군·리에 이르기까지 병원과 진료소들이 있고 도급에는 의학대학, 의사재교육대학을 비롯한 연구기관들이 세워져 있다. 특히 '호담당당의사제'[52] 등의 실시로 보건사업 및 의료 활동에 있어서 치료보다는 예방에 초점을 맞춰 다양한 보건 정책을 실시하고 있다.[53]

---

52 호담당의사제(의사담당구역제) : 주민이 일생 동안 가구(호)를 담당하는 의사로부터 일차적인 건강관리를 받는 제도로 호담당의사들은 시·군 병원 또는 구역·리 병원 및 진료소의 의사들이다. 오전에는 내원 환자를 진료하고 오후에는 자신들이 맡은 개별가구 및 보육원 등의 시설에 방문하여 위생선전·위생개조·소독·예방접종 등을 실시한다(한국보건사회연구원, 「북한 보건의료 현황과 대북 보건의료사업 접근전략」, 2007).

53 조선중앙통신사, 「조선중앙연감 주체107 (2018)」, 2018

이러한 북한의 보건의료체계는 1980년 4월 3일 제정된 「인민보건법」에 잘 명시되어 있는데 이 「인민보건법」에는 총 7개의 장(제1장 인민보건의 기본원칙, 제2장 완전하고 전반적인 무상치료제, 제3장 예방의학에 의한 건강보호, 제4장 주체적인 의학과학기술, 제5장 인민보건사업에 대한 물질적 보장, 제6장 보건기관과 보건일군, 제7장 인민보건사업에 대한 지도통제)과 51개의 세부조항으로 이루어져 있다.

따라서 북한은 "조선에서는 모든 근로자들이 진찰비, 왕진비, 외래치료비, 수술비, 약값, 입원치료비와 식비, 심지어 요양소로 오가는 여비까지도 국가로부터 무상으로 보장받고 있다."고 홍보하고 있다.[54] 한편 세계보건기구(WHO) 등의 보고서에서는 의료장비의 현대화 문제, 의약품 및 의료소모품의 공급 문제, 10대 질병 부담[55]에 대한 문제 등을 지적하고 있다.

• 북한의 보건의료서비스 전달체계 •

중앙(평양) 4차	평양의대부속병원 조선적십자병원	
도(직할시) 3차	도 중앙병원 의대부속병원	
시·군 2차	시·군병원 구역병원	구역병원 (평양 일부)
리·동 1차	공장 병·의원 (산업지역)	리·동 진료소

출처 : 한국보건사회연구원, 「남북한 보건복지제도 및 협력방안」, 2018

---

54 조선민주주의인민공화국 외국문출판사, 「조선민주주의인민공화국」, 2017

55 북한의 10대 질병부담은 순서대로 뇌졸중, 허혈성심장질환, 만성폐쇄성폐질환, 기관·기도·폐암, 결핵, 교통사고, 기타청력손실, 하기도호흡기감염, 당뇨, 간암이다.(WHO, 「Health statistics and information systems Disease burden and mortality estimates」, 2019)

김정은 국무위원장 시대에 들어서 보건 부문과 관련하여 역점을 두고 있는 사업은 크게 여섯 가지로 분류된다. 첫째, 예방의학적방침을 관철시키는 것이다. 이에 따라 위생방역사업, 환경보호사업, 식료품 위생사업, 의사담당구역제사업을 강화하는 것이다. 둘째, 의료봉사의 질을 높이는 것이다. 선진적인 진단과 치료방법을 도입하고, 신의학과 고려의학을 결합하며, 먼거리의료봉사체계를 완비하고, 구급의료봉사를 비롯한 의료봉사사업을 강화하는 것이다.

셋째, 어린이와 여성들에 대한 건강보호사업에 중점을 두는 것이다. 이를 통해 어린이 건강보호사업을 전변시키고 여성건강보호사업에서 혁신을 일으킨다. 넷째, 최첨단으로 의학과학기술 발전을 도모하는 것이다. 이를 위해 새로운 의학과학기술 분야를 개척하고, 고려의학을 과학화하는 사업에서 혁신을 일으키며, 최신과학기술을 적극적으로 도입한다.

다섯째, 물질적 보장사업을 개선해 나가는 것이다. 의약품과 의료기구의 생산을 원만히 보장하고 현대적인 각종 의료봉사기지를 건설해 나간다. 마지막으로 여섯째, 보건 부문의 종사자들에 대하여 정신력을 고양시키는 사업에서 혁신을 이루어 내는 것이다. 이를 위해 보건 부문 일꾼들을 참다운 김일성김정일주의자로 키우기 위한 사상교양사업을 강화하고, 의료 관련 종사자들의 책임성과 역할을 제고한다.[56]

북한은 의학대학뿐만 아니라 다양한 의료교육기관이 있어 보건인력비율이 인구 1만 명당 32.9명 수준으로, 이는 남한보다도 높은 것

---

56 인민보건사, 「경애하는 최고령도자 김정은동지의 현명한 령도밑에 사회주의보건사업의 빛나는 발전」, 2017

이며 세계 평균인 14.2명보다도 훨씬 높은 수준이다.[57] 특히 보건 부문 종사자들은 국가와 인민을 위해서 헌신하는 사람들이라는 인식이 있기 때문에 사람들로부터 존경을 받고 있다.

주목할 만한 북한 의료의 고려의학

북한의 보건의료체계에서 주목할 만한 점은 바로 고려의학(한의학)을 중시한다는 점이다. 고려의학과 양의학(신의학)을 병행하여 치료하는 국가적인 방침을 두고 고려의학의 과학화와 전문화된 의료인력을 양성하고 있다. 따라서 북한의 의료교육에서는 고려의학과 양의학을 함께 배울 수 있도록 체계화되어 있으며 실제 현장에서도 침, 뜸, 부황 등의 방법이 많이 사용하고 있다.[58]

인민보건법 제16조(고려치료)
국가는 우리 민족의 우수한 치료 방법인 고려치료 방법을 발전시키며 고려의료망을 늘이고 의료기관들에서 현대 의학적 진단에 기초한 고려치료방법을 널리 받아들이도록 한다.

인민보건법 제30조(고려의학과 민간료법의 연구)
보건기관과 의학과학연구기관은 고려의학을 과학화하기 위한 연구사업을 강화하여 고려의학과 민간료법을 리론적으로 체계화하고 더욱 발전시켜야 한다.

---

57 OECD & WHO, 「Health at a Glance: Asia/Pacific」, 2012
58 한국보건사회연구원, 「남북한 보건복지제도 및 협력방안」, 2018

남한의 연구자들은 북한의 고려의학에 대한 중시가 현대의학과 차별화되고 있는 시도이면서도 병합하여 추구되고 있기 때문에 북한 의학을 평가할 때 다각적으로 평가되어야 할 중요한 요소로 보고 있다. 그뿐만 아니라 남북한 보건 의료시스템의 통합의 관점에서 볼 때 우수한 북한의 보건의료시스템이 어떻게 작용할 수 있을 것인지 잘 파악하여야 한다고 보고 있다.

해외에서도 호평받는 북한의 건강기능식품

위에서도 밝혔듯이 보건의 방점이 치료에서 예방으로 이동하고 사람들이 건강에 대한 관심이 높아짐에 따라 최근 다양한 건강기능식품

토성제약 광고

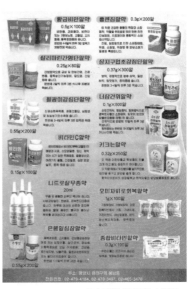

토성제약 건강기능식품들

들이 쏟아져 나오고 있다. 개성고려인삼 오미자와 같은 특산품을 활용하여 건강기능식품을 출시한 지는 오래고 종합비타민, 비타민C, 실리마린 등 성분을 강조하는 건강기능식품과 함께 간, 눈, 피부, 면역, 성장발육, 기력회복, 항산화작용 등 기능을 강조하는 건강기능식품이 출시되고 있다. 이러한 북한 자국산 건강기능식품들은 현대화된 공정으로 품질을 높여 뉴질랜드, 호주, 독일 등 수입상품과 함께 진열되어 경쟁하고 있다.

다양한 건강기능식품들이 나오면서 북한의 전통적인 건강식품인 고려약(한약)도 주목을 받고 있다. 예를 들어 인삼, 오미자, 황기, 녹용, 가시오가피 등의 약재가 보신과 치료에 쓰이고 있는데 이 고려약이 신약만큼 효과가 빨리 나타나지는 않지만 사람 몸의 생리적인 균형과 대사기능을 조절하고 부작용 없이 병을 낫게 한다며 고려약의 좋은 점에 대해 말하고 있다.[59]

현재도 많은 사랑을 받고 있는 대표적인 고려약 〈한약〉

◆ 십전대보환

십전대보환은 보혈약인 사물탕양재(당귀, 함박꽃뿌리, 궁궁이, 찐지황)와 보기약인 사군자탕 약재(인삼, 솔풍령, 삽주, 감초)에 단너삼, 육계까지 총 10가지 고려약을 보드랍게 가루 낸 것을 졸인 꿀에 반죽하여 만든 9그램의 알약이다. 달임약(십전대보탕), 고제(십전대보고) 형태로도 좋다. 십전대보환은 기와 혈이 다 모자라 온몸이 쇠약하고 식은땀이 나며 숨결이 잦고 기침을 하는 때, 입맛이 없고 소화가 안 되는 때, 얼굴이 창백하고 몸이 여위는 때, 몸 풀 때와 수술을 받아 피를 많이 흘려 빈혈이 온 때, 상처가 잘 아물지 않는 때, 앓고 난 뒤 원기가 회복되지 않아 일할 맥이 없는 때에 쓴다.

---

59 과학백과사전출판사, 「가정의학편람」, 2014

◆ 륙미환(육미환)

보신약의 대표적인 처방 중 하나로 찐지황, 산수유, 마, 택사, 솔풍령, 모란뿌리껍질로 만든다. 허리아픔, 관절통, 당뇨, 어지럼, 식은땀 등에 효과가 있다.

◆ 팔미환

륙미환에 부자와 육계가 추가된 것으로 역시 보신약의 대표적인 처방이다. 륙미환의 효능과 함께 추위타기, 만성설사에 효과가 있다.

◆ 불로환

인삼, 당귀, 새삼씨, 파극천 각각 120, 찐지황 80, 쇠무릎, 두충 각각 60, 측백시, 석창포 각각 40, 위의 약을 가루 내어 졸인 꿀에 반죽해서 0.3그램이 되게 알약을 만들어 한 번에 70~90알씩 하루 3번을 더운 술 또는 끓인 소금물로 먹는다. 항로화 작용, 보혈강장작용을 한다. 음위증, 신경쇠약, 전신쇠약, 병후쇠약, 여러 가지 만성소모성질병에 쓴다.

◆ 기타

이외에도 우황청심환, 경옥고, 인삼정액, 록용보약, 인삼왕벌젖물약, 가시오갈피, 구기자, 단너삼건중탕, 보중익기환, 인삼고본환 등의 고려약들이 있다.

– 과학백과사전출판사, 「가정의학편람」, 2014

이제는 고려약(한약)도 여타의 건강기능식품들처럼 현대적인 공정과 포장 등 뛰어난 상품성으로 사람들에게 많은 각광을 받고 있다. 약국, 상점 등에서 판매될 뿐만 아니라 각종 상품전시회 등에도 출품되어 해외 관계자들에게도 호평을 받고 있다. 북한에서는 건강과 관련된 별도의 전시회가 열리는데 2019년 6월에는 '평양국제건강 및 의료기구 부문 과학기술전시회'가 진행되었다. 이 전시회에는 북한을 비롯한 여러 나라들의 건강기능식품과 의약품, 진단 및 치료예방기구 등이 전시되는 동시에 과학기술토론회 등이 개최되었다. 진행된 전시

다양한 인삼 제품들

회에는 조선의료기구회사, 함경남도인민병원 등 100여 개 단체들이
참가하여 성황을 이루었다.[60]

특별 인터뷰

최순희 | 보건성 치료예방국 부국장
원충일 | 보건성 약무국 부원
김금란 | 보건성 대외사업국 부원
문창운 | 평양산원 대외사업과 과장

---

60   조선의 오늘, "평양국제건강 및 의료기구부문 과학기술전시회 개막", 2019.6.18

표혜숙 ǀ 평양산원 녀성건강관리과 과장
전명철 ǀ 평양산원 유선종양연구소 예방검진과장
김은성 ǀ 옥류아동병원 대외사업부 부원
백향옥 ǀ 옥류아동병원 어린이건강관리과 과장
류은희 ǀ 류경안과종합병원 1부원장
김은애 ǀ 류경안과종합병원 대외사업부원
리정희 ǀ 류경안과종합병원 시기능교정과 의사
정미옥 ǀ 평양시 평천구역인민병원 원장
황금철 ǀ 평양시 평천구역인민위원회 보건부장
변경애 ǀ 평양시 평천구역인민위원회 산부인과 과장
최순옥 ǀ 중화군 룡산리인민병원 원장
조혜정 ǀ 중화군 인민위원회 보건부장

Q. 보건성이 하는 역할이 무엇인가요?

A. 보건성은 예방을 위주로 하는 전반적인 무상치료제 보장을 관리 감독하는 국가기구입니다. 의료봉사 즉 말단에서 중앙급까지 총체적인 관리를 합니다. 또한 고려의학에 대한 생산관리, 의료공업에 대한 관리까지 같이합니다.

Q. 보건성이 최근에 집중하고 있는 사업은 무엇인가요?

A. 최근에 역점을 두고 있는 사업으로는 위생방역과 치료예방이 있는데, 위생방역은 전염병 방지와 위생환경조건을 개선하는 것이고 치료예방은 의료봉사에 관련한 것입니다. 우리의 보건체계는 위에서 아래단위까지, 즉 말단 진료소에서 중앙급까지 체계가 아주 잘 서 있습니다. 이것은 외국인들도 감탄하는 체계입니다. 또한 먼 거리 봉사 의료체계 및 망체계를 군급까지 추진하였습니다. 여기서 먼 거리 의

료봉사에 대해서 조금 더 이야기하자면 전국적으로 군까지 확립하였고 일부는 수술장까지 도입하였습니다. 먼 거리 수술지원체계는 기술강의, 협의, 강습 등이 이루어지고 있습니다.

최근 원수님께서 신년사에 인민성이라고 하셨는데 이 인민성을 우리는 말단을 강조해야 한다는 것으로 받아들였습니다. 예를 들어 현재 에이형간염이 유행하고 있는데 어린이와 여성이 보건정책의 우선권에 있습니다. 임산부의 경우 등록부터 산후관리까지 그리고 다태임산부의 경우에는 나라에서 주는 혜택이 매우 큽니다.

우리 보건체계가 강화하고 있는 부분 중 하나는 1차 의료봉사체계를 강화하는 것인데 바로 말단이 서야 한다는 것입니다. 예를 들면 의사비율을 보면 의사 1명당 130호 수준인데 이는 호당 담당의사제로 세계적인 수준이라고 할 수 있습니다. 자격 있는 의사들이 호당 담당의사를 하고 있기 때문에 안전하고 높은 수준의 의료봉사를 받을 수 있습니다. 보건성은 이렇게 세계적인 추세를 보고 그것을 중앙급부터 말단까지 관리합니다.

그리고 주요보건지표를 세계보건 수준까지 올라서야 한다는 것이 국가적인 목표이자 정책입니다. 예를 들어 평균수명을 늘리기 위한 방편으로 말단에 집중하고 강화하는 것이 있는데 그중에서도 신생아 영아 사망률을 내리는 것에 집중하고 있습니다.

현재는 돌림감기가 유행하고 있는데, 이를 위한 조치로 첫 번째는 국경 초소 출입국자에 대한 철저한 검진과 검역입니다. 두 번째는 타미플루 같은 약 몇 백만 개를 생산해서 1차적으로 이미 공급을 완료하였습니다.

Q. 기본적인 보건제도는 어떻습니까?

A. 우리 보건제도의 장점 중 하나는 중앙급병원에서부터 아래단위까지 종적인 체계를 가지고 있다는 것입니다. 종합병원에서부터 도급병원, 군병원이 모두 연결되어 있습니다. 전문병원은 또한 자기들만의 체계가 잘 서 있습니다. 전문병원도 중앙급 전문병원이 있는데 옥류아동병원이 바로 그러한 중앙급 전문병원이고, 이러한 전문병원들이 계속 서고 있는 중입니다. 그리고 무상치료제의 경우, 우리는 가격을 정말 모릅니다. 따라서 인민들에게 혜택이 더 큰 것입니다. 원수님께서 제재 속에서도 보건 부분에 대한 배려를 아낌없이 해 주시고 있습니다.

Q. 조선의 건강식품이 있기가 많다고 하는데 그 이유는 무엇입니까?

A. 우리 토양에서 우리 체질에 맞는 건강식품이 있다면 제일 좋은 것이라고 생각합니다. 그리고 과학기술이 발전함에 따라 성분만 편하게 압축하여 쓸 수 있기 때문에 더욱 편리해지고 있습니다.

예를 들어 개성고려인삼에 대해서 살펴보면 개성고려인삼은 우리의 민족적 자긍심입니다. 특히 성분이 좋습니다. 인삼에서 우리 몸에 좋은 성분을 사토닌이라고 하는데 개성고려인삼의 경우 조국의 것은 30% 그리고 중국의 경우는 20%가 함유되어 있습니다. 우리의 씨를 가지고 가서 심어도 성분이 그 정도밖에 나오지 않습니다. 그리고 인삼은 6년산을 최고로 쳐 줍니다. 그리고 중국의 것은 우리 인삼에 비해서 크기가 훨씬 크지만 성분 차이에서 우리를 따라오지 못합니다.

최근에는 개성고려인삼과 같은 지역 특산품뿐만 아니라 미꾸라지

영양액, 점맥, 타우린을 캡슐화 했습니다. 연구해서 특허를 받은 이 제품은 간세포를 재생합니다. 그리고 단나무열매로 만든 건강식품도 주사제 타입으로 개발하였는데 심장기능도 좋게 합니다. 또한 중요한 장점 중 하나는 고려약과 관련한 건강식품의 경우 천연식품이기 때문에 부작용이 없다는 점입니다. 그리고 한두 알만 먹어도 됩니다. 세계적으로 공해 문제가 있으나, 우리 땅의 약초들은 깨끗한 곳에서 채취해서 관리하여 생산해 낸 것이기 때문에 매우 신선하고 깨끗함을 유지하고 있습니다. 또한 우리 고려약은 포장보다는 질을 개선하는 것을 더 중요시합니다.

Q. 평천구역인민병원에 대하여 설명해 주세요.

A. 우리 병원은 1964년 4월 1일에 건설되었습니다. 건립 당시에는 2개의 청사와 30여 명 규모였고 현재는 큰 청사 두 개가 추가되었습니다. 우리 병원은 체계에서 중간급 규모로 정책을 질적으로 높이고 하달하는 위치에 있습니다. 의사는 250여 명에 15개 분과가 있고 진료소와 연계되어 있어 말씀드린 대로 중간 치료를 담당하고 있습니다. 의사 및 간호원들이 대부분 수준 높은 자격을 잘 갖추고 있습니다.

Q. 용산리인민병원에 대하여 설명해 주세요.

A. 우리 병원은 1년 7개월 동안의 공사로 2005년에 건설되었습니다. 우리 용산리 주민 수는 2,500명~2,700명 사이로 세대는 670여 세대입니다. 병원은 전문과와 호담당의사제를 실시하고 있으며 치료 6명, 간호 6명, 보철사 1명, 조산원 1명이 있습니다.

우리 용산리인민병원 의사들은 오전에는 병원에서 치료 업무를 하고, 오후에는 5세대에서 6세대를 돌면서 가족의사로서의 역할을 합니다. 태어난 아기부터 늙은이까지 주민관리를 합니다. 태아를 출산하면 24시간 안에 접종을 실시하고 간염과 결핵, 소아마비, 홍역 등의 접종도 실시합니다. 예방접종을 잘하면 전염병이 돌지 않고 영아사망률이 낮기 때문입니다.

신경계통과 소화기 질병에 한해서 고려의학과 신약을 배합하고 있는데 고려의학의 비중이 70% 이상입니다. 난치성 질병, 뇌출혈도 침과 뜸, 부항 등의 고려의학을 통해서 고칠 수 있다고 믿고 있습니다. 약초는 봄과 가을에 채취를 하고 침, 뜸 등으로 치료를 하기 때문에 약 보장에 대해서 큰 부담은 없습니다. 1년에 3,500명 정도의 환자들이 있고 치료일지들을 최대한 상세하게 기록해 놓습니다. 우리는 제일 아래단계에서 수령님의 유훈과 령도를 따라서 사회주의 보건의 혜택을 다양하게 펼쳐 나가고 있습니다.

보건·건강 트렌드 2020

해방 직후 일찍이 전반적인 무상치료제가 도입되고 현재 중앙급 종합병원부터 가장 기본에 이르는 리병원까지 보건체계가 잡혀 있다. 특히 의사담당구역제, 호담당의사제는 북한식 사회주의 보건제도의 특징으로 꼽히고 있으며 김정은 국무위원장 시대에 들어서 옥류아동병원, 류경치과병원, 문수기능회복원 등 현대적이고 전문적인 의료시설들이 들어서고 있다. 다음은 「조선중앙연감 2018」에 기록된 한 해 동안의 보건 부문 성과를 요약한 것이다.

"예방의학적방침을 중점적으로 관리하여 지카바이러스, 조류독감 등의 전염병을 예방하는 방역사업이 강도 높이 진행되고 전국에서 국가망에 의한 실시간 전염병감시통보체계가 확립되어 위생방역사업의 정보화가 추진되었다. 현대의학의 발전 추세에 맞게 의학과학기술을 발전시키고 앞선 진단·치료 방법들을 의료봉사활동에 도입하기 위한 사업에서 전진이 있었다.

김일성종합대학 평양의학대학병원과 김만유병원, 옥류아동병원에서는 미세외과수술과 선천성 및 후천성심장질병수술, 단공법에 의한 복강경수술 등 첨단수술방법들을 확립하고 환자치료에 구현함으로써 외과수술 분야에서 큰 전진을 안아 왔다. 류경치과병원, 보건성피부병예방원, 평양안과병원에서 임플란트이식수술 방법, 요드욕에 의한 피부병 치료 방법, 초자망막안내수술 방법 등 선진적인 치료 방법들을 높은 수준에서 연구·완성하였다.

평양산원에서는 첨단수준의 무통해산법을 우리식으로 연구·완성한 데 이어 혈관조영에 의한 근종 치료 방법, 불임증 치료 방법을 과학화하였으며 평양산원 유선종양연구소와 류경안과종합병원에서는 증후림파절탐색술을 리용한 유선암수술, 초음파 유화흡인술에 의한 백내장수술, 망막유리체절제술과 같은 치료 방법을 현실에 도입하였다.

신의학과 고려의학을 밀접히 결합시키기 위한 사업이 추진되고 먼거리의료봉사체계[61]가 더욱 완비되었다. 현대적인 평양치과위생용품공장이 새로 일떠서고 중앙병원들뿐 아니라 전국시·군인민병원들을 해당 지역의 의료봉사거점답게 꾸리기 위한 사업이 추진되어 만경대구역인민병원을 비롯한 각지의 인민병원들이 보건의학적 요구에 맞게 훌륭히 꾸려졌으며 원산시제2인민병원이 개건되었다.

희천고려약공장이 고려약 생산 부문에서 전국의 본보기로 훌륭히 개건되었으며 중구고려약공장, 남포고려약공장을 비롯한 20여 개 단위의 생산 공정들이 위생학적 요구에 맞게 보다 훌륭히 꾸려졌다. 라남제약공장, 경성영예군인주사약공장을 비롯한 많은 제약공장들에서 효능 높은 대중약품, 상비약품 생산을 늘리었다."

---

61 먼거리의료봉사체계는 원격진료서비스체계를 뜻한다

특히 고려의학(한의학)과 관련한 부분들이 주목할 만하다. 북한은 고려의학의 계승·발전을 인민보건법에 명시할 정도로 매우 중시하고 있다. 고려의학과 관련한 전문 인력이 국가적으로 양성되고 의사들은 고려의학과 양의학을 병행하여 환자를 진료하고 치료하는 것이 일반적이다. 이러한 분위기에 힘입어 전통적으로 쓰였던 고려약(한약)들도 현대적인 공법과 포장으로 상품화하여 출시되고 있다. 이에 따라 남한의 연구자들은 북한의 의학을 평가할 때 이러한 고려의학을 중요한 요소로서 빼놓아서는 안 된다고 주장하며 앞으로의 관계 발전에서도 중요하게 생각하고 있다.

물론 북한의 의료 환경과 위생환경 등은 개선해야 할 점들이 있다. 그러나 국가적이고 국민적으로 건강에 대한 관심이 높고 관련 인력이 풍부하기 때문에 다양한 교류 사업 등을 통하여 해당 분야의 산업들이 성장하고 사회에 보다 건강한 에너지를 가져다줄 것으로 기대된다.

미용·화장

북한 화장품의 역사, 어제와 오늘

국립국어원 표준국어대사전에 따르면 미용이란 "얼굴이나 머리를 아름답게 매만짐. 아름답게 보이려고 입욕, 마사지, 미용 체조, 성형 수술 따위의 방법을 쓰기도 한다."고 정의하고 있다. 또한 화장은 이러한 미용의 행위에 가장 간단한 방법으로 널리 쓰이고 있다. 오늘날 미용은 다양한 분야에서 많은 형태와 방법들이 발달하면서 특정 성별의 소유물이 아닌 남녀노소에게 일반적으로 쓰이는 하나의 일상적인 행위가 되었다.

북한은 1949년 9월 23일 일찍이 화장품생산기지로 신의주화장품공장을 설립하면서 그 역사가 시작되었다. 그 뒤로 1960년대에 평양화장품공장, 천내향료공장, 금천향료공장을 차례로 세웠다. 신의주화장품공장에는 후보원사, 교수, 박사들로 구성된 국가적인 과학기술 역구역량이 투입되고 공장의 현대화가 시작되면서 현대적인 분석설비와 원자재 등이 들어가기 시작했다. 또한 향료 사업에도 관심을 기울여 1984년 2월 9일 평양천연향료연구소가 설립되고 북한 자체로 천연원료에 기초한 향료를 연구하고 생산·판매할 수 있도록 평양향료공장을 세웠다.

그러나 1990년대 고난의 행군 시기를 지나면서 어려운 대내외적 환경으로 국영 경공업 기업들이 크게 위축되었고 기업들의 소비재 공급 역시 줄어들게 되었다. 투자가 줄어듦에 따라 품질 문제도 발생하면서 소비자들로부터 외면받았고, 그 자리를 중국산 및 수입산 상품이 파고들었다.

이러한 상황은 2000년대 중반부터 바뀌기 시작하였다. 북한은 국영기업에 의한 소비재 확대와 자국산 상품의 품질 향상 문제를 해결하기 위해 집중적으로 투자한 것이다. 경제가 점차적으로 회복되고 실질적인 투자가 나타나면서 상황이 점차 개선되기 시작했다. 일용품과 관련해서는 식품가공업에 대한 투자가 가장 먼저 이루어졌다.

김정은 국무위원장 시대를 들어서면서 이러한 흐름은 더욱 가속화되었는데 미용·화장 부문의 대표적인 예가 바로 평양화장품공장의 개건현대화(리모델링)이다(자세한 내용은 아래 평양화장품공장 관계자 인터뷰 참조). 설비에 대한 투자로 상품의 국산화를 앞당기고 품질 문제도 동시에 해결하여 많은 사람들에게 중국산보다 품질도 좋고 가격도 좋은 고급 자국산 제품이라는 인식을 갖게 만든 하나의 좋은 예로 평가된다.

김정은 국무위원장은 2017년 10월 개건현대화(리모델링)를 한 평양화장품공장을 현지지도하면서 "사람들의 기호와 특성, 다양한 취미에 맞고 세계적으로 이름난 화장품과 당당히 경쟁할 수 있는 여러 가지 종류의 화장품들을 더 많이 생산할 데 대한 문제, 이 빠진 공정을 찾아내어 생산 공정을 더욱 완비할 데 대한 문제, 다른 나라 화장품 산업의 현황 자료들과 발전 방향을 연구하고 전망적으로 우리나라 화장품공업을 더 높은 단계에로 추켜세울 데 대한 문제, 원료, 자재, 첨가제의 국산화 비중을 최대한 높이며 여러 가지 향료를 원만히 보장하기 위한 사업에 큰 힘을 넣을 데 대한 문제 등" 공장 앞에 나서는 강령적인 과업들을 제시하였다.[62]

평양향료공장의 경우에는 국내의 원료자재를 이용한 천연향료와 천연색소를 생산하는 공정이 새롭게 꾸려졌고 공장현대화건설역량과 자재, 현대적인 생산설비와 분석설비 연구역량을 갖추었다. 이미 평양의 수많은 백화점·상점들에는 수입산 상품과 자국산(북한산) 상품들이 한데 모여 경쟁을 하고 있다. 가격과 품질에서 그 상품성을 인정받지 못한다면 시장에서 자연스럽게 도태되기 마련이다. 이러한 점을 북한 당국 및 기업들도 잘 알고 있기 때문에 상품의 경쟁력을 제고하기 위하여 많은 노력을 기울이고 있다.

---

62 조선중앙통신, "김정은 동지께서 새로 개건된 평양화장품공장을 현지지도", 2017.10.29

주요 화장품 공장 및 대표 브랜드

◆ 평양화장품공장의 대표브랜드 '은하수'

은하수화장품 3종세트(출처: 로동신문)

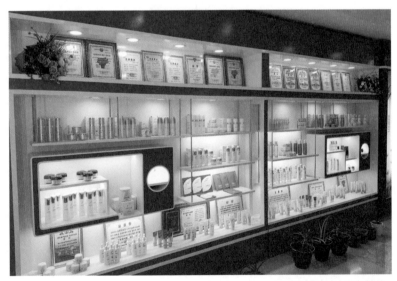

평양화장품공장의 생산제품들

은하수 샴푸와 린스(출처: 로동신문)

'은하수'는 평양화장품공장에서 생산하는 대표 화장품으로 공장의 개건현대화 이후로 뛰어난 생산 능력을 인정받아 그 입지가 더욱 탄탄해졌다. 공장에서는 수백여 종의 제품을 생산하고 있는데 그중에서도 머리칼영양액, 과일향 향수, 주름방지크림의 인기가 높다. 연령별로 보면 20~30대 여성들에게는 세련되고 편리한 화장도구들과 화장도구가방이, 40~50대 여성들에게는 색이 더욱 세분화되고 품질이 개선된 입술연지(립스틱), 분크림(파운데이션), 눈등분(눈색조화장), 볼분(볼색조화장)이 인기를 끈다. 또한 치료용 화장품이 개발되어 여성뿐만 아니라 남성에게도 굉장한 관심을 받고 있다.[63]

한편 개성고려인삼을 기본 원료로 한 기능성 화장품 25종(인삼로화방

---

63 조선의 오늘. "평양화장품공장의 새 제품들 인기", 2018.11.11

지크림, 인삼수렴성살결물, 인삼밤크림, 보습자외선방지크림, 알로에보습물크림, 영양살결물 등)은 유라시아경제동맹의 품질인증을 받아 그 상품성을 국제적으로도 인정받고 있다.[64]

◆ 신의주화장품공장의 대표 브랜드 '봄향기'

봄향기화장품 인삼크림(출처: 조선중앙통신)

봄향기화장품 향수(출처: 조선중앙통신)

---

64 로동신문, "세계적인 경쟁력을 가진 질 좋은 화장품들을 개발·생산", 2019.1.27

신의주화장품공장의 '봄향기'도 평양화장품공장의 '은하수' 못지않게 많은 사람들의 사랑을 받고 있는 화장품이다. 신의주화장품공장에서는 기초화장품(살결물(로션), 물크림(스킨), 크림, 영양크림, 영양물), 머리칼용 화장품(정발제, 머리칼성장제 등), 분장용 화장품(분크림, 물분크림, 압착분, 입술연지), 기능성 화장품(노화방지화장품, 미백화장품, 보습화장품, 자외선방지화장품 등), 치료용 화장품(여드름치료, 검버섯·주근깨 제거), 세척용 화장품(샴푸, 린스, 투명비누, 몸물비누)을 비롯하여 290여 종의 화장품을 생산하고 있다.

특히 개성고려인삼을 기본원료로 하여 노화 방지, 미백, 주름 개선, 보습 등의 효과를 보이는 다기능성 화장품을 출시하여 많은 인기를 얻고 있다. '봄향기' 화장품은 화장품 생산 및 품질관리기준에 관련한 GMP인증과 국가품질인증을 받았으며 국제표준화기구의 품질관리체계 ISO 9001과 SGS검사를 통과하여 높은 품질과 위생 안정성을 보장하고 있다.[65]

◆ 묘향천호합작회사의 대표 브랜드 '미래'

조선묘향천호합작회사는 화장품기지를 가지고 수출입 활동을 왕성하게 하고 있는 합작기업으로 '미래' 화장품을 가지고 있으며 특히 개성고려인삼, 산꿀, 천연식물들의 추출물을 첨가하여 만든 천연기능성 화장품이 주력 상품이다.

'미래' 화장품 상품들은 대체적으로 노화 방지와 미백 효과인데 참

---

65 조선의 오늘, "젊음과 아름다움을 더해 주는 《봄향기》 화장품", 2018.9.13

미래화장품 5종 세트(출처: 조선의 오늘)

미래화장품 2종 세트(출처: 조선의 오늘)

고사진에 나오는 5종 화장품에 대해서도 "피부에 자극을 주지 않는 미백제인 누룩산과 콩추출물을 첨가하여 새롭게 제조한 5종《미래》화장품조는 검은 색소 생성의 기본 원인인 티로시나제효소에 대한 억제률이 높아 피부를 미백시키는 동시에 피부를 윤기 나게 하는 기능성 화장품"이라고 소개하고 있다. 최대 8종 세트까지 나오며 평양시를 비롯한 각 도의 백화점에서 광범위하게 판매되고 있으며 프랑스, 러시아, 중국 등 여러 나라들에서 품질인증을 받아 호평을 받고 있다.[66]

◆ 금강산합작회사의 대표 브랜드 '금강산'

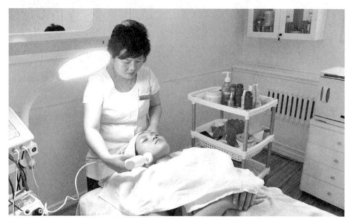

금강산화장품 전시장의 피부측정(출처: 조선중앙통신)

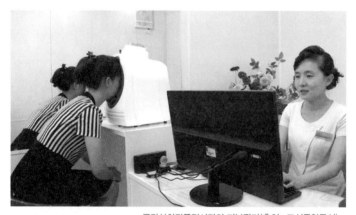

금강산화장품전시장의 피부관리(출처: 조선중앙통신)

---

66 내나라, "조선묘향천호합작회사", 2015.1.24

금강산화장품(출처: 조선중앙통신)

금강산합작회사의 '금강산' 화장품 역시 빼놓을 수 없는 북한의 화장품이다. 화장품생산공정의 GMP화를 실현하여 품질이 보장된 고급화장품들을 생산하고 있다. 로동신문이 지난 19년 3월 "올해 3·8국제부녀절을 맞으며 평양제1백화점을 비롯한 수도의 상업봉사기지들에서 수요가 높았던 화장품들 중의 하나가 금강산화장품이다."라고 소개할 정도로 최근 그 인기가 절정에 달하고 있다.[67]

특히 금강산화장품전시장을 개장하여 피부와 관련된 다양한 솔루션을 제시함으로써 특색 있는 서비스를 제공하고 있다. 전시장은 화장방법보급실, 레이저빛치료실, 피부측정실, 미안실로 구성되어 있고 화장방법보급실에서는 다양한 자료를 통한 화장방법과 화장품을 소개하고 레이저빛치료실에서는 기미, 주근깨, 색소침착, 노인반점 등을 제거하

---

[67] 조선의 오늘, "누구나 즐겨 찾고 선호하는 금강산화장품", 2019.5.17

며 여드름 피부치료도 병행하고 있다. 피부측정실에서는 최신 기계로 피부를 측정하여 고객의 얼굴에 맞는 화장품들을 선택해 주고 미안실 (피부미용실)에서는 일반미안 및 치료미안 서비스를 시행하고 있다.[68]

최근 5년간 미용·화장 부문의 주요 변화

일반화장품, 머리화장품, 얼굴화장품, 향수 부문에서 최근 5년간의 중요한 변화를 살펴보면 다음과 같다. 일반화장품의 경우 체질과 계절에 따라 점차 다양화되면서 노화 방지, 미백효과 등이 있는 기능성 화장품이 출시되고 있으며 최근에는 치료용 화장품까지 나오고 있다. 머리의 경우 샴푸, 린스, 영양제는 이미 보편적으로 사용하고 있고 파마약에 대한 유해성이 알려지면서 인체에 덜 유해한 천연염색제의 사용이 점차 증가하고 있다.

얼굴화장품의 경우에는 피부의 상태에 따라 다양한 기능의 상품이 출시되고 있는데 최근에는 과학적 기법을 통해 정확한 데이터를 바탕으로 피부를 측정하여 화장품을 선택하는 데 도움을 받기도 한다. 지난 시기와 대비해 볼 때 전 계열에서 색조화장이 많아지고 있으며 미안막(마스크팩)을 비롯한 각종 화장도구들에 대한 사용이 많아지고 있다. 향수의 경우에는 신체용, 방용, 차량용으로 구분되어 다양한 향 계열의 상품들이 출시되고 있는데 최근에는 천연향의 사용이 많다.

---

68 조선의 오늘, "얼굴피부측정에 의한 화장품봉사", 2018.7.23

구분	연도	내용
화장품	2014년	– 일반용 화장품으로서 많이 이용
	2015년	– 일반용 화장품보다 좋은 화장품 요구
	2016년	– 체질별 화장품 출현
	2017년	– 계절별에 따르는 기능성 화장품 출현
	2018년	– 일반형 화장품과 기능성 화장품, 치료용 화장품으로 구분
머리	2014년	– 머리칼을 염색하고 머리칼의 오염물을 제거하는 세척제 또는 영양을 세척과정에 빠진 기름성분을 보충해 주는 린스
	2015년	– 머리칼을 염색하면서 나타나는 부작용 문제 연구 진행, 머리칼 염색 영양제 연구 진행, 샴푸와 린스를 혼합한 린프 제조
	2016년	– 염색용 머리칼 전용 샴푸, 린스, 영양제 – 머리칼 일반 고착제 천연물을 이용한 고착제
	2017년	– 탈모방지용 샴푸, 린스, 영양제 – 머리칼의 탐색 방지용 샴푸, 린스, 영양제 – 모발 두께 조절용 영양제, 유지용 샴푸, 린스 – 염색머리칼 유지용 샴푸, 린스, 영양제 – 머리칼 기름보충용 고착제, 머리 모양 유지용 고착제
	2018년	– 파마가 인체에 좋지 않은 영향이 있다는 것이 알려져 파마 횟수를 줄이고 머리 모양을 더 오래 유지할 목적으로 머리모양유지제와 파마약으로 인한 머리칼수복제 등 출시 – 머리칼염색제에서 천연재료를 쓰는 것이 추세이며 먹거나 바르는 방법으로 검은 머리칼이 다시 나오도록 하는 사업이 추진
얼굴	2014년	– 세숫비누, 살결물(토너), 물크림(로션), 밤크림(나이트크림) 등
	2015년	– 얼굴세척수선, 얼굴 때 제거용 세척제 연구개발
	2016년	– 여드름피부용, 주름피부용, 투명작용, 보습작용 등의 기능을 가지는 인자들을 넣은 살결물(수렴성, 겔형), 물크림, 밤크림, 영양제 등 개발 – 분장용 색조화장품 개발 – 세숫비누에서 투명비누 개발 – 화장도구를 리용 – 남성용 화장품 개발

	2017년	- 합형, 과민성, 일반형, 유성피부용, 건성피부용, 살결물, 물크림 기능성 첨가제 개발 - 기능성 첨가제들의 순도를 높이는 문제 연구 - 여러 가지 피부유형별 세숫비누 개발 - 색조화장품에서 색재료의 피부폭감개선, 화장기속성 높이는 문제 온전성 문제들이 개선 - 화장도구들의 질 개선, 모양의 다양화 실현
	2018년	- 미안크림과 미안비누, 미안막 - 마사지를 위주로 하는 미안 - 설비를 이용한 미안 - 천연약재를 이용한 미안 - 피부분석에 의한 피부치료 미안 - 미안에 대한 과학기술적 문제 강습
향수	2014년	- 합성향에 의한 몸향수(사람에 뿌리는 향수), 방안향수(방에다 뿌리는 향수) - 각종 천연향 원료에 기초한 천연몸향수, 천연차향, 천연방안향수 등 여성용 향수와 남성용 향수
	2015년	- 단리향과 천연향을 배합한 향료 연구 개발 - 천연향의 기능성 원료들이 인체에 주는 영양에 대한 연구
	2016년	- 합성향계열에서 환상향, 꽃향계열, 과일향계열, 남새향계열 등 - 천연향 계열에서 기관지환자용, 당뇨병환자용, 스트레스해소용, 전자기파해소용, 공기청정용향들과 과일향, 꽃향 등
	2017년 ~2018년	- 조합향에서 합성향의 함량을 줄이고 천연향의 함량을 높인 향수 - 여러 가지 기능을 수행하는 100% 천연 기능성향들이 제조

※ 평양화장품공장 및 향료연구소 관계자 제공

특별 인터뷰

리창히 | 평양화장품공장 명향무역회사 부사장
최영순 | 향료연구소 실장(박사)
최현이 | 일용품공업성 책임부원

Q. 평양화장품 공장에 대해서 소개해 주세요.

A. 우리 평양화장품공장은 위대한 장군님께서 1차례, 경애하는 최고령도자동지께서 2차례 다녀가신 영광의 사적이 깃들어 있는 공장입니다. 공장은 1962년 4월 19일에 창립되어 백두산절세위인들의 크나큰 사랑과 배려 속에 자랑찬 발전의 길을 걸어왔으며 경애하는 최고령도자 김정은 동지의 현명한 령도 밑에 오늘날 세상에 내놓고 자랑할 만한 공장, 우리나라 화장품공업의 표준·전형단위로 훌륭히 전변되게 되었습니다.

위대한 장군님께서는 주체 92(2003)년 8월 5일 삼복의 무더위도 마다하지 않으시고 새로 개건된 우리 공장을 찾으시어 현대 맛이 나게 잘 꾸렸다고 치하도 해 주시고 뜨거운 열기를 내뿜는 세숫비누제조공정을 비롯한 생산현장들과 제품견본실을 일일이 돌아보시며 제품의 질을 높이고 종류의 다양화에 대한 문제, 원료, 자재보장대책도 세워주시고 평양화장품공장이 명실 공히 인민의 사랑을 받는 공장, 인민을 위하여 복무하는 공장이 되어야 한다는 귀중한 가르치심도 주시었습니다.

지난 주체 104(2015)년 2월 4일 경애하는 최고령도지 김정은 동지께서는 우리 공장에 소문 없이 찾아오셔서 우리 공장을 세상에 내놓고 자랑할 만한 현대적인 공장, 만점짜리 공장, 우리나라 화장품공업의 본보기, 표준으로 완전히 일신시키자고 뜨겁게 말씀하시었습니다. 공장을 현지지도하신 이후에도 우리 화장품공장 일군들과 종업원들의 안목을 넓혀 주기 위하여 세계적으로 이름 있는 화장품들도 견본으로 보내 주시고, 공장일군들과 연구사들로 구성된 기술료해대표단을 유럽을 비롯한 세계 여러 나라들에 보내 주시었으며 친히 공장조감도와 실내형성안, 은하수마크, 화장품상표도안에 이르기까지 일일이 지도해 주시었습니다.

또한 공장의 개건현대화를 위해 막대한 양의 혁명자금과 강력한 건설역량도 파견해 주시고 새 제품 개발을 위해 화장품연구소도 조직해 주시었으며 권위 있는 종합대학들과 전문연구기관 교원, 연구사들도 파견해 주시어 오늘과 같은 현재적인 공장으로 전변시켜 주시었습니다.

경애하는 최고령도자동지의 숭고한 뜻을 현실로 꽃피우기 위해 한 사람과 같이 떨쳐나선 공장의 일군들과 종업원들, 그리고 평양시안의 공장, 기업소, 대학 교원, 연구사들은 현재까지 연건축면적 29,200여 ㎡의 건축공사를 완공하고 281종의 1,122대의 현대적인 설비들을 갖추어 놓았으며 모든 생산 공정은 자동화·무균화·무진화를 완벽하게 실현함으로써 공장을 연간 화장품 1,500만 개, 화장품용기 1,000만 개, 세숫비누 2,000톤을 생산하는 현대적이며 능력이 큰 화장품 생산기지로 전변시키었습니다.

경애하는 최고령도자동지께서는 지난 2017년 10월 28일 또다시 개건현대화된 우리 공장에 찾아오시어 새로 꾸린 혁명사적교양실과 연혁소개실을 돌아보시면서 세계적인 경쟁력을 가진 질 좋은 화장품을 더 많이 생산하여 인민들에게 안겨 주어야 한다고 뜨겁게 말씀하시었습니다. 그리고 화장품의 분류를 세분화하고 가짓수를 더 늘리며 그에 맞게 이 빠진 공정을 찾아내어 생산 공정을 더욱 완비할 데에 대한 문제, 원료·자재·첨가재의 국산화 비중을 최대한 높일 데 대한 문제를 비롯하여 2단계 생산 공정 현대화 과업을 현지에서 직접 주시었으며, 공장일꾼들과 종업원들이 인민들에게 보다 좋은 화장품을 안겨주기 위한 투쟁에서 계속 혁신, 계속 전진해 나가리라는 기대와 확신을 표명하시었습니다.

평양화장품공장의 일꾼들과 종업원들은 경애하는 최고령도자동지께서 주신 현지 말씀을 철저히 관철할 불타는 일념 안고 2단계현대화와 새 제품 개발, 생산적 앙양을 위한 힘찬 투쟁을 벌여 나가고 있습니다.

Q. 최근 인민들의 생활(일용품 및 화장품, 미용품)과 관련한 단기적 추세(5년 이내)와 변화는 어떤가요?

A. 첫째로, 화장품의 품종이 다종화·다양화되고 있습니다. 사람들의 물질문화생활에서 반드시 필요한 소비품의 하나인 화장품은 몸을 세척하고 피부를 보호하며 분장으로 사람의 용모를 아름답게 하는 제품으로 생산되었지만 최근에는 단순한 분장이나 세척, 보호에 국한되지 않고 피부의 노화를 방지하고 여드름, 주근깨, 색소 등을 예방 및 치료하며 자외선에 의한 피부 보호, 미백 등 기능성 효과를 가진 제품을 개발하는 방향으로 나가고 있으며 생물공학, 나노기술과 같은 핵심기초기술을 발전과 더불어 빠른 속도로 발전하고 있습니다.

수십 종에 불과하던 화장품의 종수는 사용 목적과 제품 형태에 따라 최근 연간 수백 가지 이상으로 늘어나고 있습니다. 살결물이나 크림과 같은 피부보호용 화장품도 피부의 종류, 성별과 나이에 따라 세분화되어 사람들의 피부 생리와 특성에 맞게 생산되고 있습니다.

최근 남성들의 피부 및 머리칼, 머리피부 특성에 맞는 남성화장품들이 개발되어 판매되고 있습니다. 남성화장품 개발에서는 남성들이 항상 면도를 하여 각질층이 손상되고 세균 번식으로 여러 가지 피부 이상이 생길 우려가 있기 때문에 면도 후 피부보호의 견지에서 아픔을 멈추게 하는 것, 살균, 소독, 모공을 수축시키는 것 등의 기능을 부여한 화장품들, 남성머리칼용 화장품에서는 비듬 방지와 탈모 방지용 화장품들, 남자들의 피지 분비를 조절하는 기름조절형 피부보호 화장품들이 많이 개발되고 있습니다. 또한 남성화장품은 매개 제품에 여러 가지 기능을 다양하게 설계하여 화장의 편리성과 간편성을 보장하고 있습니다.

둘째로, 기능성 화장품 개발이 빠른 속도로 진행되고 있습니다. 노화방지화장품과 미백화장품을 비롯한 기능성 화장품들은 화장품 연구의 열점으로 되고 있습니다. 노화방지화장품 개발에서 주목되는 것은 우선 피부안전성을 우선시하고 최대한 보장하면서 제품을 개발하는 것입니다.

화장품은 피부를 대상으로 하는 것인 만큼 피부에 안전하지 못한 제품은 포장이 아무리 우아하고 효과가 좋다고 하여도 소비자들의 환영을 받을 수 없으며 이러한 제품은 오히려 소비자들에게 불안과 공포만을 안겨 주게 됩니다. 이에 따라 천연화장품의 비중이 높아지고 있으며 미백, 자외선 방지, 주름 방지 효과가 있는 여러 가지 추출물들을 개발하여 제품에 이용하고 있습니다.

셋째로, 생물공학기술이 화장품 개발에 적극 응용되고 있는 것입니다. 생물공학을 기초로 한 새로운 화장품생물원료의 연구와 응용, 피부의 노화 원인과 색소 형성 과정, 섭생이 피부에 주는 영향들에 대한 과학적 해석에 기초하여 피부의 내적인 상태와 대상에 맞게 원료들을 선택하고 새로운 배합비를 설계하여 제품들을 개발하고 있습니다.

생물공학기술의 응용에서 특징은 유전자공학기술과 세포배양기술을 이용하여 고활성생물화장품 원료들을 개발하고 기능성 첨가제로 이용하고 있는 것입니다. 유전자재조합, 세포융합, 조직배양 등 생물공학기술의 급속한 진보로 하여 피부 구성 요소와 같거나 유사한 첨단생물재료들을 개발하여 화장품에 이용함으로써 기능적 효과가 담보되는 화장품들이 출현하고 있습니다. 그 결과 첨단생물공학기술이 적용된 화장품이 최근 연간 화장품 개발의 주요 초점으로 되어 화장품과학의 발전을 적극 추동하고 있습니다.

Q. 최근 인민들 사이에서 인기가 높은 일용품 및 화장품, 미용품 그리고 그와 관련한 봉사는 무엇이며 그 이유는 무엇인가요?

A. 최근 인민들 속에서 인기가 높은 화장품은 기능성 화장품에서는 미백화장품과 노화방지화장품, 치료용 화장품에서는 여드름 방지 및 치료용 화장품, 머리칼성장액 등입니다.

피부를 맑고 부드럽게 해 주며 주름이나 색소를 개선시켜 주는 미백, 노화 방지 화장품은 서로 다른 제형으로 많이 개발되어 사람들의 이목을 집중시키고 있습니다. 또한 인민들 속에서 피부의 아름다움은 깨끗한 피부 관리로부터 시작된다는 인식이 높아지면서 이전과는 달리 피부 PH를 유지하면서도 적당한 각질 박리와 보습기능을 가진 세척크림을 비롯한 세척용 화장품들이 인기를 끌고 있습니다. 더불어 건강한 피부, 아름다운 피부, 젊음을 자랑하는 피부치료용 화장품들의 수요가 높아 가고 있습니다.

여러 가지 원인으로 발생하는 피부 문제를 화장품으로 해결하려는 것이 인민들의 요구로 되면서 여드름치료화장품을 비롯한 치료용 화장품들을 많이 개발하여 판매봉사를 진행하고 있습니다. 또한 인민들 속에서 인기가 높아지고 있는 제품으로는 BB, CC크림과 같은 기능성 분장용 화장품도 있습니다. 자기의 피부특성을 알고 그에 맞게 화장품을 사용하기 위해 전문피부관리실을 이용하려는 것이 인기이며, 그에 따라 피부진단실, 피부치료실, 피부미용실들을 많이 찾고 있습니다.

여러 가지 머리 형태와 옷, 얼굴색조화장품들을 이용하여 본인들의 얼굴을 본인이 요구하는 때에 손쉽게 혼자서 손전화로 할 수 있는 가상프로그램들도 나왔습니다. 또한 제품 구입을 상점에서만 하는 것이 아니라 주문, 송달봉사와 함께해 주고 있으며 사용상 제기되는 문제와 관련하여 상담기술봉사도 해 주고 있습니다.

우리 인민들이 최상의 문명을 최고의 수준에서 누리도록 하려는 우리 당의 은정 속에 인민들의 문화수준은 날로 높아지고 있으며, 보다 건강하고 아름다워지며 젊어지려는 인민들의 요구가 발전하고 있는 것과 관련된다고 생각됩니다.

Q. 지난 시기 인기가 높았던 일용품 및 화장품, 미용품과 관련한 상품 및 봉사 중에서 없어진 상품 및 봉사가 있다면 어떤 것들이며 그 이유는 무엇인가요?

A. 최근에 머리칼의 영양이나 광택을 부여하고 형태를 고착시키는 머리칼고착제나 머리칼영양제를 비롯한 화장품들이 머리칼의 질과 사용 목적에 따라 여러 가지 제형으로 개발·생산됨으로써 지난 시기에 남성들이 자주 사용하던 머리기름, 뽀마드 등에 대한 요구는 점차 낮아지고 있습니다.

그리고 향수 부문에서 천연향이 인체에 좋은 영향을 주는 것으로 밝혀져 합성향 판매보다 천연향 판매가 높아지고 있습니다. 일반형 화장품 판매보다 기능성 화장품과 치료용 화장품 판매가 급속도로 높아지고 있습니다.

과학기술의 발전으로 보다 효과성이 좋은 원료들이 화장품 생산에 개발·이용됨으로써 사용자들은 보다 편리하고 사용성이 좋은 화장품을 찾게 되어 그에 따라 연구·개발되고 생산·판매되고 있습니다.

Q. 앞으로 인기가 예상되는 상품 및 봉사는 무엇이며 여기서 인민들의 의사를 어떻게 반영하고 실현하는지요?

A. 인기가 예상되는 상품은 기능성·치료용 상품으로 주름 방지, 미백, 자외선 방지를 비롯한 기능성 화장품과 치료용 화장품, 남성용 화장품, 분장용 화장품, 머리칼미용화장품, 아동용 화장품 등 피부 유형에 따르는 화장품과 성별, 연령에 따르는 화장품 등 다종다양하게 요구될 것으로 보입니다.

그와 관련하여 화장품을 전문으로 판매하는 전시장들에서 화장품 판매 및 안내봉사, 피부 측정 및 진단봉사, 피부미용 및 치료봉사를 통해 인민들의 피부 보호와 관리를 보다 과학적으로 할 수 있도록 제품 개발 및 봉사를 실현하려고 합니다.

미용·화장 트렌드 2020

남한의 연구자들이 탈북자를 대상으로 한 설문조사에서 화장과 관련한 질문을 하였는데 응답자 중 대부분이 화장을 하지 않거나 기초화장 정도만 한다고 응답하였다. 특히 눈화장, 립스틱 등의 색조화장은 10%도 안 되는 것으로 조사되었다.[69] 그러나 평양의 방문자들이라면 세련된 차림의 북한 여성들이 다양한 색조기법으로 화장을 하여 개성을 나타내는 모습을 어렵지 않게 볼 수 있다.

이러한 관찰은 최근 미용·화장과 관련하여 많은 변화를 겪고 있다는 것으로 국가의 정책과 방향에서도 나타나는데 최근 평양화장품공장, 평양향로공장, 신의주화장품공장을 비롯하여 곳곳에 현대적인 공장들이 개건현대화(리모델링) 되어 새롭게 준공되면서 사람들의 일용품 관련한 생활이 많이 변모되고 있다. 고난의 행군시기 투자가 위축되어 일용품의 공급과 질에 대한 문제가 생겼고 그 자리를 값싼 중국산 상품과 같은 수입산 상품들이 대거 들어왔지만 최근 일용품 공업

---

69 남성욱 외 2명, 「북한 여성과 코스메틱」, 2017.6.30

에 대한 투자가 활발히 진행되면서 다시 북한 자국산 상품의 인식이 달라지고 있는 상황이다.

일반 상점이나 백화점 등에 자국산 화장품 브랜드 〈은하수〉, 〈봄향기〉, 〈금강산〉, 〈미래〉 등이 입점하고 있고 그 종류도 끊임없이 늘어나고 있다. 역설적으로 수입산 상품과 대비하여 가격과 품질이 우수하지 않으면 수요를 기대할 수 없기 때문에 활발한 자국산 상품의 개발과 유통은 그만큼 경쟁력이 올라갔다는 점을 시사한다.

앞으로 미용과 화장은 문화시민의 아름다움과 단정함을 나타나는 동시에 개성을 나타내는 도구로 더욱더 활용될 것이다. 남성들의 화장품 사용률도 증가할 것이며, 건강을 중시하여 화학원료보다는 천연원료의 사용을 선호하는 현상, 과학적인 기법으로 피부를 측정하고 그에 따른 치료용 제품들의 출시도 더욱 가속화될 전망이다.

한편, 이러한 환경에서 북한은 미용과 화장 관련 상품들에 대하여 산업적인 방향에서도 육성하고 있다. 화장품 회사들은 앞다투어 국제 품질인증, GMP인증 등을 받고 있다. 지난 2018년에는 전국화장품 부문 학술토론회가 진행되었는데 이 토론회에는 일용품공업성, 평양화장품공장, 신의주화장품공장, 국가과학원과 김일성종합대학, 한덕수평양경공업종합대학 등이 참가하였고 화장품 개발과 품질관리, 세계 화장품산업의 현황, 북한 화장품공업의 발전전략에 대한 연구와 학술교류를 심화시킬 목적으로 심도 있는 토론이 있었다.[70] 이러한 산학연 네트워크는 산업이 발달하는 데에 있어서 굉장히 긍정적인 신호이다.

---

[70] 로동신문, "전국화장품부문 학술토론회 진행", 2018.5.19

현재는 수출입에서 여러 가지 대내외적 환경으로 어려움이 많지만, 북한에는 개성고려인삼과 같은 특산품들이 많기 때문에 앞으로 시장이 열리면 다양한 합영·합작 등의 투자를 기대할 수 있고 그에 따른 굉장한 사업 효과가 기대된다.

★

PART_ 03

북한의
문화 트렌드

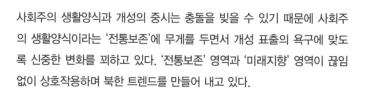

사회주의 생활양식과 개성의 중시는 충돌을 빚을 수 있기 때문에 사회주의 생활양식이라는 '전통보존'에 무게를 두면서 개성 표출의 욕구에 맞도록 신중한 변화를 꾀하고 있다. '전통보존' 영역과 '미래지향' 영역이 끊임없이 상호작용하며 북한 트렌드를 만들어 내고 있다.

★
의복문화
—

북한의 옷차림, 어제와 오늘

북한의 옷차림은 대체적으로 사회주의 생활양식과 도덕기풍에 따라 단정하고 검소한 옷차림이 주를 이룬다. 또한 우리가 흔히 '한복'이라고 칭하는 민족 고유의 전통 예복을 북한에서는 '조선옷'이라고 부르는데 조선옷처럼 고상하면서도 아름답고 우아한 민족 옷은 그 어디에도 없다고 선전을 하며 조선옷에 대한 많은 장려를 하고 있는 것도 하나의 큰 특징이다. 최근에는 이러한 조선옷뿐만 아니라 일상복에서도 젊은 층들을 중심으로 개성을 나타내는 옷차림이 많이 유행하고 있다.

지난 시기를 시대별로 보면 1950~1960년대에는 조선옷과 인민복이 동시에 혼재된 시기로 남자들은 주로 국방색의 인민복을, 여자들은 흰 저고리에 검은 통치마가 일반적이었다. 1970년대에는 양복이 도입되고 다양한 색상의 의복이 등장하였으며, 1978년 10월에는 '옷

전시회'라는 최초의 패션쇼가 평양에서 열리기도 하였다. 1980년대에
는 양복이 일상복으로 쓰이면서 행사시에는 남성의 경우 양복과 넥타
이, 여성의 경우 조선옷 착용이 일반화되었다. 1990년대 들어서는 다
양한 의복들이 도입되면서 여러 스타일들을 볼 수 있게 되었다. 패션
화보 '옷차림'이 출간되고 옷 전시회도 정기적으로 개최되기 시작하였
다. 2000년대 들어서는 이러한 방향이 더욱 가속화되고 목걸이, 팔찌
등 액세서리 용품의 착용이 늘기 시작하였다.[71]

2000년대만 하더라도 머리 모양, 머리 길이, 치마 길이, 바지 폭,
가방 끈 길이 등에 대한 단속을 실시하였고[72] 현재도 지속되고 있지만
이러한 단속은 그 엄격함이 점차 줄어들고 있는 추세이다. 그렇다고
해서 그 차림새가 때와 장소를 가리지 않고 무한정 개성을 추구하는
방향으로 흘러가는 것은 아니다.

예를 들어 국가적인 행사나 기념일 등에는 반드시 갖추어야 할 정
확한 형식이 있다. 또한 머리를 노랗게 염색한 사람은 찾아보기 어려
운데, 이러한 경우 사회적으로 통용되는 범위를 벗어난 것이기도 하
지만 본인 스스로가 사회적인 시선이 부담되어 자발적으로 그렇게 하
지 않는 면도 있다.

---

71 최현숙, 「김정은 체제에서의 북한 의생활 변화 연구」, 2016.9
72 매일경제, "2000년대 북한의 패션", 2019.3.19

자력갱생의 기치 높이 사회주의 건설의 새로운 진격로를 열어 나가기 위한 오늘의 투쟁에서 나서는 과업의 하나는 사회주의문화를 우리 식으로 개화·발전시키는 것이다. 당의 뜻을 받들어 사회주의문화를 더욱 활짝 꽃피워 나가자면 모든 사회성원들이 옷차림과 머리단장을 우리 인민의 정서와 미감, 사회주의 생활양식에 맞게 하여야 한다.

… 중략 … 옷차림과 머리단장을 잘하는것은 문화생활 분야에서 주체성과 민족성을 고수하기 위한 중요한 문제로 나선다. 옷차림과 머리단장을 비롯한 문화생활 분야도 우리 인민의 고유한 정서와 전통을 옳게 살리면서 시대의 미감에 맞게 우리 식으로 발전시켜야 주체성과 민족성이 구현된 참다운 사회주의문화를 꽃피워 나갈 수 있다. 지금 썩어 빠진 부르죠아생활양식을 류포시켜 우리 인민들의 건전한 사상의식, 혁명의식을 마비시키고 우리의 제도를 내부로부터 와해시키기 위한 적대세력들의 책동은 더욱 악랄해지고 있다. 현실은 사회주의 생활양식에 맞게 건전하고 고상한 옷차림과 머리단장을 하는 것이 단순한 형식상의 문제가 아니라 우리 사상, 우리 제도, 우리 문화를 지키고 빛내기 위한 심각하고도 첨예한 투쟁이라는 것을 보여 주고 있다.

… 중략 … 누구나 옷을 하나 입어도 오랜 력사와 전통을 가지고 있는 민족적인 것을 살리면서 현대적 미감에 맞게 다양하게 해 입음으로써 주체의 조국에서 사는 우리 인민의 건전하고 문명한 생활기풍을 잘 보여 주어야 한다. 머리단장 역시 우리 인민의 민족적 정서와 감정에 맞게, 얼굴 생김새와 나이, 직업 등을 고려하여 고상하고 아름답게 하여야 한다. 발전하는 시대와 더불어 옷차림과 머리단장에 대한 사람들의 미학적요구가 높아지게 된다. 편의봉사 부문을 비롯한 해당 부문 일군들과 근로자들은 사람들의 옷차림과 머리단장도 우수한 민족성을 잘 살리면서 우리 인민의 기호와 시대의 요구에 맞게 더욱 발전시키기 위하여 적극 노력하여야 한다.

… 중략 … 옷차림과 머리단장을 잘하는 데서 중요한 것은 우리 인민의 정서와 미감에 맞지 않는 이색적인 것을 철저히 배격하는 것이다. 조선 사람의 정서에 맞지 않는 무늬나 요란한 장식이 있는 옷, 품이 너무 좁은 옷과 같은 것은 우리 식이 아니며 머리를 길게 기르거나 짧게 꽁지고 다니는 것 등은 우리 시대 인간들의 고상한 정신적 풍모와 미감, 아름다운 용모에 어울리지 않는다. 우리 식이 아닌 괴상한 옷차림과 머리단장, 사람들의 정신을 침식하고 사회를 변질·타락시키는 온갖 불건전하고 이색적인 현상들의 자그마한 요소에 대해서도 경계심을 가지고 사상교양과 투쟁을 강도 높이 벌려 사회주의문화를 철저히 고수하여야 한다.

모든 사회성원들이 옷차림과 머리단장에서도 오늘의 시대적 미감에 맞는 우리 식의 민족적이며 문명한 문화를 꽃피우고 널리 향유해 나갈 때 온 사회에는 혁명적이며 건전하고 아름다운 생활 기풍, 젊음으로 약동하는 기상이 차 넘치게 될 것이다.

로동신문, "우리 인민의 정서와 미감에 맞게", 2019.4.21

그럼에도 불구하고 최근에 평양을 중심으로 패션에 많은 변화가 불어오고 있는 것은 사실이다. 많은 방문자들의 증언에 의하면, 평양 시민들의 옷차림이 매우 세련되어졌다는 것이 통설이다. 굳이 어렵게 찾아보지 않더라도 상점에 진열되어 있는 형형색색의 다양한 의류제품들이 이를 방증하고 있다.

평양에 부는 신상 의상 바람

이렇게 사회주의 생활양식 아래 점차 개성을 추구하는 손님들이 늘어남에 따라 옷을 판매하는 상점 역시 발전하고 있다. 조선중앙통신 등 다양한 매체에 소개된 을밀대피복전시장에서는 자신들의 상점이 아름다운 옷을 만드는 곳이라고 알려진 이유가 고유한 민족적 특성과 인민의 미적 지향을 옳게 반영하고, 발전하는 시대적 요구를 반영하며, 세계적인 경쟁력을 가지도록 만들었기 때문이라고 이야기한다.

이 전시장은 해외 동포들과 외국 손님도 찾고 있으며 우리 민족의 전통적인 민족옷과 다양한 남녀 계절옷은 물론이고 계절에 따르는 남녀 모자 등과 유니폼들을 요구대로 만들어 내는 다기능화된 피복 봉사단위이다. 봉사원(직원)들은 손님들의 체형과 나이, 얼굴 생김새는 물론이고 그 사람의 직업과 성격, 습관과 취미까지도 고려해서 원하는 옷을 만들어 준다. 한편 이 전시장은 자체의 '을밀대' 브랜드를 가지고 있으며 이 작명은 아름다운 평양의 사계절의 옷을 만들자는 데서 붙여졌다.

색	옷의 색은 계절과 얼굴색, 나이를 고려해야 하지만 대체로 밝고 선명한 색으로 선택해야 한다.
재질	옷의 품위가 재질에도 크게 관계되므로 옷을 만들면서 천의 재질을 꼭 고려해야 한다.
형태와 장식	체형과 얼굴형, 생김새에 맞추되 너무 요란하면 오히려 자연스러운 아름다움에 손상을 준다.
조화	효과를 어떻게 내는가에 따라 옷의 전반적인 조화가 잘 이루어지고 옷의 품위가 오르내린다.
가공	가공을 어떻게 하는가에 따라 옷의 품위가 좌우되고 보다 더 편리한 옷으로 된다.

을밀대피복전시장의 겨울옷(출처: 조선중앙통신)

대성양복점의 신상 여름옷(출처: 조선중앙통신)

---

73 조선중앙통신, "아름다운 계절옷을 다양하게 만들려면 –을밀대피복전시장에서–", 2018.12.9

대성구역에 있는 종합양복점인 대성양복점도 인기가 많다. 이 옷 상점이 이름나게 된 데에는 모든 옷에 대한 도안이 새롭다는 데 있다. 상점의 직원은 우리가 만든 옷들이 새롭고, 아름답고, 감흥이 가야 호평을 받을 수 있는데 그러기 위해서는 도안이 가장 중요하다고 이야기한다.

상점의 지배인은 옷이 날개라는 말이 있듯이 옷은 인간의 사상중심적 미를 반영함과 동시에 외적인 아름다움을 조형적으로도 보여 주는데 현대적 미감에 맞으면서도 고상한 감정이 반영된 옷을 창작한다는 것은 결코 쉬운 일이 아니며 전반적인 형태나 장식, 무늬, 색깔 등을 고려하고 천의 재질과 특성에 맞게 도안과의 형상적 의도와 창작적 재능이 들어가야 그 사람에게만 어울리는 옷을 만들 수 있다고 말한다.

여름철에는 보다 시원하고 아름다운 옷을 입고 싶어 하는 처녀들에게 인기 있는 옷은 달린옷(원피스) 종류들이 많은데 발랄함, 참신함, 세련미를 나타내기 때문이다. 대성양복점은 해마다 진행되는 각종 전국 옷 전시회들에서 특등을 포함하여 입상 경력이 많고 피복 부문 및 양복점의 봉사자들 그리고 옷가공 애호가들의 본보기로 널리 보급되고 있는 계절옷 책에도 이곳에서 만든 옷이 실려 있다.[74]

---

74 조선중앙통신, "아름다운 계절옷 피어나는 기쁨 −대성구역종합양복점 대성양복점−", 2018.6.26

다양한 의복들: 교복과 조선옷

북한의 의복은 국가배급제도에 따라 배급을 받는 부분이 있다. 교복이나 작업복, 특정 직업의 유니폼 같은 경우에는 국가에서 일체 지원이 되고 있지만 일상생활 등에서 여벌이 필요한 경우에는 개인적으로 구입하기도 한다.

먼저 교복의 경우 2015년 국가산업미술지도국, 식료일용공업성 피복연구소, 평양미술대학 등이 참가하여 새로운 형태의 교복을 창작하였는데 새 교복의 형태가 다양하고 밝은 색깔이라 학생들에게 좋은 평가를 받고 있다. 한편 소학교부터 대학교에 이르는 모든 학생들은 봄, 여름, 가을, 겨울 교복을 제공받고 특히 소학교 학생들은 가방과 신발까지 공급받는다.[75]

소학교 겨울 교복(출처: 통일신보)   중학교 겨울 교복(출처: 통일신보)

---

[75] 통일신보, "수백만의 학생들이 받는 새 교복", 2015.2.22

대학 및 전문학교 겨울교복(출처: 통일신보) 고려항공 승무원들(출처: 월간 조선)

교통보안원(출처: 조선신보)

　북한은 조선옷(한복)을 단일민족으로 살아온 우리 민족이 창조한 민족문화유산으로 아름답고 고상하며 높은 문화수준과 정서적 취미, 생활풍습이 반영되어 있다고 말한다. 또한 지난날 외래침략자에 의해 사라질 뻔했던 귀중한 전통을 오늘날에도 시대적 미감에 맞게 우리식

으로 발전시켜 적극 살려 나감으로써 민족의 자랑으로 더욱 아름답게 계승·발전되고 있다고 말한다.[76]

　실제로 국가적인 행사나 혼례등과 같은 중요한 날에는 조선옷을 입어야 하는 경우가 많다. 북한의 방문자들이라면 거리에서도 어렵지 않게 조선옷을 입은 사람들을 볼 수 있을 정도로 국가 차원에서 조선옷에 대한 많은 장려 정책이 이루어지고 있다. 조선옷전시회도 전국적으로 해마다 열리고 있는데, 2018년 10월에 평양의 청년중앙회관에서 '제16차 전국조선옷전시회'가 진행되었다. 주제는 '민족의 향기 넘쳐나는 우리 조선옷'으로 전국의 피복 부문 기술자, 기능공, 학생, 가정주부들이 만든 치마저고리, 바지저고리, 조끼, 배자, 마고자, 두루마기 등 700여 점의 조선옷과 60여 점의 신발이 전시되었다. 행사에서는 조선옷에 관련한 강연과 발표회도 진행되었다.[77]

밝고 부드러운 조선옷 유행(출처: 서광)

76　평양출판사, 「민족의 자랑 조선옷」, 2017.4.6
77　조선의 오늘, "제16차 전국조선옷전시회 개막", 2018.10.18

제16차 전국조선옷전시회 참가자(출처: 메아리)

조선옷이라고 해서 다 같은 조선옷이 아니다. 한복도 현대적인 감각으로 디자인하여 퓨전한복(생활한복, 한복드레스) 등이 유행하는 만큼 조선옷 또한 다양한 형태와 색감으로 새로운 시대적 요구에 맞게 변화·발전하고 있다. 리유미 평양미술종합대학 교원(공훈예술가 교수 박사)은 전통적인 미를 추구하면서도 형태나 색상 등에서 더욱 다양해지는 사람들의 미감을 잘 융합시켜 나가야 한다고 말한다.

그러면서 "올봄에는 무지개와 같이 맑고 부드러운 색이 강조되고 있다. 원색보다 중간색에 가까운 색이 리듬 있게 점차적인 선에서 연하고 밝은 것으로 취해지고 있다. 배색에서도 예술화가 보다 강조되고 있는데 예로 배자의 섶선에 한 가지 색만이 아니라 여러 가지 다른 색들도 넣어 주어 난이도 높은 예술성을 구가하고 있다. 저고리에 자그마한 꽃장식과 치마 앞뒤에 색동을 주고 고전무늬의 장식단추들로 손수 장식을 안받침하고 있다. 결혼식 옷차림으로 많이 하는 당의도 더욱 다양화되는 모양을 보이고 있다. 종전의 족두리 대신 머리의 양옆에 대던 머리 장식에 갖신까지 갖춘 조선옷차림의 완전한 모습을 이루어 가고 있다."고 말하며 오늘날 변화·발전이 이루어지고 있는 북한의 조선옷 트렌드를 전하였다.[78]

다양한 의류용품들: 가방과 구두

2017년 1월 10일에 준공된 평양가방공장에서 생산된 상표(브랜드)인 '소나무' 학생가방이 인기가 많다. 평양가방공장은 약 1만㎡ 건축면적에 따른 현대적인 시설과 학생가방 24만2천여 개, 일반가방 6만여 개를 생산할 수 있는 능력을 가진 전문가방공장이다. 공장은 가방 생산의 다종화·다양화·다색화를 기본으로 학생들의 취미와 기호, 감각에 맞게 도안을 하고 생산 공정은 북한 자국산의 원료와 자재를 가지고 이루어지고 있다.[79]

신발은 원산구두공장의 '매봉산' 신발이 유명하다. 2018년 12월에 '전국신발전시회 2018'이 열렸는데 사람들이 전시회장에 들어온 순간부터 '매봉산' 신발을 찾을 정도로 인기가 높다. 공장관계자는 '매봉

---

78 서광, "올봄 조선옷, 맑고 부드러운 미를 강조", 2017.2.16

79 조선의 오늘, "자력자강의 창조물 – 평양가방공장을 찾아서 (1)", 2017.2.27

5점짜리 가방(출처: 메아리)

원산구두공장의 매봉산 신발들(출처: 조선중앙통신)

대성백화점 남성복점(출처: 조선중앙통신)

대성백화점 신발 가방점(출처: 조선중앙통신)

산' 신발이 다종화·다양화·다색화·경량화에 앞서고 그 내구성이 인정받고 있기 때문에 사람들의 호평을 받고 있다고 전한다. '매봉산' 신발은 전시회에서 190여 점에 5,500여 점으로 출품하여 1등의 영예를 안았다.[80] 2019년에도 상반기 기간 동안 남자구두 16종, 여자구두 및 아동구두 29종, 해수욕신발 1종 등 총 70여 종의 새 제품을 개발하

---

80   조선의 오늘. "《매봉산》 신발을 세계적인 수준으로 (1)", 2018.12.9

여 사람들이 선호하는 상표로의 이미지를 이어 나가고 있다.[81]

이렇게 북한 자국산 제품들은 대성백화점과 같은 큰 상점들에서도 최고급 수입상품들과 같이 진열되어 뒤처지지 않는 경쟁력을 과시하고 있다. 한편 장신구의 착용도 보편화되고 있는데 손목시계, 목걸이와 반지[82]는 이미 널리 착용되고 있고, 최근 젊은 여성들 사이에서는 귀걸이의 사용도 점차적으로 늘어나고 있는 추세이다.

한편 북한의 패션용어들이 남한의 언어들과 다른 부분들이 있는데 남한의 기성복은 '지은옷', 원피스는 '달린옷', 스타킹은 '긴 양말', 후드 티는 '모자달린웃옷', 블라우스는 '양복적삼', 벙어리장갑은 '통장갑', 슬리퍼는 '끌신', 하이힐은 '뒤축 높은 신발', 미니스커트는 '짧은 치마' 등으로 불린다. 옷에 관한 맞춤과 수선문화도 굉장히 발달되어 있어서 대부분의 국영 상점이나 옷 상점에서 자신의 체형에 맞게 옷을 맞추고 수선할 수 있도록 서비스가 준비되어 있다.

특별 인터뷰

표정금 | 지방공업성 국장
심준찬 | 지방공업성 부원

※ 지방공업성의 부문 특성상 피복과 식료품을 같이 인터뷰

---

81 조선의 오늘 "70여 종의 새 《매봉산》 제품 개발", 2019.6.29

82 가락지와 반지의 차이 : 가락지는 쌍으로 된 것을 말하고 반지는 하나만 있는 것을 말한다. 따라서 가락지는 결혼한 남녀가 각각 나누어 끼고 다니는 것이고 반지는 처녀들이 끼고 다닌다(메아리, "가락지와 반지의 차이", 2018.12.13).

Q. 지방공업성이란 무엇이고 어떤 일을 하는 곳인가요?

A. 지방공업에 대한 정책지도, 다시 말하면 지방공업이 일반적인 인민 생활과 관련된 공업인데 이 부문에 대한 정책적 지도를 맡아서 하는 기관입니다. 지방공업에는 여러 가지 부문이 있는데 기본적으로 식료공업, 피복공업, 일용화학공업, 도자기 공업, 종이공업 등이 있습니다.

Q. 지방공업의 최근 추세를 설명해 주세요.

A. 지방공업의 한 부분이 바로 피복 부문입니다. 우리 당과 공화국 정부에서는 전국의 학생들에게 교복을 정상적으로 생산해서 공급해 주고 있고, 시·군 등 지방마다 지방자체로 여러 개의 피복 공장들이 있는데 자체의 실정에 맞게 개건현대화해서 여러 가지 피복제품에 대한 생산을 활발히 진행하여 호평을 받고 있습니다. 사람들이 옷을 입는 데에 대한 요구가 시대가 발전하면서 계속 바뀌지 않습니까. 그에 따라 인민들의 기호에 맞게 여러 가지 옷을 창작하는 사업, 옷에 대한 가공기술을 높이기 위한 사업, 규격화 사업 등을 힘 있게 진행하고 있습니다.

선생도 평양시내를 다니다 보시면 아시겠지만 우리 인민들의 옷차림에서도 많은 변화를 볼 수 있습니다. 여기서 중요한 것은 인민들의 기호에 맞게 옷을 만들기 위한 첫 공정인 도안창작입니다. 도안창작을 우리 민족적 특성을 살리면서 시대적 미감에 맞게 옷 형태를 보다 새롭고 참신하게 하고 여러 가지 색 배합을 잘해서 모든 사람들이 자기의 나이, 체형, 기호에 맞게 옷을 만드는 것입니다. 봉사형태는 국가적인 상업봉사체계가 있습니다. 광복지구상업중심, 평양제1백화점을 비롯한 각 구역들에 식료품 상점이나 공업품 상점을 이용하여 인민들에게 자기 수요와 기호에 맞는 봉사를 진행하고 있습니다.

지방공업의 식료공업 부문에서는 기본 인민들의 식생활에 필요한 식료품, 예를 들어 간장, 된장, 기름과 같은 기초식품과 당의 배려로 공급되는 어린이들의 콩우유와 같은 식료품들이 있고 인민들의 수요에 맞게끔 식생활에 이바지할 수 있는 부식물을 생산해서 판매·공급하고 있습니다. 지난 시기의 요구나 수요와 비교해 볼 때 최근에 우리 최고령도자 동지의 적절한 영도에 의해서 지방공업이 많이 활성화되었습니다.

지금 금컵체육인종합식료공장, 선흥식료공장, 평양밀가루공장 등의 공장들이 현대화되고 여러 가지 식료품들을 생산할 수 있도록 생산 공정이 확립되며 그에 대한 국가적인 원료·원자재 보장대책을 세워 인민들에게 더 많은 식료품이 공급되게 되어 있습니다. 최근 원수님께서 송도종합식료공장을 현지지도 해 주셔서 지방공업의 공장이지만 당과류, 음료제품, 고기가공품, 빵, 즉석국수 등 많은 품종을 생산하고 있습니다. 또한 식료품에서 인민들의 수요를 정확히 파악하고 그 수요를 정확히 충족시킬 수 있게끔, 사람들이 직접 소비하는 식료품이기 때문에 위생안전, 품질안전 보장을 첫째로 하여 식료품 생산을 진행하고 있습니다.

Q. 지난 시기와 대비해 볼 때 현재 눈에 띄게 발전하는 점은 무엇인가요?

A. 사람들의 수준이 점점 높아지고 있단 말입니다. 식료품과 피복 제품도 같습니다. 사람들의 요구가 높아지고 있기 때문에 앞으로 몇 년을 내다보고 요구성이 사멸되지 않는 제품을 개발해서 계속 발전시키는 방향에서 제품 개발을 하고 있습니다. 조선옷의 경우 우리 인민의 고유한 풍습과 전통을 살리면서 시대적 미감에 맞게 발전시키는 사업, 여기서 발전시킨다는 것은 먼저 도안창작이 있고 연구가 있습니다. 또한 민족옷인 조선옷을 인민들 속에서 즐겨 입을 수 있도록 선전하고 해당단위(도·시·군들에 있는 조선옷 상점들)들에게 기술지도하는 사업을 진행하고 있습니다.

최근 2~3년 사이에 우리 인민들 사이에서 조선옷을 즐겨 입는 기풍이 지난 시기에 비해서 아주 많이 늘어났습니다. 조선옷은 백일 때, 돌 때, 유치원 다닐 때도 입고, 민속명절(설명절, 결혼식, 진갑잔치) 등에도 많이 입습니다. 우리 당과 공화국 정부에서는 시종일관하게 우리나라의 문화와 역사를 잘 알아야 하며 옷차림에서도 고유한 기상을 살려 나가야 한다고 강조하고 있습니다. 조선옷이라고 하면 조선민족의 상징이라고도 말하고 커다란 자랑으로 되어 가고 있습니다.

수천 년의 역사를 가지고 있는 조선옷을 오늘날 시대적 미감에 맞게 만드는 여러 가지 사업을 하고 있습니다. 특히 2003년부터 해마다 평양에서 전국조선옷전시회를 진행하고 있습니다. 보통 9월과 10월경에 진행하는데 전국의 조선옷 전문가들이 다 참가하고 우리 인민들이 오늘날 조선옷을 잘 입으려면 어떻게 해야 하는지 전시회 참가를 통해서 알게 되고 외국인들과 해외동포들도 전시회에 많이 참가합니다.

식료품의 경우, 사람들의 수요와 기호가 다양합니다. 당과류만 해도 어린이용, 어른용, 노인용, 치료용, 건강식품 등 부문이 많은데 지난 시기에는 식료품 개발에 있어서 종류가 그렇게 많지 않았습니다. 2009년에 위대한 장군님께서 삼일포 특산물 공장을 비롯한 여러 식료공장을 돌아보시면서 인민들의 수요에 맞게 식료품의 가짓수를 들리고 양을 늘려서 인민들의 수요를 충족시킬 데 대한 가르침을 주시고, 우리 최고령도자 동지께서도 금컵체육인종합식료공장을 비롯한 여러 식료공장을 찾으셔서 우리 인민들에게 더 많이 더 질 좋게 생산하라는 가르침을 주셔서 최근 2~3년간에 우리 식료품의 가짓수가 눈에 띄게 늘어난 것이 가장 큰 성과라고 할 수 있습니다.

은하수식료공장, 선흥식료공장 등을 비롯하여 각도에 식료공장들이 자기 지방의 원료 원천에 의거한 식료품, 자기 지방에 있는 산나물이라든가 산열매, 양강도 지방에서는 들쭉과 같은 지역 특산품을 가공하여 식료품을 생산하고 송도종합식료 공장처럼 지방공업 공장인데 이전에는 수십 가지밖에 생산하지 못하던 것이 지금은 수백 가지로 생산의 지표수가 많이 늘어났단 말입니다. 또한 지표수가 늘어나는 데 맞게끔 품질관리, 위생안전보장을 가장 첫째로 놓고 생산을 하여 인민들에게 위생과 안전이 철저히 담보된 식료품보장사업을 진행하고 있습니다.

Q. 앞으로의 변화가 어떻게 예상되고 그에 따른 계획은 무엇인가요?

A. 인민들에게 옷을 만들어 주는 생산단위는 피복 공장과 양복점입니다. 이러한 생산단위의 현대화 수준을 보다 높이는 것이 중요하므로 본보기 단위를 창조하고 그것을 일반화하는 방법으로 갈 것입니

다. 그리고 인민들의 기호에 맞게 옷을 질적으로 맵시 있게 만들기 위한 사업들을 진행해서 인민들의 수요를 충족시키는 문제가 중요하게 제기되고 있습니다.

이를 위해서 피복 부문에 종사하는 기술자, 기능공, 제봉공들에 이르기까지 기술수준을 높이기 위한 사업을 잘하는 것이 중요합니다. 전국에 피복 부문 기능공 학교가 수백 개가 있고 큰 공장들에는 기능공 학교가 다 있습니다. 교육을 통한 기능공 양성을 통해서 기술 수준을 높이는 문제를 해결할 것입니다.

인민들의 수요와 기호는 계속 달라지고 있습니다. 인민들의 수요와 요구 수준을 제때에 파악하고 충족시킬 수 있는 방향에서 식료품 공업을 발전시키는 데에 중점을 두고 있습니다.

의복문화 트렌드 2020

남한의 언론에서 주로 정치적·군사적인 내용들이 보도되다 보니 북한의 의복에 대해 인민복·군복과 같은 하나의 차림새만 생각하는 경향이 많다. 여러 TV 프로그램에서도 북한을 표현하는 모습은 이러한 틀에서 크게 벗어나지 않는다. 물론 북한은 사회주의 생활양식에 따라 단정하고 검소한 옷차림을 추구하고 국가행사나 가정의례와 같은 일정한 예를 갖추어야 하는 행사에서는 행사의 성격이나 사람의 성별 또는 직위와 위치에 따라 입어야 하는 고정적인 형태가 있다. 그러나 일상적인 생활에서는 모든 사람들이 사회적으로 통용되는 범위에서 자유로운 복장으로 활동을 하고 있다.

특히 북한은 조선옷에 대한 자부심이 굉장하다. 지역별·구역별로 조선옷 상점이 있고 중요한 날에는 조선옷을 입는 기풍이 확립되도록 국가가 정책적으로 독려하고 있다. 민족 전통옷인 조선옷에서조차 올봄에는 무지개와 같이 맑고 부드러운 색이 강조된다는 북한 미술 전문가의 말처럼 의복문화에서 시대적·계절적인 유행이 점차 나타나고 있다.

또한 인민들의 수요와 기호에 맞는 사업을 진행하여야 한다는 것을 강조하는 관계자들의 인터뷰에서 볼 수 있듯이 사람들의 기호는 굉장히 빠르게 변화하고 있으며, 이러한 요구에 따라가기 위해서는 생산자들은 추세를 파악하고 그에 맞는 제품을 빠르게 만들 수 있는 기술적 능력이 더욱 요구되고 있다. 그렇지 않으면 다양한 수입상품과 경쟁하여 살아남기가 어려워진다.

북한의 패션은 더욱더 발전하고 다양해질 것으로 예상된다. 멋있고 아름다워지고 싶은 마음은 인간이라면 누구나 추구하는 기본적인 욕구인데, 의복만큼 간편한 개성의 표출 방법이 없기 때문이다. 그러나 개성의 추구 범위가 무한정 추구되는 것은 아니다. 변화하는 시대적 추세와 현대적인 감각도 중요하지만 사회적으로 통용되는 변화의 범위가 있기 때문이다. 게다가 조선옷의 경우, 민족적 특성과 고상한 감정 역시 잘 살려야 한다. 따라서 앞으로 이러한 전통적인 요소들이 미래지향적인 요소들과 어떻게 융화되어 북한의 의복문화를 발전시켜 나갈 것인지, 사회주의 생활양식의 허용 범위는 어디까지일지 주목되는 부분이다.

북한의 패션을 선도하는 계층은 단언컨대 젊은 여성들이다. 의복뿐만이 아니라 가방과 신발에 대한 관심도 많다. 반지와 목걸이와 같은 장신구의 착용도 젊은 여성들 사이에서는 이미 일상적인 부분이다. 아직까지 귀걸이의 착용은 드물지만 조금씩 늘어나고 있다. 한편 국가적인 혜택을 가장 많이 받는 그룹은 학생들이다. 학생들의 경우 교복 무상 공급이 실시되고 있고 소학교 학생들에는 가방까지 무상으로 공급되고 있다.

이러한 트렌드에 따라 산업적 측면에서도 패션·섬유 부문에서 여러 기회가 있을 수 있다. 북한 의복문화의 추세와 시장잠재력을 생각해 보면 여러 가지 환경이 개선될 때 북한 의류시장에 대한 대외무역과 투자가 더욱 활성화될 것이다.

★
음식문화
—

북한의 음식문화와 조선료리협회

북한은 국가배급제도에 의해서 기초적인 식료품 공급을 해 오고 있고 국가가 운영하는 대형 국영식당 등에서 일종의 배급표를 받아 값싼 가격으로 식당을 이용하기도 하지만, 식생활의 다양한 욕구를 충족시키기 위하여 상점, 백화점, 식당 등을 이용하기도 한다.

북한의 식생활과 식문화는 우리의 그것과 크게 다르지 않다. 일상 음식의 경우 밥과 국, 찌개를 비롯하여 김치, 나물, 장조림, 볶음 등 반찬을 곁들여 먹는다. 먼저 밥에는 크게 흰쌀밥과 잡곡밥이 있는데 잡곡밥의 경우에는 순 잡곡으로 만든 밥과 흰쌀에 잡곡을 섞은 밥으로 구분된다. 순 잡곡밥에는 강조밥, 강보리밥이 있으며 흰쌀에 잡곡을 섞은 밥에는 기장밥, 밀밥, 보리밥 강냉이밥 등이 있다. 또한 보조음식으로 김치밥, 콩나물밥, 산나물밥 등을 두고 밥을 짓기도 한다.

국의 경우에는 간장, 된장이 일찍부터 사용되어 가장 효과적으로 여러 가지 국을 만드는 데 쓰이고 있다. 국을 밥에 말아 먹기 좋아하는 식생활 풍습이 유지되어 음식감에 따라 남새국, 고기국, 물고기국 등으로 구분되고 온도에 따라 더운국과 찬국(냉국)으로 나누어 볼 수 있다. 그리고 밥을 더 맛있게 하는 반찬으로 김치가 있다. 김치는 식욕을 돋구는 데에도 효과가 있어 빼놓을 수 없는 반찬이다.[83]

특히 북한은 전통음식에 대한 보존과 보급을 매우 중시하고 있는데 전통음식을 "먼 옛날부터 이 땅에서 살아오면서 창조하고 발전시켜온 조선민족음식들은 그 맛과 향기, 모양과 색깔이 독특하고 재료와 가공방법이 다양하고 우수하며 영양 및 약효작용으로 높은 것으로 하여 세계에 널리 알려져 있다."[84]고 평가하고 있다. 이에 따라 민족음식을 하나의 문화유산으로 여기며 국가적인 노력을 아끼지 않고 있다.

북한의 음식문화에 대해 총괄적이고 방대한 자료를 공개하고 있는 곳이 있는데 바로 조선료리협회에서 운영하는 홈페이지 조선료리(http://cooks.org.kp)이다. 이 홈페이지에서는 요리에 대한 다양한 콘텐츠를 제공하고 있는데 요리 소개, 도서·잡지, 음식문화, 협회 활동 소식, 봉사단위들의 카테고리로 구성되어 있다.

'요리 소개'에서는 주식을 비롯한 전통요리, 연회요리, 식사요리, 사냥요리, 지방요리, 가정요리, 보양요리, 저장음식, 단음식, 음료 등이 있으며 부문별로 요리들의 소개 및 사진 자료와 함께 조리 방법

---

83 조선료리협회, 「사계절 민족음식」, 2015.10.5
84 과학백과사전출판사, 「민족의 자랑 조선민족음식」, 2017.2.10

까지 상세하게 보여 주고 있다. 그리고 '도서·잡지'에서는 조선료리협회가 출간한 발행물들이 모두 무료로 제공되고 있다. 「조선료리전집」 제1권부터 제10권까지, 매달 발행하는 월간지인 「조선료리」, 2015년 단행본으로 출간한 「사계절 민속음식」이 첫 페이지부터 끝 페이지까지 모두 열람 가능하다.

또 '음식문화'에서는 민속명절음식, 지방음식, 식생활 풍습, 유래와 일화, 성구·속담이 세부 목차로 나누어 상세하게 소개되고 있으며, '협회활동소식'에는 조선료리협회가 주관하는 다양한 행사들이 소개되어 있다. 광명성절료리기술경연을 비롯하여 전국김치전시회, 전국민족음식전시회, 전국단고기료리경연, 사탕, 과자조각전시회, 태양절료리축전 등이 바로 협회가 주관하는 행사들이다. 그리고 '봉사단위'에서는 옥류관과 청류관을 비롯한 북한의 이름난 식당 21곳을 식당의 역사와 의미 그리고 대표적인 메뉴까지 사진 자료와 함께 설명하고 있다.

식품공업의 약진과 주요 식료공장

김정은 국무위원장 시대에 들어서 가장 빠른 성과를 낸 부문 중 하나가 바로 식료품과 관련된 부분이다. 중앙정부의 집중적인 투자가 이루어지고 현대적인 설비를 갖춘 식료공장들이 대거 들어서면서 주요 식료품을 판매하는 상점, 백화점, 매대 등에서 북한 자국산 상품 점유율이 급격하게 높아졌다. 최근에 개장한 최고급 상품을 판매하는 대성백화점에서도 식료품만큼은 북한 자국산 상품이 주를 이루고 있다.

이렇듯 과거 수입산 식료품이 많은 부분을 차지했던 시기와 대비하여 최근 북한 자국산 식료품에 대한 위상이 굉장히 높아졌다. 이는 북한 자국산 식료품에 대한 투자와 국가적인 장려정책도 있겠지만 사람들이 북한 자국산 식료품의 품질과 가격을 좋게 평가하여 사람들이 찾는 제품, 다시 말해서 경쟁력이 있는 상품이 되었음을 의미한다. 다음은 최근 몇 년간 김정은 국무위원장의 현지지도를 받고 북한의 관영매체들이 적극적으로 보도했던 주요 식료공장들이다.

◆ 금컵체육인종합식료공장

금컵체육인종합식료공장 전경(출처: 조선의 오늘)

평양의 청춘거리에 위치한 금컵체육인종합식료공장은 지속적인 확장 및 리모델링 공사를 통하여 현재 북한 식료공장의 본보기, 현대화의 표준이 될 수 있도록 변화하였다. 여기서 금컵이라는 것은 체육경기에서 우승을 했을 때 수여받는 우승컵, 즉 골드트로피를 말한다. 모든 생산 공정들이 고도로 집약화되고 자동화·무인화·무균화가 높은 수준에서 실현된 공장이다.

공장에서는 누룽지, 꽈배기, 강정, 과일단물, 막걸리, 초콜릿, 단설기 등 29종류에 460여 가지에 달한다. 최근에는 아이스크림 및 에너지음료도 생산하고 있다. 또한 기능공들의 해외연수도 진행하면서 그 성과를 바탕으로 하여 새로운 제품들도 출시하고 있다. 공장에 들어서면 먼저 생산된 제품들의 견본품들을 진열해 놓은 전시장을 볼수 있고, 그 뒤로 생산 공정들이 들어서 있다. 특히 이 공장은 임직원들의 복지를 위해서 물놀이장, 이발실, 미용실 등을 아주 훌륭하게 갖추어 놓았다.[85]

◆ 송도원종합식료공장

동해안 송도원에 위치한 송도원종합식료공장은 지방 산업공장의 본보기로 평가받는 식료공장이다. 사탕, 과자, 빵을 비롯하여 수십여 종의 식료품을 생산하고 있고 제품등록과 식품안전관리체계인증을 받아 여러 전시회에서 상장을 받았다. 특히 이 공장의 식료품들

---

85 로동신문. "경애하는 김정은 동지께서 현대적으로 개건된 금컵체육인종합식료공장을 현지지도하시었다", 2016.1.23

송도원종합식료공장 생산품(출처: 조선의 오늘)

중에서 평과자, 단설기, 영양즙, 과일향사탕, 우유사탕이 호평을 받고 있다.

　림순희 지배인은 지방공장임에도 제품이 유명한 이유에 대하여 "그것은 자식들을 생각하는 우리 여성들의 마음이 남달리 뜨겁기 때문입니다. 우리 공장은 종업원들의 대다수가 여성들이어서 그런지 제품마다 쏟아붓는 이들의 지성이 이만저만이 아니랍니다. 공장에서 생산하는 하나하나의 제품들에 우리 종업원들의 뜨거운 지성이 깃들어 있습니다."라고 전하였다.[86]

---

86 조선의 오늘, "송도원종합식료공장을 찾아서", 2018.5.10

◆ 평양어린이식료품공장

평양어린이식료품공장의 우유가루

평양어린이식료품공장은 1977년 준공되었고 이후 리모델링을 하면서 최근의 모습을 갖추게 되었다. 공장에서는 현재 어린이들을 대상으로 하는 종합적인 영양식품인 콩우유, 콩우유가루, 콩신젖, 애기젖가루, 영양암가루 등을 대량으로 생산하고 있다. 또한 어린이식료품을 더 많이 생산하기 위한 연구사업도 병행하고 있다. 모든 제품의 질을 영양학적 가치 측면에서나 맛의 측면에서도 최상의 수준에서 보장하기 위해서 노력하고 있으며 지속적으로 새 제품을 개발하기 위한 사업도 진행 중이다.[87]

---

[87] 김민종, 「평양의 사계절」, 2017

◆ 갈마식료공장

갈마식료공장 생산품(출처: 조선의 오늘)

갈마식료공장은 김정은 국무위원장이 직접 명칭을 지어 준 공장으로 동해안에 위치한 수산물전문 가공공장이다. 명란젓, 창난젓, 말린명태, 말린낙지를 비롯한 여러 가지 수산물가공품들이 생산되고 있다. 공장은 컴퓨터통합생산체계를 구축하고 생산 공정을 현대화하여 2014년 준공되었는데 5년 남짓한 시간 동안 생산능력이 3배로 올라갔고 7종의 제품들이 2월 2일 제품[88]으로 등록되었으며 10가지 신제품들을 출시하였다.[89]

---

88 2월 2일 제품 : 김일성 주석의 1981년 2월 2일 《품질감독사업을 개선강화할 데 대하여》라는 로작에 따른 지침으로 국가품질감독위원회가 과학적인 품질관리체계에서 우수한 성적을 거둔 제품에게는 2월 2일 제품으로 등록시킨다. 또한 최우수제품들은 12월 15일 품질메달이 수여된다.(류경, "우리식 국가품질감독체계의 생활력 과시", 2019.8.19.)

89 조선의 오늘, "갈마식료공장을 찾아서", 2019.4.28

◆ 선흥식료공장

선흥식료공장(출처: 조선의 오늘)

  역사가 오래된 식료공장으로 창립 당시에는 600㎡에 설비 8대로 빵
과 메밀가루를 만드는 공장으로 시작하였다. 현재 공장은 규모를 키
워 생산건물을 새로 세우고 설비를 현대화하였다. 이에 따라 과자,
사탕, 국수, 탄산음료, 초콜릿, 단묵, 꼴바싸 등 약 300여 가지의 제
품을 생산하고 있다.[90] 선흥식료공장의 제품들은 많은 사람들의 사랑
을 받으며 그 생산성과를 계속 확대하고 있다.

---

[90] 조선의 오늘, "온 나라에 소문난 현대적인 식료품생산기지", 2017.10.23

◆ 만경대경흥식료공장

가장 인기 있는 식료품 상표중 하나로 어떤 상점에 가든지 만경대
경흥식료공장의 '경흥'표 상품을 쉽게 찾을 수 있다. 현대적인 생산설
비를 갖추고 다종소량생산체계를 확립하여 사람들의 기호와 취미에
맞는 제품을 개발하고 있다.

공장의 특산품이라고 할 수 있는 흰쌀튀기과자는 생산자들뿐만 아
니라 기술자들이 여러 가지 지표들을 연구하여 고유한 맛을 낼 수 있
도록 개발한 것이다. 공장은 무인화와 무균화를 실현하여 사탕, 과
자, 빵, 흰쌀튀기과자 등 7개의 생산 공정에 대해 식품안전관리체계
인증(HACCP)을 받았다.[91]

만경대경흥식료공장의 강정제품들(출처: 서광)

---

91 서광, "만경대경흥식료공장, 제품 질 제고에 힘을 집중", 2018.3.8

◆ 그 밖에 다양한 식료품들

다양한 식료품들

다양한 식료품들(출처: 서광)

다양한 식료품들

대표적인 맛집과 음식들

분단은 70년이 넘었지만 북한의 맛집과 음식은 소문을 타고 남한 땅까지 전해져 내려온다. 북한에 직접 다니는 외국인들, 해외동포들을 비롯한 많은 방문자들이 평양의 식당과 서비스 그리고 음식의 맛에 반한다. 2018년 9월 제3차 정상회담을 위해 문재인 대통령과 남한 대표단 일행이 평양에 방문하여 찾은 옥류관과 대동강수산물식당은 남한에서도 굉장히 회자되었다. 음식의 가격은 대체로 저렴한 편이나 일부 고급식당에는 비싼 메뉴들도 있다.

◆ 옥류관

옥류관 앞 저자

옥류관 녹두지짐

옥류관은 남한에도 잘 알려져 있는 대표적인 평양의 식당이다. 푸른색 합각지붕을 가진 대규모 건축물로, 북한에서는 민족적 고전미와 현대미가 결합된 기념비적 건축물이라고 이야기한다. 모란봉, 능라도, 대동문, 연광정 등 풍경이 좋은 대동강의 주변 환경으로 둘러싸여 있다. 옥류관은 본관, 1관, 2관, 요리전문, 모란각으로 구성되어 있으며 옥류관에서는 대표 음식인 평양냉면을 비롯하여 쟁반국수, 철갑상어, 자라 등의 수십 가지 요리서비스를 제공하고 있다.

　소문난 맛집이 그렇듯이 옥류관에 가면 냉면을 먹으러 온 사람들로 문전성시를 이루는 모습을 볼 수 있다. 냉면은 100g 단위로 300g까지 주문할 수 있는데, 냉면과 곁들이는 음식으로 녹두지짐을 시켜 먹으면 맛이 일품이다.

◆　평양냉면은 예로부터 민족음식으로 맛있기로 소문이 나 있다. 조선후기의 「동국세시기」에서는 냉면이라는 것은 메밀국수를 무김치와 배추김치에 말고 돼지고기를 넣은 음식으로 그중 서북의 것이 최고라고 기록되어 있는데 바로 평양냉면을 가리키는 것이다. 냉면 맛은 국수 원료와 육수 그리고 그릇과 국수말기 등에서 특징이 나온다고 한다.

◆ 청류관

청류관의 야경(출처: 우리민족끼리)　　청류관의 신선로(출처: 조선료리)

　　남한에는 옥류관에 가려져 덜 알려져 있지만 청류관은 연건평 12,000㎡이 넘고 실내 1,000여 석, 실외 600여 석의 수용규모를 갖추어 대규모의 서비스능력을 갖춘 대중식당이다. 청류관의 냉면도 매우 유명한데 옥류관과 다른 별미가 있어 평양 시민들의 많은 사랑을 받고 있다. 요리사들의 수준도 매우 높아 각종 요리경연대회에서 우수한 성적을 거두고 있다. 식당에서는 민족요리뿐만 아니라 다양한 종합요리를 항상 새롭게 선보임으로써 옥류관과 함께 라이벌을 이루는 본보기 식당으로 자리매김하고 있다.[92]

92　조선료리협회, "청류관", 2019

◆ 무지개식당

무지개식당 전경

무지개식당 뷔페

무지개식당은 '무지개호' 유람선 안에 위치한 식당으로 연건평 11,390㎡, 길이 120m, 너비 25m, 배수량 3,500t으로 한 번에 1,200명이 탑승할 수 있는 매우 큰 유람선이다. 4층으로 된 유람선은 식당을 비롯하여 커피봉사실, 청량음료실, 동석식사실, 연회장, 벨트부페식당, 야외갑판식당, 회전전망식당, 상점 등이 갖춰져 있고, 대동강변에 정박하여 있기 때문에 대동강을 유람할 수 있다. 실내 인테리어가 매우 현대적이고 종업원들도 곳곳에 배치되어 있어 시설을 이용함에 있어서 불편함이 없다. 특히 수십 가지의 음식을 맛볼 수 있는 뷔페식당이 인기가 많은데 민족음식, 전통음식 위주로 준비되어 있고 음식의 신선도 훌륭하다. 무지개 식당은 결혼식과 웨딩 촬영을 진행되는 핫플레이스 중 하나이다.

◆ 평양단고기집

남한의 개고기를 북한에서는 단고기라고 부른다. 조선료리협회의 설명에 따르면, 단고기는 예로부터 사철탕으로 불리는 민족음식으로 여름철을 이기는 첫째가는 음식이고 혈기를 왕성하게 만들어 주는 건강보호치료음식이다. 또한 남성들의 성기능을 높이고 여성들의 피를 보충하고 피부를 좋게 하는 보신장수음식이다.[93] 북한에서는 단고기 식문화가 보편적이라 단고기집을 어렵지 않게 찾아볼 수 있으며 해마다 '전국단고기료리경연'이 열리기도 한다. 2019년에는 7월 15일부터 18일까지 진행되어 120명의 요리사가 참가하여 단고기장 및 단고기요

---

93 조선료리협회, "평양단고기집", 2019

단고기요리(출처: 조선료리)

전국단고기료리경연(출처: 우리민족끼리)

리들을 선보였다. [94]

◆ 대동강수산물식당

대동강수산물식당 실내못(출처: 조선중앙통신)

대동강수산물식당 전경(출처: 조선중앙통신)

---

94 조선의 오늘, "전국단고기료리경연 진행", 2019.7.19

2018년 7월 준공한 대동강수산물식당은 김정은 국무위원장의 현지지도와 문재인 대통령 방문단의 식사로 최근 가장 뜨거운 주목을 받고 있는 식당이다. 이 식당은 북한에서 자체로 양식을 성공한 철갑상어를 전문으로 요리한다는 데 또 다른 의미가 있다. 1층에는 철갑상어, 용정어, 연어, 칠색송어, 조개류, 자라 등이 있는 실내못이 꾸며져 있고 2층과 3층에는 대중식사실을 비롯하여 초밥식사실, 민족요리식사실 등 종류별 식사실과 수산물 가공품을 구매할 수 있는 판매장이 잘 갖추어져 있다.[95]

◆ 해맞이커피점

해맞이커피점은 2012년에 준공된 창전거리에 있는 2층 규모의 종합상점 안에 있는 커피점으로 건물에는 식당과 상점, 빵집도 있다. 특히 고급스러운 브라운 계열의 인테리어가 특색 있게 꾸며져 있고 커피 맛도 수준급이라 외국 손님들과 젊은 커플들에게 인기가 많다. 해맞이커피점은 인기에 힘입어 문수물놀이장에 분점을 내어 운영 중이다. 평양에도 최근 많은 카페들이 생겨나고 있는데 기본적으로 종업원들은 직업학교와 같은 곳에서 전문적인 교육을 받고 경우에 따라 수준이 있는 곳들은 전문가들의 초빙교육을 받기도 한다.

◆ 북한에서는 종업원들의 명칭은 '접대원' 또는 '봉사원'이기 때문에 손님들이 종업원들을 부를 때 "접대원 동무" 또는 "봉사원 동무"라고 호칭한다.

---

95 조선중앙통신, "대동강반의 명당자리에 일떠선 또 하나의 특색있는 인민봉사기지", 2018.7.31

해맞이 커피점 내부   해맞이커피점 아이스크림커피

해맞이 커피점 카운터   해맞이커피점 간이메뉴

◆ 그 밖에 다양한 음식들

어딜가나 맛있는 강냉이온면

창광원 냉면

평양호텔 만장카페의 커피빙수

평양의 한 식당의 햄버거

별무리식당의 피자

해동식당의 신선로

특별 인터뷰

김일현 | 조선료리협회 중앙위원회 대외사업부원
김영일 | 조선료리협회 요리연구실 연구사
명예화 | 옥류관 봉사부원
전혜숙 | 청류관 기사장
두성희 | 선흥식료공장 기사장

Q. 조선요리와 관련하여 단기적 추세(5년 이내) 및 변화에 대하여 알려 주세요.

A. 우리 민족이 창조하고 발전시킨 민속전통, 특히 음식문화가 유구한 민족사와 더불어 그 역사가 오래되었다는 것은 누구나 알고 있습니다. 우리 민족은 인류역사의 가장 이른 시기부터 이 땅에 뿌리내린 슬기로운 단일민족으로서 사회와 자연을 개조하기 위한 창조적 활동 과정에 고유한 조선의 음식전통을 창조하고 대대로 발전시켜 왔습니다. 우리 민족이 창조한 음식문화전통은 그 내용에 있어서 그 어느 민족보다도 자랑할 수 있는 우수한 것입니다.

오늘날 경애하는 최고령도자동지의 세심한 지도에 의하여 우리 조국의 음식문화 발전에서도 최근 몇 해 안에 비약적인 전진을 이룩하였습니다.

첫째, 먼저 민족요리의 전통을 살려 식당들에서 가정들에서 고유한 민족요리를 발전시켜 나가고 있습니다. 우선 음식문화수준, 식생활양식을 수도뿐 아니라 지방에서도 자기의 고유한 특성을 살려 나가도록 하고 있습니다. 우리 민족의 전통음식을 장려하여 나라의 음식문화를 고르고 균형적으로 발전시키고 있습니다. 봉사단위와 자기 지역의 얼굴이 살아나게 음식을 만들어 봉사하고 선전하고 있습니다.

5대 건강식품의 하나인 김치를 잘 만들어 먹도록 하고 있습니다. 평양냉면을 비롯한 메밀국수, 농마국수, 회국수, 강냉이국수를 잘 만들도록 하고 있으며 각 지역마다 국수집을 세워 국수와 인민들이 좋아하고 많이 만드는 대중음식을 이채롭게 만들어 봉사하고 있습니다. 이외에도 3대 기호식품인 냉면, 불고기, 김치와 신선로, 강냉이국수, 추어탕, 삼계탕, 막걸리, 백김치, 녹두지짐, 동지죽, 두부와, 썩장을 비롯한 콩음식, 장조림도 이채롭게 만들어 봉사하도록 하고 있습니다. 지난해 우리의 민족음식인 김치 만드는 풍습이 세계 비물질 유산으로 등록되었습니다.

둘째, 식생활양식을 개선해 나가고 있습니다. 소는 부림소인 것으로 하여 많이 잡지 못하므로 닭고기와 돼지고기로 여러 가지 음식을 만들고 있습니다. 물고기로 탕만 하지 않고 여러 가지 음식을 다양하게 만들고 있습니다.

셋째, 요리 방법에 대하여 완성하여 알려 주는 사업도 잘 진행하고 있습니다. 실례로 국수를 맛있게 만드는 데서 국물, 동치미, 겨자 쓰는 방법과 강냉이국수, 막걸리, 돼지불고기, 칼제비, 녹두지짐, 추어탕, 삼계탕, 메기탕, 단고기장, 푸초요리, 버섯요리, 단백초음식, 초음료, 김밥, 초밥, 감자가루음식, 빙수, 풋고추장절임 만드는 방법 등을 들 수 있습니다.

넷째, 민족전통요리를 발전시키기 위한 원자재 보장도 원만히 하고 있습니다. 돼지공장, 닭공장, 메기공장, 버섯공장이 서고, 양식과 양어도 적극 내밀고 있습니다. 우리 인민들이 희귀한 자라와 철갑상어, 민물왕새우도 맛볼 수 있게 하고 있으며 빨리 크는 파울염소 생산도 늘리고 있습니다.

다섯째, 민족전통요리와 음식문화를 발전시키는 데서 봉사단위를 잘 꾸리고 운영하는 문제도 중요시하고 있습니다. 수도와 각 도·시·군·리 지역들에 인민들에게 편리하도록 호텔과 식당을 온전하고 특색 있게 꾸리고 운영하도록 하고 있습니다. 대동강변에도 물고기 식당을 개업했습니다.

여섯째, 요리사들을 양성하는 사업과 요리경연도 널리 조직하고 있습니다. 전문양성학교 양성, 해외에서의 양성을 하고 있습니다. 조선료리협회가 주최하는 경연, 축전 또한 국가적인 사업으로 진행되고 있습니다. 경애하는 최고령도자동지께서 국수의 질을 높여 주시려고 평양시안의 우수한 식당들의 국수경연을 직접 현지에서 지도하여 주시었습니다.

일곱째, 사람들이 요리에 대한 상식과 지식을 알고 음식을 만들어 먹도록 하고 있습니다. 요리 수준을 높이고 음식문화를 발전시키는 것은 경제가 발전되어도 저절로 발전하는 것은 아닙니다. 요리 수준을 높이고 음식문화 수준을 높이자면 결정적으로 일꾼들의 역할을 높여야 합니다.

여덟째, 다른 나라의 선진요리기술도 우리 인민들의 구미에 맞게 받아들여 완성하여 봉사하기 위한 사업도 하고 있습니다. 짜장, 피자, 스파게티, 초밥, 퐁뒤, 라클레트 전문식당들이 있어 다른 나라의 요리도 맛보게 하며 우수한 요리기술을 받아들이는 사업도 하고 있습니다.

Q. 최근 인민들이 가장 좋아하는 음식이나 요리봉사는 어떤 것들이며, 그와 관련한 봉사장소는 어디인가요? 그리고 그 이유는 무엇인가요?

A. 우리 조국에서는 사람들이 민족전통음식을 제일 좋아하고 장려하고 있습니다. 평양4대음식인 냉면, 녹두지짐, 온반, 숭어국과 불고기 장조림, 김치 등 이루 헤아릴 수 없습니다. 조선요리전집은 전 10권으로 6천여 종의 음식이 올라와 있습니다. 이런 음식들은 옥류관, 청류관을 비롯한 대중봉사기지와 온반집, 단고기집, 국수집, 만두국집, 추어탕, 메기탕, 전골 등 전문식당을 비롯하여 각 지역마다 대중봉사기지로 전문식당을 꾸려 놓았으므로 아무 때나 찾아가서 맛볼 수 있습니다.

옥류관은 나라의 얼굴이고 세계적으로 소문난 곳입니다. 창전해맞이식당은 대중식당의 본보기, 명요리, 나라별 요리식당으로 잘 꾸렸습니다. 북장의 삼지연베개봉 국수집도 당의 배려로 일떠섰습니다.

Q. 지난 시기 음식이나 요리봉사, 봉사장소들 중에서 없어진 것들이 있다면 그것은 어떤 것이며 그 이유는 무엇인가요?

A. 우리식이 아닌 요리와 음식문화는 배격하고 있습니다. 지난 시기에 우리식도 아니고 다른 나라 요리도 아닌 달고 신 음식, 기름기가 많은 요리, 단고기요리도 차게 냉요리로 만들거나 무엇이 좀 부족하다고 그저 고기나 물고기를 넣어 끓이려 하는 현상, 빵을 먹고 밥을 꼭 먹어야 하는 등 낡은 식생활을 없애기 위하여 적극 노력하고 있습니다.

이외에도 손님을 후하게 대접하는 조선 사람의 풍습과는 달리 조그만 그릇에 조금씩 담아 상을 차리거나 떡무지를 올려 쌓는 상차림, 오래 살라고 산삼, 학, 심지어 거북이를 형상하는 등 낡은 식생활양식을 고쳐 나가고 있습니다. 그리고 대중봉사 장소의 칸막이를 하는 것, 유럽식으로 잔을 넣은 장식장을 놓은 것과 같은 다른 나라 양식은 없애고 있습니다. 물론 너절한 봉사단위는 없애거나 현대적으로 개건하고 있습니다.

Q. 앞으로 인기가 예상되는 음식이나 요리봉사들은 무엇이며 여기서 인민들의 의사를 어떻게 빠르게 반영하고 실현하는지요.

A. 우리는 앞으로도 우리선조들이 물려준 식생활과 식생활문화를 장려하고 발전시켜 나가자고 합니다. 위대한 수령님들이 음식문화 발전에 쌓으신 업적을 고수하고 빛내며 사회주의 문화의 틀거리 안에서 민족음식을 세계적 수준에 올려 세우시려는 경애하는 최고령도자동지의 의도를 철저히 관철하려고 합니다. 조국에서는 음식문화를 장려하기 위한 사업을 국가적인 사업으로 적극적으로 하고 있습니다. 그리하여 30년 전에 위대한 장군님께서 조선료리협회를 조직하여 주시었습니다.

조선료리협회는 자기의 사명에 맞게 요리와 음식문화, 식생활양식 보급사업에 힘을 넣어 온 나라의 요리기술 발전을 위해 이바지하고 있습니다. 현재 태양절과 광명설절을 맞으며 요리경연과 축전을 국제적인 축전으로 조직하여 우수성을 소개·선전하고 음식문화 발전에 기여하고 있습니다. 해외동포들과 외국 손님들이 참관과 참가를 할 수 있습니다. TV를 비롯하여 출판 보도물에서 음식문화와 관련한 상식과 지식을 많이 소개·선전하고 있습니다.

Q. 조선의 요리를 어떻게 홍보하고 있나요?

A. 우리 인민들이 여러 가지 요리 방법을 잘 알고 음식을 맛있게 만들어 먹도록 하자면 요리와 음식문화와 관련한 도서와 녹화편집물을 잘 만들어 보급하는 것이 중요합니다. 조선료리협회에서는 요리도서뿐 아니라 요리와 관련한 녹화편집물을 잘 만들어 그것이 나라의 전반적인 음식문화를 발전시키는 데 이바지하도록 목표를 제시하고 실현하고 있습니다.

조선료리협회에서는 최근 요리와 관련한 편집물들과 도서들을 우리 민족요리법, 지방별특성을 살린 요리법, 일반가정음식 요리법 등으로 분류하여 여러 가지 요리 편집물들과 조선요리전집, 조선민족요리유래, 사계절 민족음식 등 도서들도 만들어 보급하고 있습니다. 또한 「조선료리」 기관잡지와 홈페이지, 손전화기용 요리홈페이지도 개발하여 보급하고 있습니다.

Q. 옥류관과 음식에 대해서 소개를 부탁합니다.

A. 기본은 평양냉면입니다. 그리고 위대한 장군님 사랑에 의해서 요리전문식당이 일떠섰단 말입니다. 요리전문식당에서는 철갑상어, 자라, 메추리 등 특이한 요리들을 인민들에게 봉사해 주는데 가격상으로도 우리 인민들이 누구나 와서 맛볼 수 있게끔 편안한 가격으로 봉사가 이루어지고 있습니다. 북남수뇌상봉 이후에는 옥류관의 평양

냉면이 평화국수로 이름나면서 그때로부터 우리 옥류관에 외국 손님들이 얼마나 많이 오는지 모릅니다.

연회장에는 320명 좌석이 있는데, 고기쟁반국수를 봉사하는 식사실입니다. 자라요리의 경우 옛날부터 장수식품으로 되어 있고 철갑상어는 항암 효과가 있다고 알려져 있습니다. 인민들에게 이런 부분들까지 다 설명하면서 봉사를 하고 있습니다. 그리고 원수님께서 자라공장도 현지지도 해 주시고 보장체계를 세워 주셔서 정상적으로 매일 봉사하고 있습니다.

우리 옥류관에서 봉사하는 국수지표를 보면 평양냉면, 일반쟁반국수, 고기쟁반국수 이렇게 세 가지입니다. 먼저 평양냉면은 양념 없이 순수한 육수에 말아서 먹는 냉면입니다. 평양냉면을 대표하는 3대 요소는 육수의 쩡한 맛, 놋시접(그릇), 순수 메밀 면입니다. 평양냉면은 그 고유한 맛이 있기 때문에 양념장도 따로 내보냅니다. 그리고 일반쟁반국수는 양념이 국수에 직접 버물려서 나오는 국수이며, 고기쟁반국수는 닭고기와 함께 양념이 국수에 직접 버물려서 나오는 국수입니다.

Q. 청류관과 음식에 대해서 설명을 부탁합니다.

A. 우리 청류관은 1982년 4월 15일 위대한 수령님 탄생 70돌 때에 수령님께서 창광원에서 사람들이 목욕하고 나와서 식사를 할 수 있게 식당을 하나 꾸렸으면 좋겠다는 교시가 계셔서 꾸려진 식당입니다. 실내만 1,000석 규모입니다.

원래 청류관에서는 민족요리를 기본으로 해서 봉사할 데에 대한 교시가 계셔서 원래 국수를 안 했으나, 1983년 위대한 장군님께서 현지지도 하시면서 우리 인민들은 역시 국수를 좋아하기 때문에 청류관도 국수를 잘해서 옥류관과 경쟁해 보라고 하셔서 그다음부터 우리가 국수를 하면서 평양냉면, 일반쟁반, 고기쟁반 이렇게 봉사를 합니다. 우리는 음식별로 식사실이 있는데 국수를 하는 곳에서는 기본 국수를 하고 위층들에서는 국밥, 전골, 신선로, 지짐, 불고기 등이 식사실로 각각 구분되어 있습니다.

우리는 2008년에 다시 현대적으로 개건하였습니다. 식사하는 사람들의 불편함을 덜어 주기 위하여 위층에는 방 형태의 식사실이 많이 있습니다. 청류관은 인민을 위해서 봉사를 잘해야 한다는 관점을 가지고 많은 노력을 하고 있습니다. 최근에는 요리를 발전시키기 위해서 요리사들의 진용을 꾸리고 기술을 높이는 사업, 서로 경쟁을 하기 위한 사업들을 많이 하고 있습니다.

음식문화 트렌드 2020

북한의 식생활은 우리의 식생활과 같은 부분도 있고 다른 부분도 있지만 일상적인 주식에서는 많은 공통점들을 보인다. 다만 북한은 국가적으로 민족음식을 중시하는 경향이 있고 전통적인 풍습을 유지하려는 경향이 있다. 조선료리협회 관계자의 말에 따르면, 우리식이 아닌 요리와 음식문화는 배격하고 있다는 데에서 알 수 있듯이 용인되는 틀에서 벗어나면 허용하지 않는다.

그렇다고 해서 전통음식만 먹는 것은 아니다. 전통음식을 중시하는 것이지, 그에 못지않게 미래를 보고 변화하려는 노력도 하고 있다. 피자와 스파게티를 주요 메뉴로 하는 이탈리아요리전문식당도 있고 햄버거 전문 식당도 있다. 다른 음식을 전문으로 하는 일반식당에서도 이러한 메뉴를 어렵지 않게 주문하여 먹을 수 있다. 물론 아직 이러한 식당은 소수인데 서양음식들이 사람들의 입맛에 맞지 않아 그 수요가 아직 어느 정도 수준에 오르지 못한 경우도 생각해 보아야 할 것이다.

일반 식료품의 경우, 거의 대부분 국산화를 이루었다고 해도 과언이 아니다. 최근 몇 년간 집중된 식료공업에 대한 투자와 선전 덕분에 북한 자국산 제품의 종류가 다양해지고 품질이 높아지며 사람들로부터 그 상품성을 인정받게 되었다. 물론 수입산 식료품이 없는 것은 아니지만 적어도 중국의 값싼 제품보다는 북한 자국산 제품이 훨씬 더 좋은 제품이라는 인식은 확고해졌다.

식당의 경우 북한은 사회주의 제도에서 많은 사람들을 대상으로 하는 공공생활이 잘 발달되어 있기 때문에 대규모좌석을 가진 대형식당들이 매우 발달되어 있다. 옥류관, 청류관, 창광원, 대동강수산물식당 등이 모두 그러한 곳이다. 특히 이들 식당의 평양냉면과 철갑상어 요리에 대해서는 외국의 유명인사들뿐만 아니라 해외동포들도 즐겨 찾기 때문에 대단한 자부심을 가지고 있다.

카페의 경우는 보통 '커피점', '청량음료점' 등의 이름으로, 아직까지는 대중적이라고 할 수는 없지만 커피를 마시는 사람들의 수가 늘어나면서 점차적으로 커피점도 늘고 있다.

최근 남한의 다양한 대중매체에서 음식·요리와 관련된 콘텐츠들이 넘쳐날 정도로 제작되고 인기를 끌고 있는 만큼 남녀노소 할 것 없이 음식문화에 대한 관심이 높아졌다. 이에 따라 자연스럽게 북한의 음식에도 많은 사람들이 호기심을 갖기 시작했다. 남한과 북한의 음식문화가 어떻게 다른지, 북한에서 인기 있는 음식은 무엇인지 등 궁금함을 쏟아 내고 있다. 특히 '평양냉면'의 경우는 인기가 대단해서 남북정상회담이 개최되면 언제나 따라오는 실시간 검색어 및 수식어가 되었고, 북한에 대한 관심인지 평양냉면에 대한 관심이지 모를 정도로 그 열기가 뜨겁다. 현재까지도 평양냉면의 간판을 단 남한의 음식점들이 특수를 누리고 있다.

이미 트립어드바이저(tripadvisor)와 같은 여행정보 사이트에서는 외국인들이 다녀가면서 북한 식당과 음식에 대해 평가해 놓은 후기들을 어렵지 않게 찾아볼 수 있고 수많은 언론사들은 '통일되면 맛봐야 할 북한 맛집 베스트5', '평양 맛집 베스트 25', '통일되면 꼭 가야 할 북한 맛집 3곳' 등 그 관심을 표출하고 있다. 게다가 당장 현실성은 떨어지지만 2018년 말에 경기 평화부지사가 옥류관 남한 1호점을 경기도에 유치하겠다는 계획을 발표하기도 하기도 했던 만큼 정부와 지자체도 적극적인 모습을 보이고 있다.

'금강산도 식후경'이라는 우리 속담도 있듯이 최근 음식에 대한 관심이 높아진 열풍을 타고 앞으로 관광길과 방문길이 크게 열린다면 북한의 음식문화 탐방이 가장 각광받는 관광 상품이 될 것이다.

★
주거·
건축문화

북한의 기본 주택 '살림집'과 다양한 주거 형태

북한은 기본적으로 흔히 '살림집'이라고 불리는 주택을 국가가 지어서 배정해 주고 주민들은 배정된 주택에 '살림집이용허가증(입사증)'을 받고 소정의 사용료를 내면서 살고 있다. 그러나 고난의 행군과 같은 경제난을 겪으면서 국가의 주택 수급이 어려워진 이후로는 일부 기관·기업소들이 투자를 모집하여 국가의 허가를 받아 고층살림집, 즉 아파트를 신·증축하고 여건이 되는 개인들이 구매를 하기도 한다(자세한 내용은 통일부 「2019 북한이해」 참조). [96]

2008년 북한의 중앙통계국의 「조선민주주의인민공화국 2008년 인구일제조사 전국보고서」 주택 형태에서 단독주택이 1,988,415가구, 연립주택이 2,584,435가구, 아파트가 1,261,709가구, 기타 52,912가구로

---

[96] 통일부, 「2019 북한이해」, 2019

총 5,887,471가구로 한 가구당 인원수는 4인이 가장 많았다. 이는 총 가구를 100%로 봤을 때 단독주택이 33.7%, 연립주택이 43.8%, 아파트가 21.4%에 해당하는 수치이다.

2015년에 UN과 북한 중앙통계국이 공동으로 발간한 「2014년 북한의 사회경제, 인구통계, 보건조사(Democratic People's Republic of Korea: Socio-Economic, Demographic and Health Survey 2014)」에 따르면 단독주택은 32.8%, 연립주택이 41.7%, 아파트가 25%로 아파트에 주거하는 비율이 점차 증가하고 있음을 알 수 있다.

• 북한의 주거 형태 •

구분	단독주택	연립주택	아파트
2008년	33.7%	43.8%	21.4%
2015년	32.8%	41.7%	25%

이렇게 아파트가 증가하는 이유에는 여러 가지가 있을 수 있겠으나 기본적으로 아파트라는 형태는 그 면적과 비용에 비해서 많은 사람들을 수용할 수 있어 대형 건축에 편리한 측면이 많다. 최근 몇 년간 평양에서 이루어지는 중앙정부의 대규모 살림집 공사들은 고층 아파트들이 많았다. 혹자들은 이제는 평양에서는 좋은 땅에 이미 건물들이 다 들어섰다고 말한다. 그만큼 신규로 주택을 공급할 수 있는 택지들이 줄어들고 있다는 것이다.

또한 최근 지어지는 아파트들의 편리하고 쾌적한 주거환경도 한몫하고 있다. 북한이 아파트 건설 프로젝트의 투자 유치와 입주자 모집을 위해 만든 홍보물들은 남한의 치열한 분양 경쟁 속에서 건설사들의 그것과 다르지 않다.

한편 조선건축가동맹 중앙위원회기관지인 '조선건축'은 격월간지로 출간되고 있는데 그 내용을 보면 '민족건축형식을 바탕으로 하는 살림집의 실내공간 형성원칙', '생산공정의 자동화·무인화가 실현된 금컵체육인종합식료공장', '오수회수리용체계를 적용한 유치원', '지능가구설계', '병원에서 종합실험검 사부의 평면배치형식', '산간지대의 살림집 형성시안', '건축물에서의 내벽장식기술' 등 매우 광범위한 범위에서 정보와 상식을 전달해 주고 있다.

산간지대의 살림집 형성시안

조선건축가동맹 중앙위원회기관지 '조선건축'

록색건축기술

록색건축기술은 여러 분야의 첨단기술들을 건축분야에 도입하여 생태환경의 혹심한 파괴와 자원의 급속한 고갈을 막고 보다 좋은 환경에서 오래 살려는 인간의 지향과 자원을 아끼고 보존하려는 인류의 념원을 실현할 수 있게 하는 지속적이며 효률적인 건축환경을 보장하는 기술이다. 록색건축기술은 환경보호와 자원절약, 건강증진을 목적으로 하고 있다. 록색건축기술은 환경보호의 측면에서 록화조성, 령탄소, 지자기 및 방사선막이, 아름다운 자연의 축도재현과 같은 내용을, 자원절약의 측면에서 토지절약, 에네르기절약(령에네르기), 재생 에네르기, 물절약, 하수 및 페수의 정화와 재리용, 페기물 및 오물의 정화선별과 재리용과 같은 내용을, 건강증진의 측면에서 실기능개선(가변공간, 기능복합), 실내환경개선(빛, 물, 열, 소리, 공기), 관리지능화(건물관리, 업무관리, 보안관리)와 같은 내용을 포함하고 있다.

– 조선건축가동맹 중앙위원회기관지 '조선건축'에서 록색건축기술 내용[97]

최근 준공된 주택건설사업들

최근 몇 년간 막대한 자금을 들여 중앙정부에서 추진하는 건설사업에서는 단연 주택건설이 많은 부분을 차지하고 있다. 평양에서만 창전거리(2012년), 은하과학자거리(2013년), 김일성종합대학 교육자살림집(2013년), 위성과학자주택지구(2014년), 김책공업대학 교육자살림집(2014년), 미래과학자거리(2015년), 장천남새협동농장 문화주택(2015년), 려명거리(2017년) 등이 차례로 준공되면서 어마어마한 주택건설 속도

---

[97] 조선건축가동맹 중앙위원회, 「조선건축」, 2018

위성과학자주택지구 살림집들(출처: 조선의 오늘)

은하과학자거리 살림집들(출처: 조선의 오늘)

장천남새전문협동농장 문화주택들(출처: 조선의 오늘)

김책공업대학 교육자살림집 전경(출처: 조선의 오늘)

전을 벌였다. 이 가운데 창전거리, 미래과학자거리, 려명거리는 대규모 고층 아파트 단지 건설로 평양시의 스카이라인을 눈에 띄게 달라지게 만들었다는 평가를 받고 있다.

려명거리의 경우 2016년 4월에 착공을 하여 2017년 4월에 준공되었는데 이는 대북제재의 수위가 가장 고조되고 있을 시기에 이루어진 것으로 조선로동당 중앙위원회, 조선로동당 중앙군사위원회, 조선민주주의인민공화국 국무위원회는 "일심단결의 불가항력적위력과 자력자강의 위대한 동력으로 9개월이라는 짧은 기간에 세계에 둘도 없는 인민의 리상거리, 려명거리를 훌륭히 일떠세움으로써 주체조선의 강대성과 무궁무진한 발전 잠재력을 온 세상에 시위하고 사회주의의 광명한 대로를 따라 질풍노도처 내달리는 영웅적 인민의 필승의 기상을 남김없이 떨친 인민군장병들과 돌격대원들, 전국의 지원자들에게 가장 뜨거운 감사와 열렬한 전투적 인사를 보낸다."라고 감사문을 보냈다.[98]

한편 중앙정부에서 공들여 추진한 이런 주택들은 주민들에게 무상으로 배정되었는데, 기본 그 자리에 터를 잡고 살았던 철거세대의 주민들뿐만 아니라 교육자와 과학자가 살림집이용허가증을 받는 주요 대상자들이었다. 이는 북한 당국이 교육과 과학에 대한 투자를 매우 중요시하고 있다는 점을 방증한다.

◆ 미래과학자거리

2015년 11월 3일, 북한의 관영매체인 조선중앙통신은 "영광스러운 조선로동당창건 70돐을 백두산대국의 혁명적 대경사로 성대히 경축한 온 나라 군대와 인민이 조선로동당 제7차 대회소집에 관한 당중앙위원회 정치국 결정서에 접하고 크나큰 격정에 넘쳐 강성국가건설의 전구마다에서 새로운 비약의 열풍을 세차게 일으켜 나가고 있는 시기에 수도 평양에 로동당시대의 또 하나의 선경거리로 일떠선 미래과학자거리가 준공되었다."라고 전했다.

미래과학자거리는 과학자 및 교육자를 위한 고층 아파트로 북한의 과학 중시 정책의 한 일환으로 새로 개발된 지역이다. 2,600여 세대에 달하는 살림세대뿐만 아니라 학교, 병원, 유치원, 상업 및 각종 서비스 시설, 휴식 공원들까지 종합적으로 갖추어져 있다. 평양역과 대

---

98 로동신문, "감사문, 려명거리를 만리마시대의 대기념비적 창조물로 훌륭히 일떠세워 사회주의조선의 강대성과 필승의 기상을 만천하에 과시한 인민군장병들과 돌격대원들, 지원자들에게", 2017.4.14

미래과학자거리 야경

미래과학자거리 살림집 내부

미래과학자거리 살림집 내부

동강 사이에 있는 거리 한가운데에 6차선 도로가 시원하게 뚫려 있다. 한편 세계초고층도시건축협회는 미래과학자거리에 있는 53층 주상복합아파트 '은하'를 210m로 2015년에 완공된 가장 높은 빌딩 중 하나로 기록했다.

미래과학자거리의 아파트에 입주하게 된 과학자, 교육자들은 이미 다 갖추어진 아파트에 간단한 개인 짐만 들고 입주했다. 전 세대에 걸쳐서 가구, 가전제품, 주방의 식기류까지 전부 구비되어 있기 때문이다.

◆ 려명거리

려명거리는 최근 북한 건축역사에서 엄청난 속도전을 보여 준 대규모 공사였다. 중국의 방송은 "김정은시대를 대표하는 려명거리는 조선의 만리마속도를 국제사회에 과시하는 건축물이다."라고 평가했다. 려명거리 건설은 2016년 4월에 시작되었다. 2016년 7월에 려명거리 55층 고층아파트 골조공사가 완공되고 2016년 8월 5일 모든 골조공사가 100% 완수되었으나 9월 함북도 수해로 공사가 잠정 중단되었다. 이후 공사가 재개되었으며 2017년 4월 13일에 준공식을 열었다. 세대에는 김일성종합대학의 교원, 연구사들과 철거세대 주민들이 입주하였다.

미래과학자거리의 가장 높은 건물이 53층짜리 아파트인 반면 려명거리의 가장 높은 건물은 73층이다. 일명 '녹색형거리'로 태양열설비가 기본적으로 설치되었고 복도를 비롯한 공공장소들에는 적외선수감식조명기구를 설치하여 전기를 최대한 절약할 수 있게 설계되었다.

려명거리 전경

려명거리 야경

려명거리 살림집이용허가증 수여모임(출처: 조선의 오늘)

또한 지열에 의한 난방체계가 도입되었고 옥상에는 온실들이 갖춰져
있다. 려명거리는 고층아파트와 공공건물을 포함 100여 동이 넘고 총
4,800여 세대에 이른다.

인민대중제일주의건축과 기념비적인 건축물들

북한은 해방 직후에는 사회주의 소련의 건축양식의 영향을 받아 평
양역사(1954), 모란봉극장(1954), 대동문영화관(1955), 평양학생소년궁전
(1963) 등을 건립하였고 이후 선조들의 건축예술과 민족적 특성을 현대
적 미감에 맞게 재현해야 한다는 김일성 주석의 민족적 건축 예술이
중시되어 평양대극장(1960), 옥류관(1960), 개성학생소년궁전(1961), 인
민문화궁전(1974), 국제친선전람관(1978), 인민대학습당(1982)과 같은 사
회주의적 내용에 민족적 형식이 가미된 건축물들이 창조되었다.

그러던 것이 1980년대에 들어서면서 평양이 국제도시, 문화도시, 혁명도시로서의 면모를 갖추기 위한 개발이 추진되면서 현대적인 건축경향을 나타냈는데 평양교예극장(1989), 청년중앙회관(1989), 동평양대극장(1989), 만경대 청춘거리의 체육촌(1988)이 그 예이다.[99] 이러한 사회주의 건축의 계승은 최근에는 인민대중제일주의와 맞닿아 있다. 말 그대로 인민대중제일주의를 건축에서도 구현한다는 것으로 북한의 관영매체 '조선의 오늘'에서는 인민대중제일주의건축을 다음과 같이 정의하고 있다.

우리나라에서 건축의 주인은 인민대중이다. 건축의 창조자도 인민대중이며 그 향유자도 인민대중이다. 그러므로 건설에서는 마땅히 인민들의 지향과 요구, 편의가 최우선시되어야 하며 인민들의 정서와 미감에 맞게 사상예술성과 실용성이 완벽하게 보장되여야 한다.

인민대중제일주의를 구현하여 주체성을 확고히 견지하고 민족성과 현대성을 옳게 결합시키며 먼 후날에 가서도 손색없는 기념비적창조물들을 비상히 빠른 속도로 일떠세우는 것이 건설에서 견지해야 할 기본원칙이며 주체적 건축사상의 근본 핵이다.

우리 당이 밝힌 주체적 건축사상은 지나온 나날에 그 정당성과 생활력이 뚜렷이 확증된 불멸의 대강이며 새 기적 창조의 전통을 끊임없이 빛내이도록 하는 승리의 기치이다.

출처 : 조선의 오늘 '주체적건축사상'

창전거리(2012), 문수물놀이장(2013), 미래과학자거리(2015), 과학기술전당(2015), 려명거리(2017), 지역마다 새롭게 들어서고 있는 육아원, 애육원 등이 바로 인민대중제일주의건축을 구현한 건축물들로 그 바탕에는

---

99 서울대학교 통일평화연구소 「민족공동체의 현실과 전망: 분단, 디아스포라, 정체성의 사회사」 학술회의 발표집, 안창모 「남과 북의 건축문화와 민족정체성」, 2009

대규모 인원이 이용 가능한 공적 건물이라는 공통점을 가지고 있다.

한편 북한이 자랑하는 우수한 건축물의 경우에는 '기념비적인 건축물'이라고 선전하는데, 다음은 평양이 자랑하는 웅장한 건축물들 몇 가지이다.

◆ 주체사상탑

1982년 준공된 주체사상탑은 김일성 주석의 사상 이론적 업적과 혁명 위업을 빛내기 위한 기념탑이다.[100] 높이는 170m이고 탑 끝에 위치한 봉화의 높이만 하더라도 20m에 달한다. 탑 앞에는 노동자, 농민, 지식인을 상징하는 30m 높이의 3인 군상이 있으며 주체사상탑

주체사상탑

---

100 평양출판사, 「여기가 평양입니다」, 2014.4.30

앞을 흐르는 대동강에는 두 개의 대형분수가 설치되어 있다. 주체사상탑 내부로 승강기를 타고 올라갈 수 있으며 탑 위에서는 평양의 모습이 한눈에 보인다.

◆ 개선문

개선문은 1982년 4월에 건축된 김일성 주석의 출생 70주년을 기념한 건축물로 양쪽 두 기둥에는 1925년과 1945년이 부각되어 있다. 이는 김일성 주석이 조국독립을 위해 떠났다가(1925) 해방을 이루고 돌아와 개선했다는(1945) 의미이다. 높이는 60m, 넓이 50.1m, 폭 36.2m로 프랑스의 개선문 높이 51m보다 약 10여 미터나 높다. 내부에 승강기가 설치되어 있어 문 위로 올라가 볼 수 있다.

개선문

◆ 류경호텔

류경호텔

105층에 323m에 달하는 북한의 최고층 건물로 평양의 스카이라인을 볼 때 가장 먼저 눈에 띄는 건축물이다. 1987년 착공을 시작했지만 재정문제 등으로 건설 중단과 재개를 반복했다. 2011년경에 외부공사를 완료하였고 내부공사가 끝나면 공식적으로 개장할 예정이다. 2018년부터는 건물외관에 10만 개 이상의 LED 조명을 활용한 조명쇼가 펼쳐지고 있다. 내부공사가 완공되어 개장을 하게 되면 세계에서 손꼽히는 초고층 호텔이 될 예정이다.

특별 인터뷰

수도건설위원회[101] 과학기술국 관계자

Q. 지난 시기와 대비해서 최근 5년 동안 가장 많이 변화한 점은 무엇인가요?

A. 최근 5년 동안 경애하는 최고령도자동지께서 최고 수위에 오르신 다음부터 우리나라의 건설에 대번영기가 시작되었습니다. 2013년도부터 은하과학자거리를 시작으로 과학자, 교육자 살림집 건설을 많이 했습니다. 위성과학자주택지구(2014년), 김책공업대학 교육자살림집(2014년), 미래과학자거리(2015년), 려명거리(2017년)들이 모두 이러한 살림집들입니다. 그리고 이제는 평양시에도 오래된 건축물들이 많습니다. 1950~1960년대에 지어진 낡은 살림집들을 현대적인 살림집으로 변모하는 일에 집중하고 있습니다.

Q. 인민들이 선호하는 살림집 형태와 추세는 어떻게 되나요?

A. 지난 시기에는 살림집에서 전실(거실)이 있고 전실에서 방들이 갈라져 나갔었습니다. 최근에는 공동살림방(거실)이 있고 부모방, 부부방, 자식방이 있어서 대체로 4칸 이상이 추세로 되고 있다고 생각합니다. 전실과 공동살림방은 비슷한데 전실은 방을 들어가기 위한 복도 형식에 가깝습니다. 최근의 공동살림방 정도가 있으려면 지평방

---

101 수도건설위원회 : 2002년 신설된 내각 산하의 정부기관으로 수도인 평양의 도시정비사업을 종합적이고 체계적으로 관리 및 운영하고 있다.

수가 100~120㎡는 되어야 합니다. 그러나 이전에는 대체로 60~80
㎡로 건설했습니다. 과학자들에게 지어 주는 살림집은 150~250㎡도
있습니다. 이렇게 배려가 큽니다. 평방수의 경우 실면적은 아니고 총
테두리를 가로x세로로 계산해서 나온 것입니다.

Q. 일반적으로 살림집을 꾸리는 형태는 어떻게 되나요?

A. 살림짐을 꾸리는 형태는 남들처럼 다양하진 않지만 문명한 사회
수준에 맞게끔 검소한 살림들은 다 꾸리고 있습니다. 과학자, 기술
자, 로동자에 이르기까지 집 안을 들여다보면 크게 차이 나지 않습니
다. 자본주의 나라들을 보면 돈 많은 사람과 중산층, 가난한 사람과
의 살림집 장식에서도 엄연한 차이가 있지만 우리나라에서는 간부든,
유명한 과학자든, 공장에서 일하는 로동자든 집을 꾸리는 데 있어서
는 요란한 장식이 거의 없습니다.

선생도 아시겠지만 창전거리를 찾아 주신 경애하는 최고령도자동지
께서 유능한 과학자 교원집을 가셨을 적에 가구라든가 집안 살림 그리
고 방직공장 로동자이면서 최고인민회의 대의원(국회의원)의 집의 경우
에도 보게 되면 화려하고 번쩍거리는 장식 없이 대체로 수수합니다.

Q. 내부 인테리어를 바꾸기도 하나요?

A. 아직도 60년대에 지어진 집들이 있단 말입니다. 비록 칸수는 크
지 않지만 현대적 미감에 맞게 다시 꾸리는 사람이 많습니다. 그리고
옛날에는 없던 마감 재료가 세계적으로 발전하다 보니까 건축과 관련
해서도 발전할 수밖에 없습니다. 벽면장식에서는 페인트도 있고 벽지

도 있는데 몇 년 전에는 페인트칠을 많이 했다가 최근에는 벽지를 많이 사용하는 추세입니다.

가구에서는 가구 형태가 점점 다양해지고 있습니다. 우리나라에서도 가구생산 기업체들이 선진 과학기술을 받아들여서 예전에는 손으로 가공했는데 지금은 CNC종합기계로 원하는 형태로 제작 가능합니다. 또한 전에는 생활을 온돌방에서 했지만 이제는 생활 방식이 달라져서 소파와 의자 생활을 하다 보니까 여러 가지 형태의 가구 및 장식이 나오고 있습니다. 특히 전통적이고 민족적인 색채가 강한 가구들도 현대적인 감정에 맞게 발전시키고 있습니다.

Q. 더 이상 행해지지 않는 건축 형태는 무엇인가요?

A. 옛날의 건물들은 건물의 형태가 도식적이었습니다. 다시 말하면 직사각형이고 똑같은 형태의 아파트가 나란히 있었습니다. 그러나 지금은 아파트들의 모형이 다 다르기 때문에 멀리서 보아도 자신들의 아파트인 것을 바로 알게끔 건축 형식에서 근본적인 변화가 일어나 아파트들의 반복이 없어졌습니다.

Q. 최근에 장려되는 건축 형태는 무엇인가요?

A. 건축도 예술입니다. 미래과학자거리 등을 보시면 건축의 형태가 독특하고 다양하지 않습니까? 우리 경애하는 최고령도자동지께서는 건설의 대변영기에 맞게끔 건축 형성에서도 우리 인민들의 기호와 감정 그리고 민족적 색채가 뚜렷하면서도 현대적 발전 추세에 조합을 이루는 건축을 설계하고 건설할 데에 대하여 많은 가르침을 주시고

계십니다.

예를 들면 5년 전에는 질을 우선시해서 건물을 짓는 것이 기술이었다면 오늘날에 와서는 려명거리와 같이 녹색건축기술을 장려하고 영에너르기(제로에너지)건축 기술을 추세로 하고 있습니다. 겨울철에 난방을 화력발전소에서 나오는 증기를 끌어다가 매 가정들에 공급하는데, 지금은 이산화탄소 배출을 줄이는 것이 세계적으로 초미에 문제이기 때문에 려명거리의 경우에는 지열에네르기(지열에너지)를 난방에 이용하여 생태환경을 최대로 보존하고 개선하는 방향에서 근본적인 건축의 발전이 일어나고 있습니다. 또한 최근에는 지능건축(스마트건축)에 대한 연구도 활발하게 진행되고 있습니다.

추가로 우리나라에는 건물 자체가 로케트를 형상한 것이 많습니다. 만수대거리 살림집이 2008~2009년도 사이에 일어났는데 만수대거리에서도 로케트 모양의 살림집이 있습니다. 려명거리 70층이 로케트를 형상화한 것입니다. 우리 당의 전략적 로선을 건축에 반영해서 건축물을 일떠세우는 경우도 있습니다.

Q. 앞으로의 발전 방향에 대해서 소개해 주세요.

A. 건축공법을 부단히 발전시켜 나가는 것이 기본 문제입니다. 우리 과학자들이 경량화된 조립식 부재들을 많이 도입해서 건설에서 속도와 질을 보장하는 것을 중요시하고 있습니다. 또한 최근 추세에 맞게 지진에 견딜 수 있는 내진설계를 장려하고 있습니다. 그리고 앞서 이야기했듯이 록색건축(녹색건축), 영에네르기건축(제로에너지건축), 지능건축(스마트건축)을 도입하고 널리 장려하기 위한 사업이 활발하게

이루어지고 있습니다.

　최근에는 산간마을, 바닷가마을 등 자기 지방마다 독특한 개성을 살릴 수 있는 건축양상들을 발전시키는 사업을 진행하고 있습니다. 이번에 원산갈마해안관광지구 건설에서도 해안지대의 특성에 맞게끔 바닷가와 백사장의 조화가 잘 이루어지도록 관광지구를 건설하고 있습니다. 또한 자체로 휴식하고 취식을 할 수 있는 자취형 숙소도 건설되고 있습니다. 그 뒤로는 해당 지역 인민들이 살아가는 살림집이 건설되고 있고요.

　학생 때부터 건축에 대한 참여도 활발하게 이루어지고 있습니다. 건축설계를 보고 입찰을 하게 되는데 미래과학자거리 55층 건물의 경우, 젊은 대학생들이 상상력을 계발시키기 위해 대학생들 간에 경연을 조직하여 가장 우수하게 평가된 형상안을 채택하여 반영한 것입니다. 55층 형성안은 평양건축종합대학 학생의 도안이 당선된 것입니다.

　지난 시기에는 같은 설계가 나와서 구조가 다 같았단 말입니다. 그러나 지금 추세는 골조식 살림집을 지어서 임의로 집 안 구조를 바꿀 수 있는 이런 방향으로 나가고 있습니다. 그러니까 자기 기호에 맞게 칸(방)을 늘리기도 하고 줄이기도 하는 것입니다. 아직 초고층에는 도입하지 못했지만 20층까지는 그렇게 만들기도 했습니다. 연구사들이 연구하면서 그런 살림집들을 건설하고 있습니다.

주거·건축문화 트렌드 2020

북한의 건축은 초기에는 소련의 신고전주의 영향을 받았다가 이후에는 민족적인 색채가 가미되어 웅장하고 독특한 건축물들이 많이 창조되었다. 최근에 북한식 주체건축은 인민대중제일주의 사상이 깊게 반영되어 대규모 공적 시설들이 많은데, 그중에서도 미래과학자거리, 려명거리와 같은 대규모 주택단지건설이 압도적이다. 또한 완공 이후에 그 주택의 거주 권한을 해당 지역 철거민뿐만 아니라 과학자, 교육자에게 집중적으로 배정하여 북한의 정책적인 중시 방향을 보여 주고 있다.

단독주택, 연립주택, 아파트 중에서 아파트의 주거비율이 점차적으로 늘어나고 있는 가운데 입지조건이 좋은 지역에는 이미 건물들이 들어서 있고 갈수록 택지 부지가 줄어듦에 따라 이러한 아파트 주거비율은 계속 늘어날 것으로 보이고, 일반건물에서도 고층건물의 비중이 더욱 높아질 것으로 전망된다. 입주환경의 경우 본문의 아파트 홍보브로슈어에도 보면 알 수 있듯이 채광, 보온, 욕실, 승강기, 주변환경 등 여느 나라들의 그것과 못지않은 것을 알 수 있다.

한편 북한당국이 추진하는 대규모 주택단지에는 기본적인 가전과 가구들이 구비되어 있고, 최근에 건설되고 있는 살림집들은 대체적으로 지평방수가 100~120㎡ 정도로 이전의 살림집 크기인 60~80㎡와 비교해 볼 때 약 2배 가까이 늘어난 것이다. 그리고 과학자들에게 지어 주는 살림집 중에는 크기가 150~250㎡인 것도 있어 점차적으로 그 크기가 커져 가고 있음을 알 수 있다.

특히 과거에 비하여 거실(공동살림방)의 용도가 이전과 같은 방에 들어가기 위한 전실의 역할이 아니라 하나의 주거공간으로 변화되었고, 생활 형태도 좌식에서 입식 형태로 바뀌면서 의자와 소파 등 많은 가구들이 필요함에 따라 다양한 가구가 이용되고 있다.

최근 세계적으로 IT와 가전용품들을 결합한 스마트홈이 각광을 받고 있는데 북한에서도 이러한 연구사업을 진행 중에 있다. 평양의 과학기술전당에서 열린 제29차 전국정보기술성과전시회에서는 김일성종합대학 첨단과학연구원 정보기술연구소가 지능고성기(AI스피커)를 활용하여 다른 가전제품들을 컨트롤할 수 있는 음성지령을 수감 및 응답하는 시스템을 우리식으로 설계·개발했다고 밝혔다.

한편 2017년 완공한 려명거리에는 록색건축(녹색건축), 영에너르기건축(제로에너지건축) 기술이 대거 도입되어 태양열 발전과 지열 발전 시스템을 도입하였다. 이렇듯이 세계적인 추세를 밀접하게 연결하여 건축의 발전을 이루려는 노력들이 많이 진행되고 있는데, 대규모 공적건물의 건설에서 이러한 기술들이 도입된다면 선진 기술의 보급화의 실현이 한 걸음 더 빨라질 것이다.

★
교육
―

북한 교육의 목표와 의무교육제도

북한 교육의 목표는 헌법에도 명시되어 있듯이 사회주의 교육학의 원리를 구현하여 후대들을 사회와 인민을 위하여 투쟁하는 혁명가로, 지덕체를 갖춘 주체형의 새 인간으로 키운다는 것이다. 여기서 사회주의교육학의 원리란 1977년 9월 5일 당중앙위원회 제5기 제4차 전원회의에서 발표된 '사회주의 교육에 관한 테제'로 현재 북한 교육체계의 기본 골격과 교육 운영의 기본 방침이다. '사회주의 교육에 관한 테제'에 보면 사회주의 교육학의 기본 원리가 나와 있는데, 이 기본원리란 사람들을 자주성과 창조성을 가진 공산주의적 인간으로 육성하는 것이다.

제43조 국가는 사회주의교육학의 원리를 구현하여 후대들을 사회와 인민을 위하여 투쟁하는 견결한 혁명가로, 지덕체를 갖춘 주체형의 새 인간으로 키운다.

제44조 국가는 인민교육사업과 민족간부양성사업을 다른 모든 사업에 앞세우며 일반교육과 기술교육, 교육과 생산로동을 밀접히 결합시킨다.

제45조 국가는 1년 동안의 학교전의무교육을 포함한 전반적12년제의무교육을 현대과학기술 발전 추세와 사회주의 건설의 현실적 요구에 맞게 높은 수준에서 발전시킨다.

제46조 국가는 학업을 전문으로 하는 교육체계와 일하면서 공부하는 여러 가지 형태의 교육체계를 발전시키며 기술교육과 사회과학, 기초과학교육의 과학리론수준을 높여 유능한 기술자, 전문가들을 키워 낸다.

제47조 국가는 모든 학생들을 무료로 공부시키며 대학과 전문학교학생들에게는 장학금을 준다.

제48조 국가는 사회교육을 강화하며 모든 근로자들이 학습할 수 있는 온갖 조건을 보장한다.

제49조 국가는 학령전 어린이들을 탁아소와 유치원에서 국가와 사회의 부담으로 키워준다.

북한은 1956년 4년제 초등의무교육제를 실시하였고 2년 뒤에는 4년제 초등교육과 3년제 중등교육을 합한 7년제 중등의무교육제를 실시하였다. 1975년에는 유치원 높은반 1년, 인민학교 4년, 고등중학교 6년을 포함한 전반적 11년제 의무교육이 실시되었고 김정은 국무위원장 시기로 들어선 2012년 9월 북한 최고인민회의 제12기 제6차 회의에서 '전반적 12년제 의무교육'을 실시할 데에 대한 법령이 발표되었다.

이후 단계별 시행을 거쳐 2017년 4월 11일 최고인민회의에서 '전반적 12년제 의무교육'의 북한 전역 실시를 공표하였다. 북한의 학제는 기존 소학교를 4년제에서 5년제로 변경되었고, 중학교를 6년제에서 초급중학교 3년과 고급중학교 3년으로 분리되었다. 따라서 북한은 '전반적 12년제 의무교육' 아래 유치원 높은반 1년, 소학교 5년, 초급중학교 3년, 고급중학교 3년 총 12년제 의무교육이 시행되고 있다.

• 2012년 9월 북한 최고인민회의 제12기 제6차 회의 •
'전반적 12년제 의무교육' 주요 내용

1. 조선민주주의인민공화국의 모든 지역에서 전반적12년제의무교육을 실시한다.
2. 전반적12년제의무교육의 실시와 관련하여 부족되는 교원들을 보충하며 교원들의 자질을 높이고 교육 방법을 개선하기 위한 대책을 세운다.
3. 교육사업에 대한 국가적 투자를 늘이며 전반적12년제의무교육을 실시하는 데 필요한 조건과 환경을 마련한다.
4. 전반적12년제의무교육을 성과적으로 실시하기 위한 행정적 지도와 법적통제를 강화한다.
5. 조선민주주의인민공화국 내각과 해당 기관들은 이 법령을 집행하기 위한 실무적 대책을 세울 것이다.

고등교육의 경우 김일성종합대학·김책공업종합대학과 같은 종합대학이 있고 학부에 따라서 4~6년제로 이루어져 있다. 교원대학·전문대학은 대체적으로 3년제, 사범대학은 4년제, 고등전문학교는 2~3년제이다. 물론 수재를 양성하기 위한 특수교육기관들이 있는데 제1중학교, 평양외국어학원, 금성학원, 평양음악학원들이 바로 그러한 곳이다.

• 북한의 학제 •

연령						
26	박사원,연구원					
25	(2-3년)					
24						
23						
22						고등
21	대학		단과대학	고등전문학교		교육
20	(4-6년)		(3-4년)	(2-3년)		
19						
18						
17		고급중학교(3년)				
16						중등
15	전반적					교육
14	의무	초급중학교(3년)				
13	교육					
12	12년제					
11		소학교(5년)				초등
10						교육
9						
8						
7						
6		유치원(2년)		높은반		
5				낮은반		
4		탁아소				취학전
3						교육
2						
1						

출처 : 통일연구원. 「2018 북한 이해」

교육 트렌드의 사상적 토대: 전민과학기술인재화

최근 북한의 교육 트렌드는 바로 '과학기술강국'이다. 자력자강의 경제 건설에서 과학기술 발전은 핵심이라고 내세우면서 첨단기술뿐만 아니라 국방과학, 정보화에도 힘을 쓰며 과학기술 발전에 국력을 집중시키고 있다. 이러한 과학기술강국의 발전도상에서 그 사상적 토대는 바로 '전민과학기술인재화'이다.

김정은 국무위원장은 "우리나라를 세계적인 강국으로 일떠세우자면 전민과학기술인재화를 실현하여야 합니다. 전민과학기술인재화를 실현하여야 가까운 앞날에 우리나라를 세계적인 과학기술강국, 인재강국으로 만들 수 있습니다."라고 말하였는데, 이는 세계화시대에 과학기술과 관련한 인재들을 더 많이 그리고 더 빨리 배출해 내야 한다는 시대적 요구에서 나온 사상이라고 밝히고 있다.

북한의 사회과학출판사에서 발간한 「경애하는 최고령도자 김정은 동지께서 밝히신 전민과학기술인재화에 관한 주체의 리론」에 따르면 전민과학기술인재화의 본질적 내용은 크게 두 가지이다. 먼저 사회의 모든 구성원을 대학을 졸업한 사람과 같은 수준의 지식을 갖게 하고 이를 활용할 수 있는 지식형 근로자들 양산해 내는 것이다. 이는 오늘날 지식경제시대의 현실에서는 현대과학기술 지식을 가지고 있어도 활용하지 못하고서는 제대로 된 인재가 나올 수 없다는 데에서 기인한다.

이 이론에 따르면 "전민과학기술인재화는 바로 대학교육을 받지 못하고 생산현장에서 일하는 생산자들도 한 사람도 빠짐없이 일하면서 배우는 고등교육과정에 망라시켜 하나 또는 그 이상의 과학기술분야에 대한 깊고도 풍부한 전문과학지식과 기술기능을 소유하고 그것을 능숙하게 활용해 나가면서 생산 활동을 벌려 나가는 지식형 근로자로 튼튼히 준비시키기 위한 인재육성사업이다."라고 밝히고 있다.

두 번째로는 사회의 모든 구성원들을 과학기술발전의 담당자들로 육성하는 사업이라는 것이다. 과학기술발전의 수요자가 아닌 과학기술발전의 직접적인 당사자로서 사회주의강국 건설에 적극 이바지하는 창조자로서의 역할을 다해 나가도록 한다는 것이다. 이론에는 "자기 부문, 자기 단위에서 제기되는 그 어떤 어려운 과학기술적 문제들도 두뇌전, 실력전으로 제때에 훌륭히 풀어 나가며 자체의 경영전략, 기업전략, 자기의 얼굴이라고 할 수 있는 특색 있는 과학기술을 가지고 세계적인 경쟁력을 가진 명제품, 새 지적제품들을 끊임없이 생산해 낼 수 있는 자질과 능력을 갖추는 것, 바로 이것이 전체 일군들과 근로자들이 도달해야 할 목표이다."라고 밝히고 있다.[102]

이러한 전민과학기술인재화는 북한의 자체적인 방식으로 실현해 나가는 우리식의 과학기술인재육성사업으로, 최근 북한의 교육과 과학 분야 발전사업에 가장 중요한 트렌드로 자리매김하고 있고 과학기술전당 건립과 평양교원대학 재건립에서 그 방향성을 확인해 볼 수 있다. 또한 려명거리, 미래과학자거리와 같은 대규모 거리조성 국책사업의 입주 혜택을 교육자와 과학자들에게 우선적으로 돌려주면서 그 우대가 이전 시기에 비해 확연히 높아진 부분으로 사회적인 풍토 역시 달라지고 있다.

102　사회과학출판사, 「경애하는 최고령도자 김정은 동지께서 밝히신 전민과학기술인재화에 관한 주체의 리론」, 2017

최근 건립된 주요 교육기관

◆ 평양교원대학

평양교원대학은 유치원 및 소학교(초등학교) 교원들을 양성하는 교육기관으로 1968년 9월에 창립되었고 교육의 과학과 · 정보화 · 현대화라는 기치를 걸고 2017년 11월에 연건축면적 24,100㎡로 재건하여 교원양성의 본보기 대학으로 평가받고 있다. 소학교교수방법실기실, 자연실험교수수법실, 어린이지능계발기술보급실을 비롯한 모든 교실들을 실기교육이 가능하게 만들어졌고 3D화상입력장치와 3D인쇄기, 전자칠판과 같은 첨단 교육 설비를 갖추어 시대적 흐름에 맞는 과학교육조건과 환경이 조성되어 있다.[103]

평양교원대학의 수업(출처: 로동신문)

---

[103] 조선의 오늘, "경애하는 최고령도자 김정은 동지께서 새로 개건된 평양교원대학을 현지지도하시였다", 2018.1.17

◆ 과학기술전당

과학기술전당 본관

앞서 소개한 '전민과학기술인재화'가 과학기술발전에 대한 북한당국의 의지이고 사상적 토대라면 이 사상을 현실화시킨 것이 바로 과학기술전당이다. 북한은 과학기술전당이야말로 '21세기 전민학습의 대전당', '주체적 건축예술의 표본', '국보적인 건축물'이라고 소개하고있다. 2016년 1월 1일 준공한 과학기술전당은 연건축면적이 106,600㎡에 달할 만큼 거대한 구조물로 본관이 거대한 원자구조 모양으로되어 있다. 종합적인 전자도서관으로 방대한 자료기지, 다기능화된현대과학기술보급기지, 정보교류거점이라고 소개하고 있다.[104]

---

[104] 서광, "과학기술전당", 2017.2.16

◆ 만경대학생소년궁전

만경대학생소년궁전 전경

소년궁전은 학교 수업 후에 학생들이 본인의 희망과 취미에 따라 과외교육을 받을 수 있는 기관으로, 평양 이외의 지방에도 여러 곳에 설립되어 있다. 만경대학생소년궁전은 그중에서도 최상으로 지어진 소년궁전으로 2015년 12월에 개건되었다. 연건축면적 105,000㎡에 과학, 예능, 체육 부문의 140여 개의 소조실, 활동실, 종합훈련장들이 있으며 극장, 도서관, 체육관, 수영관 등이 갖춰져 있다. 매일 5,000명의 학생들의 과외 활동이 이루어지고 있으며 많은 외국 손님들이 즐겨 찾는 참관지이기도 하다.

다양한 과학 분야 이벤트들

보편적 과학기술 보급이 전반적으로 중시되는 가운데 여러 가지 과학 부문의 이벤트들이 열린다. 조선중앙연감(2018)에 따르면 제32차 전국과학기술축전, 전국정보화성과전람회 2017, 제28차 전국정보기술성과전시회, 전국나노기술부문 과학기술전시회 2017, 제15차 전국발명 및 새 기술전람회, 전국자연에너르기(전국자연에너지) 부문 과학기술성과전시회 등을 비롯하여 30여 차례에 걸쳐 다양한 과학기술발표회 및 토론회가 개최되었다.

주요 과학 및 정보기술 부문 전시·전람회

◆ 제32차 전국과학기술축전

과학기술전당에서 560여 건의 과학연구 및 기술혁신성과자료들이 발표되었다. 영화편집과정의 종합정보화체계를 실현한 김일성종합대학 정보과학대학, 무인먹이공급기를 제작한 국가과학원 111호제작소, 제4세대 촉매생산공정을 확립한 남흥청년화학련합기업소, 무연탄가스화에 의한 고온공기연소기술로 전강재압연차바퀴 생산 방법을 연구·도입한 라흥철도공장을 비롯한 6개 단위가 특등을 하였다.

◆ 전국정보화성과전람회 2017

국가정보화국의 주최로 〈만리마시대와 정보화 열풍〉이라는 주제로 열린 전람회는 정보화, 정보산업, 교육정보화를 비롯한 5개 부문으로 나뉘어 진행되었다. 생산과 경영활동의 지능화·정보화·수자화·자동화·기계화를 실현할 수 있는 경영정보체계, 생산관리체계, 자동조종체계 등에 필요한 프로그램들과 교육지원프로그램들, 지능형손전화기(스마트폰) 및 판형콤퓨터용(테블릿용) 프로그램들, 정보통신수단들이 참가자들의 관심을 끌었다. 20개 단위들이 정보화 모범단위, 10대 최우수정보기술기업으로 선정되었고 저밀도파장분할중첩기, 수지3D인쇄기 등이 10대 최우수 정보기술제품으로 평가되었다.

◆ 전국나노기술부문 과학기술전시회 2017

조선과학기술총련맹 중앙위원회의 주최로 국가나노기술국에서 진행되었다. 나노교정수, 미량원소나노비료, 농업용나노기능성박막, 강력초음파처리기, 화상창상붕대, 연축전지용나노흑연분산액, 나노디펩티드비누, 나노규소비료 등의 전시품 등이 참가자들의 관심을 모았다. 나노이론 및 측정, 나노재료, 나노농업 및 의학분과로 나뉘어 진행된 전시회에서는 김일성종합대학 첨단과학연구원 나노기술연구소, 농업연구원 나노기술연구소, 김책공업종합대학 나노물리공학연구소, 국가과학원 나노재료연구소를 비롯한 7개 단위들이 1등을 하였다.

– 조선중앙통신사, 조선중앙연감(2018)에서 발췌

특별 인터뷰

김강죽 ┃ 경상유치원 원장

김철웅 ┃ 만경대학생소년궁전 부총장

최옥경 ┃ 만경대학생소년궁전 소개선전원

김승기 ┃ 인민대학습당 대외사업처장

오순임 ┃ 인민대학습당 대외사업처 부원

홍경철 ┃ 김일성종합대학 대외사업부 부부장

리경일 ┃ 김일성종합대학 대외사업부 부원

오충일 ┃ 청소년과외교양지도국 문예처장

김선화 ┃ 청소년과외교양지도국 과학기술처 지도원

차경철 ┃ 청소년과외교양지도국 대외사업지도원

주혁철 ┃ 조국통일부 지도원

리문철 ┃ 교육위원회 국장

유현순 ┃ 교육위원회 보통교육성 교육방법국 책임교학

리혜련 ┃ 교육위원회 대외교육국 책임교학

김영명 ┃ 과학기술전당 처장

박은실 | 국가소프트웨어 산업총국 부원
김정훈 | 국가소프트웨어 산업총국 부원

Q. 최근의 유치원의 모습이 이전과 대비해 보았을 때 어떤 점에서 달라졌나요?

A. 이전에도 그랬습니다. 우리나라에서는 아이들을 귀하게 여기고 나라가 아무리 어려워도 아이들 공부를 중단시킨 적이 없었고 모든 투자를 했습니다. 최근에 원수님께서 1차적으로 관심을 가지시는 것은 아이들을 위한 교육비품, 학교, 애육원, 교원대학 등 시설의 현대화입니다. 따라서 아이들이 자기 주동으로서 자기 존재에 대한 가치를 대단히 크게 생각합니다. 한마디로 말해서 우리나라에서는 '아이들이 나라의 왕이다'라는 말이 보편적으로 일어나고 있습니다. 최근에는 그 말에 대한 자부심과 긍지를 더 크게 느끼고 있습니다.

또한 시대가 많이 발전하니까 유치원 아이들도 배우려는 노력이 점차 커지고 있습니다. 우리 유치원에서는 음악이 기본 중심이어서 우리나라 대금, 가야금, 양악기, 바이올린, 첼로, 피아노 등을 가르쳐 주고 있으며 피아노는 기본적으로 거의 모든 아이들이 어느 정도 다 할 줄 압니다. 최근에는 우리나라 민족 악기의 인기가 많고 전문가를 지망하는 대상들 속에서는 바이올린이나 첼로를 지망하는 학생들이 많아지고 있습니다.

우리 유치원은 국제콩쿨에도 많이 나가고 입상도 하면서 자부심이 대단한 유치원입니다. 음악은 빨리 시작하면 시작할수록 효과가 크기 때문에 어릴 때부터 해야 두각을 나타낼 수 있습니다. 앞으로 우리 유치원을 세계적으로 대상할 유치원이 없을 정도로 훌륭한 인재를 배출시켜 나갈 계획입니다.

Q. 북한에서 청소년 학생들에 대한 과외교육교양은 어떻게 진행되고 있는지요?

A. 과외교육교양은 가정교양과 교수를 통한 교육과 함께 학생들에 대한 교육요양체계에서 중요한 자리를 차지합니다. 그 이유는 우선 소학교, 초급, 고급중학교 학생들의 하루 생활에서 교수시간 외에 과외생활이 많은 비중을 차지하고 있으며, 과외시간에는 제한된 교수시간과는 달리 학생들의 요구와 특성에 맞게 여러 가지 교육교양사업을 다양하게 진행할 수 있기 때문입니다.

우리나라에서는 과외교육교양을 당의 학생교양방침에 철저히 의거하여 국가가 책임지고 국가 부담으로 전망성 있게 체계적으로 하면서도 시기성과 현실성을 옳게 보장하고 모든 청소년 학생들을 광범위하게 참가시키는 방향에서 이 사업을 학생들의 심리적 특성과 수준에 맞게 여러 가지 형식과 방법으로 진행하고 있습니다. 학교들에서는 읽은 책 발표모임, 영화감상모임, 글쓰기경연, 웅변대회, 답사, 견학, 당정책선전대활동, 토끼 기르기와 같은 여러 가지 좋은 일하기 운동 등으로 진행하고 있습니다.

사회문화기관들에서 과외교육교양은 과외교양의 거점인 학생소년궁전, 학생소년회관에서의 소조 활동과 다양한 대중 활동, 소년단 야영소들에서의 야영 활동 등을 통하여 학생소년들의 희망과 소질을 마음껏 꽃피워 주며 그들을 다방면적인 지식과 한 가지 이상의 기술기능을 소유한 재능 있는 과학자, 기술자, 예술인, 체육인 후비로 키워 내는 데 목적을 두고 진행하고 있습니다.

학생들의 과외교육교양에서 중요한 자리를 차지하고 있는 학생소년궁전, 학생소년회관들에서 학생은 자기의 소질과 희망에 따라 여러 가지 소조에 망라되어 소조 활동을 진행하고 있습니다. 학생들의 과외교육교양에서 중요한 자리를 차지하고 있는 학생소년궁전, 학생소년회관들에서 학생들은 자기의 소질과 희망에 따라 여러 가지 소조에 망라되어 소조 활동을 진행하고 있습니다. 학생소년궁전과 학생소년회관들에서 운영되는 소조들에는 과학기술부문소조, 예능부문소조, 체육부문소조가 있습니다.

우선 과학기술소조에서는 전반적 12년제 의무교육의 요구에 맞게 학생소년들에게 기초과학소조, 정보기술, 외국어, 전자기구, 자동차소조를 통하여 학교에서 배운 과학기술지식을 더욱 폭넓고 깊이 있게 다져 주며 실천에 활용할 수 있는 한 가지 이상의 기술을 소유한 재능 있는 과학기술인재로 준비시키고 있습니다.

예능소조에서는 성악, 기악, 무용, 화술, 미술, 서예소조 등을 통하여 학생소년들에게 예술적 기초를 튼튼히 다져 주면서 천성적인 소질과 뛰어난 예술적 재능을 가진 학생소년들을 명배우, 명연주가후비로, 신동이, 재간둥이들로 키워 내고 있습니다. 그리고 경애하는 최고령도자동지의 숭고한 뜻과 의도에 맞게 민족기악, 민족성악, 민족무용을 고수하고 발전시키기 위한 사업에 힘을 넣어 민족예술의 대를 이어 갈 재능 있는 후비들을 많이 키워 내기 위한 사업을 기본으로 진행하고 있습니다.

체육소조에서는 우리 민족의 정통무술인 태권도 종목을 기본으로 하면서 축구를 비롯한 구기종목들을 통하여 학생소년들에게 체육기초를 튼튼히 다져 주고 종목별 체육지식과 전문체육기술을 소유하도록 하여 전도유망한 나라의 체육선수 후비들을 키워 내고 있습니다.

과외교육교양 거점의 하나인 소년단 야영소들에서는 정치사상교양, 등산, 해양, 체육, 예술, 다양한 활동으로 구분하여 야영 활동을 진행하는 것과 함께 만경대고향집 찾기, 혁명의 천리길 답사도 진행하고 있습니다.

소년단 야영소들에서의 야영 활동에 대하여 말한다면 정치사상교양에서는 위대한 수령님과 위대한 장군님, 경애하는 최고령도자동지의 현지지도노정과 혁명사적교양실, 연혁소개실을 통한 교양과 위대성 교양, 김정일 애국주의 교양을 비롯한 5대 교양과 해당 지역들에 있는 혁명전적지, 혁명사적지를 통한 교양사업을 기본으로 하고 있습니다.

등산 활동에서는 등산지식보급과 행군, 산발타기, 벼랑 오르기, 동식물 및 광물 채집, 천막 활동 등을, 해양 활동에서는 해양지식보급, 수영, 보트놀이, 바다동식물 채집, 유람선 활동, 모래모형 만들기 등을 진행하고 있습니다.

체육 활동과 예술 활동에서는 육상, 축구, 배드민턴을 비롯한 체육 활동을 야외와 실내체육관에서 진행하고 국방체육과 팽이치기를 비롯한 민속놀이, 소년운동회, 영화 관람 및 녹화편집물 시청, 마이크식화면 노래 반주기 이용, 노래 보급, 학생소년군중무용 보급, 분단별예술소품공연, 오락회, 합창경연 등을 다채롭게 진행하고 있습니다.

다양한 활동에서는 요리 실기 연습, 야영생축하공연 지덕체자랑모임, 알아맞히기 경연, 솜씨전람회, 전자오락, 유희시설을 통한 활동을 진행하고 있습니다. 그리고 학생소년들에 대한 과외교육교양에서 만경대고향집 찾기와 혁명의 천리길 답사를 통한 교양사업도 진행하고 있습니다.

혁명의 수도 평양시를 참관하고 싶어 하는 학생소년들에게 만경대고향집 찾기를 조직하고, 해마다 전국적으로 수백여 명의 모범적인 학생들로 조선혁명박물관을 비롯한 평양시내 여러 곳에 대한 참관을 조직하고 있으며 전국의 모범적인 학생 청소년들을 대상으로 하는 혁명의 천리길 답사를 통하여 위대한 수령님의 혁명 역사를 깊이 체득시키고 강인한 의지와 체력을 튼튼히 단련하도록 하고 있습니다. 또한 야영 활동에서는 학생들이 야영소에 와서 학교에서 배운 지식을 산지식으로 더욱 공고히 하고 문화적으로 휴식하면서 몸과 마음을 단련하는 것을 기본으로 하고 있습니다.

위대한 수령님과 위대한 장군님의 크나큰 사랑과 배려에 의하여 일떠선 학생소년궁전과 학생소년회와, 소년단야영소들은 단순한 학생소년들의 과외활동기지가 아니라 후대들을 위해서는 그 무엇도 아끼지 않으시는 위대한 수령님과 위대한 장군님의 숭고한 후대관과 청소년 학생들에게 돌려주시는 크나큰 은정과 믿음이 담겨진 은혜로운 사랑의 결정체라고 말할 수 있습니다.

위대한 수령님과 위대한 장군님의 숭고한 후대 사랑, 미래 사랑을 그대로 이으신 경애하는 최고령도자동지의 정력적인 영도의 의하여 오늘날 청소년과외교육교양기지들은 새 세기의 요구에 맞게 현대적으로 개건되어 학생소년들은 〈세상에 부럼 없어라〉의 노래를 높이 부르면서 재능 있는 과학자, 예술인, 체육인 후비로, 나라의 훌륭한 역군으로 튼튼히 자라나고 있습니다.

Q. 학생소년궁전을 비롯한 과외교양기지들이 사회교육 발전에서 차지하는 위치와 역할에 대하여 설명해 주세요.

A. 경애하는 최고령도자 김정은 동지께서는 학생소년궁전과 학생소년회관, 소년단야영소를 비롯한 과외교육교양거점들과 과외생활기지들을 새 세기의 요구에 맞게 잘 꾸려 학생들이 세상에 부럼 없이 마음껏 배우고 생활하도록 하여야 한다고 하시면서 가정교육과 학교교육, 사회교육을 밀접히 결합하여 학생들을 어려서부터 대바르고 건전하게 키우도록 하여야 한다고 말씀하시었습니다.

과외교육교양기관들에서는 경애하는 최고령도자동지의 숭고한 의도에 맞게 소조 운영을 끊임없이 개선함으로써 학교교육을 받침하며 학교교육의 성과를 공고히 하여 학생소년들을 지덕체를 겸비한 나라의 믿음직한 후비대로, 조국의 미래를 떠메고 나갈 억센 기둥감들로 튼튼히 준비시키는 데 목적을 두고 교육교양사업을 진행하고 있습니다.

학생소년궁전과 학생소년회관들에서는 학생들에게 학교에서 배운 지식을 더욱 공고히 하고 실천실기능력과 예술적 소양을 높여 주기 위한 사업과 과외활동에 참가하는 학생들이 과외활동수첩을 구비하고 학부형들의 의견을 교환하는 방법으로 가정교양, 학교교육과 함께 과외교육교양을 잘 배합함으로써 학생들에 대한 교양을 당의 의도에 맞게 진행하고 사회교육을 발전시키는 데서 중요한 역할을 하고 있습니다.

특히 천성적인 소질과 재능이 있는 학생들을 많이 찾아내어 잘 키우는 것과 함께 희망과 소질에 따라 그들의 재능의 싹을 찾아 꽃피워주기 위한 사업을 심화시키는 과정에 재능 있는 인재들을 수많이 육성하여 나라의 국보적인 예술단체들을 비롯한 전문단체들에 보냄으로써 우리나라 청소년과외교육교양제도의 우월성과 생활력을 남김없이 과시하고 있습니다.

국보적인 예술단체였던 보천보전자악단의 유명한 가수들인 김광숙, 전혜영, 리분희 은하수관현악단 가수였던 로은별을 비롯한 배우들과 인민체육인 부성민, 리세광 선수들도 다 위대한 수령님과 위대한 장군님의 사랑과 배려 속에서 훌륭히 꾸려진 과외교양기지들에서 무료로 마음껏 재능을 꽃피우며 세계적인 명배우, 체육명수들로 자라났습니다.

소년단 야영소들에서의 야영 활동도 학생소년들이 학교에서 배운 지식을 산지식으로 공고히 하고 학급을 단위로 하는 집단생활을 통하여 집단주의정신과 자립성, 독자성을 키워 나가도록 함으로써 자라나는 새 세대들을 정신적·육체적으로 튼튼히 준비시키는 데서 중요한 역할을 하고 있습니다.

Q. 최근 만경대학생소년궁전을 비롯하여 과외교육 및 교양기관들에서 청소년 학생들이 좋아하고 즐기는 것은 어떤 것이며 그 이유는 무엇인가요?

A. 경애하는 최고령도자 김정은 동지께서는 여러 차례에 걸쳐 학생소년궁전과 학생소년회관들에서 소조 운영을 잘하여 조국의 미래를

떠메고 나갈 인재, 수재들을 많이 키워 낼 데에 대한 귀중한 가르치심을 주시었습니다. 현재 학생소년궁전, 학생소년회관들에서는 세계적인 교육 추세에 맞게 최첨단과학기술을 소유하기 위한 학생들의 열의가 비상히 높아졌으며 특히 정보기술소조와 기초과학소조를 지망하는 소학교, 초급, 고급중학교 학생들의 수가 급격히 늘어나 수많은 학생소년들을 소조 활동에 망라시켜 앞날의 과학자 후비로 준비시키고 있습니다.

소년야영활동에 참가하는 학생들 속에서는 수영, 겨울철스키 활동, 요리 실기 연습, 천막등산 활동을 좋아하고 있습니다. 많은 학생소년들이 산이 많고 세면이 바다로 둘러싸여 있는 우리나라의 지리적 특성에 맞게 천막 등산 활동과 행군, 수영, 보트 타기를 통하여 우리나라의 산악지대를 능숙하게 극복하고 생존능력을 키우며 바다에 대한 상식을 넓혀 바다의 정복자들로 자랄 수 있는 능력을 키우기 위해 등산 활동과 해양 활동을 좋아하고 있습니다.

현재 송도원국제소년단야영소를 비롯한 소년단야영소들에서는 학생소년들이 해양국의 주인공들로 자라날 포부를 안고 해양 활동에 참가하여 체력을 단련하고 있으며 국내뿐 아니라 해마다 세계 여러 나라의 수많은 학생소년들이 세계 1등급의 야영소로 훌륭히 꾸려진 송도원국제소년단야영소에 찾아와 조선소년단야영단과 함께 야영 활동을 진행하면서 젊음으로 약동하는 사회주의 문명국에서 한생의 추억으로 될 즐거운 야영 생활을 보내고 있습니다.

Q. 지난 시기 만경대학생소년궁전을 비롯하여 과외교육 및 교양기

관들에서 청소년 학생들이 좋아하고 즐겼던 것은 어떤 것이며 그 이유는 무엇인가요?

A. 지난 시기 학생소년궁전, 학생소년회관들에서는 학생소년들이 취미와 소질에 따라 지망하는 소조는 각이하지만 전반적인 학생들이 정보기술소조를 비롯한 기초과학소조와 성악, 손풍금소조를 비롯한 예능소조를 지망하고 한 가지 이상의 과학기술과 예술적 재능을 소유하여 나라의 과학기술 발전과 예술 발전에서 핵심적 역할을 할 수 있게 자신들을 준비하였습니다.

지난 시기 많은 청소년 학생들이 정보기술소조와 예능소조를 지망한 것은 과학기술을 중시하는 당의 의도에 맞게 정보기술을 비롯한 최첨단 과학기술을 소유하여 조국의 앞날을 떠메고 나갈 역군으로 자신들을 튼튼히 준비하기 위해서이며, 한 가지 이상의 예술적 재능을 소유하고 나라의 문명 발전에 적극 이바지하는 군중문화예술의 핵심으로 준비하기 위해서였습니다.

야영 활동에서는 우리나라의 지리적 특성에 맞게 수영을 비롯한 보트 타기와 산악지대를 능숙하게 극복하고 생존능력을 키우는 행군과 천막 등산 활동을 위주로 하여 등산 활동과 해양 활동을 좋아하였습니다.

Q. 앞으로 학생들을 위하여 예견되는 교육시설이나 봉사 혹은 시범적인 것들은 어떤 것이며, 여기에서 학생들의 의사를 어떻게 빠르게 반영하고 실현하나요?

A. 경애하는 최고령도자 김정은 동지께서는 학생소년궁전, 학생소

년회관들에서 실천능력도달목표를 높이 정하고 풍부하고 폭넓은 과학기술과 예능교육을 줄 수 있게 소조 운영 내용과 방법을 개선할 데 대하여 가르쳐 주시었습니다. 올해부터 학생소년궁전, 학생소년회관들에서는 지난 시기와는 달리 많은 학생소년들이 참가할 수 있게 교육강령을 갱신하고 지역적 특성에 맞게 소조들을 합리적으로 운영하게 됩니다.

특히 만경대학생소년궁전과 평양학생소년궁전의 과학기술 부문 소조들에서 우리나라를 부강·번영하는 사회주의 강국으로 일떠세우시려는 경애하는 최고령도자동지의 숭고한 의도에 맞게 학생소년들에게 로케트의 구조와 작용 원리, 탄소하나화학공업을 비롯한 첨단과학기술, 여러 가지 에네르기 생산에 대한 이론과 실험실습 등을 요강에 반영하여 시범적으로 배워 주고 그 경험에 따라 전국의 학생소년궁전, 학생소년회관들에 일반화하게 됩니다.

그리고 학생소년궁전, 학생소년회관 과학소조들에서 지난 시기 수학, 물리, 화학을 따로따로 가르치던 방식으로부터 다방면적인 지식과 실천실기능력을 습득하려는 학생들의 의사에 맞게 소조원들에게 다방면적인 기초과학지식과 활용능력을 키워 주기 위한 소조를 합리적으로 조직하고 운영하게 됩니다.

특히 지난 시기 학생소년궁전, 학생소년회관들에서 소조 운영 기간을 3년으로 정하고 소조 활동을 진행하던 것을 올해부터는 소조 운영 기간을 1년으로 정하고 더 많은 학생소년들을 소조에 망라시키는 것과 함께 모든 소조실들을 다기능화된 소조실로 꾸려 학생소년들에 대한 과외교육교양에 적극 이바지하게 됩니다.

이와 함께 시·군들에 있는 학생소년궁전, 학생소년회관들에서 해당 지역의 특성에 맞게 공업지구에서는 전자기구와 자동차소조를, 농업지대에서는 뜨락또르소조를, 임업 부문에서는 목공예소조를, 수산 부문에서는 해양과 선박 등 해당 분야의 기술기능을 소유하기 위한 사업을 계획하고 추진 중에 있습니다.

또한 더 많은 학생소년들이 참가할 수 있게 학생소년궁전, 학생소년회관 대중활동기지들에 전자오락설비를 비롯한 현대적인 문화오락설비와 기재들을 갖추어 주기 위한 사업을 진행하고 있으며 교통안전교양실습장과 교통안전교양실을 잘 꾸려 학생들에게 교통안전교양과 관련한 상식도 주고 있습니다.

야영 부문에서는 경애하는 최고령도자동지의 후대 사랑, 미래 사랑에 의하여 강원도 12월6일소년단야영소가 새 세기의 요구에 맞게 훌륭히 개건현대화되어 야영을 시작하였으며, 앞으로 송도원국제소년단야영소와 같은 마전국제소년단야영소를 건설하여 해양 활동에 참가하고 싶어 하는 학생소년들을 더 많이 받아들일 것으로 계획하고 추진 중에 있습니다.

특히 송도원국제소년단야영소에서는 계절에 따르는 겨울철 스키 활동과 돛배 타기를 야영 활동 과정 안에 새로 반영하고 스키장과 돛배정박장, 수십여 척의 돛배들을 마련하였으며 학생들의 동심에 맞게 야영 활동에 참가하는 학생들에게 요리실기연습실을 그쯘하게 꾸려 주어 직접 요리도 해 보면서 자립성과 독자성을 키우는 과정으로 계획하고 있습니다. 또한 지난해 소년단 야영소들에서 종합지식보급실, 전자도서열람실, 전자오락실꾸리기가 진행된 데 맞게 야영 활동계획에 이와 관련한 내용을 반영하고 집행하려고 합니다.

Q. 과학기술전당은 무엇을 하는 곳인가요?

A. 과학기술전당은 전 인민에게 봉사하는 최첨단의 과학기술보급 기지로 온 사회의 인테리화, 전민과학기술의 현대화의 본보기입니다. 인민대학습당이 성인 위주, 서지자료 기본 자연과학 및 사회과학전자도서관의 형태라면 과학기술전당은 어린이부터 노인까지 과학 중심 건물로 컴퓨터 망을 통한 전자열람봉사를 기본으로 하고, 내부 건물봉사가 있고 외부(온라인)로 하는 봉사가 있습니다. 그 밖에도 참관봉사 및 축전, 전시회, 경연 관련 봉사가 있습니다.

우리 과학기술전당에서 특별하게 인기 있는 부분은 과학기술연단 이라는 곳인데, 많은 사람들이 질문하고 답하는 질의응답 봉사 관련 코너입니다. 아동, 학생 그리고 장애자 그룹이 이용할 수 있는 홈페이지 봉사가 따로 구성되어 있으며 그중 학생들 전용열람실이 인기가 많습니다. 이 학생전용열람실에서는 학생전용 열람 홈페이지, 실험 실습, 체육 상식 등 그 밖에도 과학기술상식, 체육상식, 음악상식이 인기자료입니다.

Q. 국가소프트웨어 산업총국의 하는 일과 역할은 무엇인가요?

A. 국가소프트웨어 산업총국은 우리나라에서 정보산업의 발전을 통일적으로 집행해 나가는 국가기관입니다. 그리고 인민경제 및 사회 생활의 정보화 문제를 해결하는 기관이 바로 우리 기관입니다. 나라의 정보화를 촉진하고 실제로 조직해 나가는 일을 하고 있습니다. 정

보산업은 원리적으로 소프트웨어 산업, 정보통신 산업, 정보장치 산업 등의 여러 가지 산업들의 결합체입니다. 특히 소프트웨어 산업은 정보산업에서도 가장 핵심적인 부문입니다. 우리 국가소프트웨어 산업총국은 그동안 우리나라의 소프트웨어를 산업을 이끌어 오고 발전시켜 왔습니다. 또한 대외교류도 기본적으로 우리가 맡아서 하면서 여러 나라와 협정도 맺고 기술도 교류하고 있습니다.

우리나라에서는 위대한 수령님들과 경애하는 원수님께서 정보산업이나 소프트웨어 산업에 큰 관심을 돌려주시고 있습니다. 왜냐하면 현대사회와 경제에서 정보산업이나 소프트웨어 산업의 위치가 아주 중요하기 때문입니다. 우리는 소프트웨어 산업 정책을 주도해 나가는 기관으로, 소프트웨어산업법과 소프트웨어보호법을 중요하게 생각합니다. 소프트웨어산업법은 소프트웨어 산업에 종사하는 모든 기업들의 활동을 근거하는 법이고, 소프트웨어보호법은 소프트웨어를 만든 기관 및 사람에 대한 재산적 권리에 대한 법입니다. 다른 나라에서처럼 소프트웨어 저작권자들에 대한 여러 가지 보호를 하는데 우리도 트렌드에 맞춰서 많이 나아가고 있습니다.

Q. 소프트웨어의 권리는 어떻게 보호가 되나요?

A. 예를 들어 기관 또는 개인이 소프트웨어를 자기의 것으로 만들자면 국가에 등록을 하고 심의를 거쳐서 인정받아야 합니다. 다른 나라의 특허제도와 저작권등록제도와 같습니다. 물론 심의를 통해서 이 소프트웨어를 보호해 줄 것인지 여부를 결정하게 됩니다. 보호는 무슨 의미인가 하면 원 제작자 이외의 다른 사람이 소프트웨어에 대한

소유, 즉 재산적 권리를 주장할 수 없습니다. 가령 어느 기관이 다른 기관의 프로그램에 대해서 승인 없이 그 프로그램을 사용하게 되면 법 위반이 됩니다.

Q. 소프트웨어 산업과 관련하여 지난 시기에는 어떻게 발전되어 왔나요?

A. 우리나라에서 소프트웨어 산업이 발전하게 된 시점을 보게 된다면, 세계적으로 소프트웨어 산업이 발전한 시기와 비슷합니다. 예를 들면 마이크로소프트와 같은 세계적으로 유명한 회사들이 소프트웨어 산업을 건립해서 발전시킨 시점이 80년대입니다. 우리나라에서는 85년도에 '평양정보센터'라는 말하자면 첫 프로그램 개발단위가 태어 났습니다. 90년도에는 '조선컴퓨터총회사'가 창설되었습니다. '조선컴퓨터총회사'는 위대한 수령님을 모시고 준공식을 했습니다.

따라서 이 시점부터 우리나라에서 과학 연구 사업으로서 프로그램 개발 사업이 활발해졌습니다. 이것이 바로 우리나라 소프트웨어 산업의 첫 시발점이라고 말할 수 있습니다. 그리고 이러한 경험들이 5년, 10년씩 축적되어 나가면서 다양한 프로그램들이 나왔습니다. 그 당시에는 Visual C와 같은 이제는 찾아보기 어려운 컴퓨터 언어를 가지고 개발하였고 90년대 후반부터 2000년대 초에 프로그램 산업이 형성되었습니다.

우리나라에서는 소프트웨어 산업을 인민경제의 주요 부문으로 생각합니다. 이 의미가 무엇인가 하면, 소프트웨어 산업이 단순한 과학 연구의 일부가 아니고 경제의 한 부문이라는 것입니다. 2000년도 지나서는 소프트웨어 산업이 비약적으로 발전하기 시작했습니다. 이 시기에 국가에서도 나라의 정보화에 대한 문제가 제기되어 기업관리, 생산공정관리(무인화), 고객관리 등에 대해서 관심을 갖기 시작했습니다.

Q. 소프트웨어 산업과 관련하여 현재 추세는 어떠한가요?

A. 먼저 소프트웨어 산업발전에서 컴퓨터 통합생산체계가 많은 부분을 차지합니다. 이 통합생산체계를 도입하자면 소프트웨어 산업이 있어야 합니다. 각 공장들에도 IT 및 소프트웨어 역량이 있긴 하지만 통합생산체계와 같은 거대한 소프트웨어 시스템은 쉬운 사업은 아니기 때문에 우리가 있는 것입니다. 또한 정보화에 대한 수요가 생기면서 정보화의 생태계가 형성되어 최근에는 국내에 일감도 매우 많습니다.

그리고 현재 국내에서 컴퓨터 망이 전국적 범위에서 형성되어 있습니다. 그리고 말단의 리까지 정보통신파급소가 들어가 있고 이를 기반으로 많은 정보봉사가 이루어지고 있습니다. 경애하는 원수님께서 과학기술지식이 강물처럼 흐르게, 말하자면 인민들에게 쉽게 보급 받을 수 있도록 해 주셔서 정보과학기술체계가 광범위하게 전파되어 있고 노동자, 사무원 할 것 없이 누구나 쉽게 각종 정보를 확인해 볼 수 있습니다.

더욱이 스마트폰이 보급되면서 애플리케이션 산업이 활성화되고 있습니다. 이 부문은 공장·기업소에서 요구하는 것이 아니라 일반 인민들이 요구하는 것입니다. 우리 아이들 세대는 정말 새로운 게임이 하나라도 나오면 무조건 받습니다. 이에 따라 애플리케이션을 개발하는 기업들이 많아지고 개발 수준도 높아지고 있습니다.

최근 새로운 트렌드는 손전화기를 통한 물건 판매 및 결제 소프트웨어들이 많아지고 있습니다. 또한 컴퓨터 망을 통해서 자료봉사, 전자상거래 등이 활성화되고 있는데, 특히 전자상거래의 경우에는 새로 창설되는 상점들이 상점 사이트에서 물건을 구매할 수 있도록 만들었으니 승인해 달라고 우리에게 찾아옵니다.

대표적으로는 만물상이라는 손전화기 컴퓨터 망인데 중국의 알리바바와 비슷한 것으로 손전화기를 이용한 거래를 하고 송달까지 해 주는 것입니다. 이외에도 여러 가지 비즈니스 아이디어들이 실현되고 있습니다. 그 외에도 전자카드 결제시스템이 보편화되어 '나래'와 같은 카드를 들고 다니면 현금을 가지고 다니지 않아도 결제가 가능해 인민들의 삶이 훨씬 편리해졌습니다.

정보산업은 특히 비상한 인재들이 있어야 발전하지 않습니까. 인재가 산업발전의 첫 시작입니다. 우리 위대한 장군님께서 컴퓨터 수재 교육 체계를 만들어 주셨습니다. 어렸을 때부터 컴퓨터 및 소프트웨어 개발에 전문적인 교육을 하였는데, 이게 1990년대부터 시작한 시스템이니까 지금 와서는 그때 교육을 받았던 사람들이 저와 같은 나이가 되었습니다. 따라서 우리 산업 부문에 노숙한 산업인구가 형성되어 있다고 볼 수 있습니다.

우리 위대한 수령님들과 경애하는 원수님께서 정보기술 인재에 대한 깊이 있는 분석을 해 주시고 금성학원처럼 정보기술 수재를 육성하는 학교를 따로 내어 주시고 키워 주시고 대학도 보내 주시고 대학을 졸업하면 정보산업 분야에 배치하여 자기의 능력과 자질에 맞게 일할 수 있게끔 배려해 주고 계십니다. 이렇게 우리는 정보기술 인재

대국으로 하여 반드시 5년 안팎에는 세계적으로 앞선 첨단기술·정보기술 대열에 합류할 수 있다는 것을 확실하게 말씀드리고 싶습니다.

Q. 외국회사들이 조선회사와 같이 협력할 때 어떻게 일이 진행되나요?

A. 일반적으로는 손전화 소프트웨어, 인터네트 홈페이지·자료기지 등을 주문받습니다. 중국, 동남아시라, 러시아, 인도 등의 나라와 계약을 많이 체결하고 있습니다. 고난이도 경우에는 컴퓨터 통합생산체계와 관련한 프로젝트들이 있습니다. 컴퓨터 통합생산체계는 기업경영, 생산관리, 공정조정으로 나뉘는데 기업경영, 생산관리는 이미 널리 보급되어 있고 공정조정은 공장·기업소들의 지능화·무인화가 진행되어야 합니다. 따라서 이러한 부분이 같이 이루어지기 위해서 많은 시도들이 이루어지고 있습니다.

Q. 조선 소프트웨어 회사 수와 최근 대표적인 소프트웨어는 어떻게 되나요?

A. 몇 천 개 되지 않을까 생각하는데 우리가 개발한 대표적인 소프트웨어라고 한다면 최근에는 클락새(컴퓨터 백신 프로그램)가 있고 실리왁찐이라는 것도 있습니다. 이밖에도 다양한 각 분야에서 다양한 소프트웨어들도 많이 나오고 있습니다. 이는 모두 수요에 기반이 되는 것이고, 개발자들이 자신의 사업 목적으로 인해서 숱한 프로그램을 만들어 내고 있고 결국은 소프트웨어산업법이 이것을 법적으로 장려하고 촉진하는 것입니다.

Q. 소프트웨어 산업과 관련하여 앞으로의 전망 혹은 계획은 어떻게 되시나요?

A. 나라의 정보화, 즉 인민경제의 정보화가 발전하고 국가기관의 정보화가 발전할 것입니다. 국가기관과 기업단위들 사이에(government to business), 국가기관과 일반 주민들 사이에(government to citizen) 정보화가 발전할 것입니다. 그리고 이동통신이 급속하게 발전할 것입니다. 현재는 3g가 보편화되어 있지만 4g, 5g가 도입되고 기술적인 능력이 향상되어 자료의 전송 등이 더욱 편리해질 것입니다. 또한 웨어러블 기계 등이 많이 활용될 것입니다. 현재 맥박, 혈압, 혈당을 체크하는 시계 등이 있는데 광범위하게 보급될 것입니다. 이 부문이 확산되면 산업 부문, 농업 부문, 국토관리에 필요한 기구들도 도입될 것입니다.

그리고 2~3년 안에는 대용량 자료 분석이라는 빅데이터나 클라우드 자료봉사와 같은 신기술들이 곧 도입되고, 그 영역이 계속 확장될 것으로 보고 있습니다. 또한 지능화된 가정용 제품들이 발전할 것입니다. 크게 보면 임베디드 테크놀로지로 장치와 소프트웨어의 결합인데 이 분야에 대한 발전도 빠릅니다.

특히 TV 부문에서 이전에는 단순히 동조기만 필요한 방식이었지만 지금은 지능형 TV가 많이 발전되고 있습니다. 처음에는 외국에서 수입했었는데 지금은 자체로 개발해서 셋톱박스와 연결하여 최신 제품들이 쏟아져 나오고 있습니다. 특히 우리가 봄철·가을철 상품전시회를 하는데 이때 많이 나옵니다. 이러한 제품들은 가정을 대상으로 하기 때문에 온 나라의 수요가 있는 것입니다.

교육 트렌드 2020

북한은 해방 이후부터 교육을 가장 중요한 사회적 부문으로 여겨 왔다. 북한은 유치원의 높은반부터 중학교 졸업까지 총 12년에 걸쳐 '전반적 12년제 의무교육'을 실시하고 있으며 모든 교육기관들은 국가에서 설립하고 운영하고 관리한다.

김정은 국무위원장 시대에 들어서 교육정책에 많은 변화들이 나타 났는데, 가장 핵심적인 것은 바로 세계적 수준의 과학기술 인재를 양성하기 위한 '전민과학기술인재화'에 따른 과학교육의 보급이다. 이러한 목적을 달성하기 위해 과학기술전당이라는 대규모 과학교육기지가 건설되는 등 국가적인 투자가 이루어지고 있다.

북한의 교육열은 남한의 그것에 못지않기 때문에 어려서부터 수재교육체계가 잘 발달되어 있는데 특히 조기교육을 통한 예술인재교육은 유치원 때부터 경쟁이 치열한 것으로 잘 알려져 있다. 전문적이고 체계적인 영재 조기교육은 제24회 쇼팽 국제 청소년 콩쿨에서 1위를 비롯한 각종 국제대회에서 우수한 성적으로 입상한 마신아 학생과 같은 세계적 수준의 영재를 배출하는 성과로 이어지고 있다.

방과 후에는 개인 교습을 받는 학생들도 있지만 대개는 학생소년궁전이라는 과외 활동을 전담하는 교육기관에서 자신의 자질에 맞는 취미와 특기를 발전시켜 나간다. 평양에 있는 만경대학생소년궁전의 경우 매일 5,000여 명의 학생들의 과외 활동이 이루어지는 만큼 규모가 크다.

고등교육기관의 경우 김일성종합대학, 김책공업대학과 같은 종합대학을 비롯하여 평양과학기술대학, 김원균명칭음악종합대학, 평양외국어대학, 평양미술대학 등 분야별로 특화된 전문대학과 단과대학들이 있다. 최근에는 근로자들도 대학교육을 원하면 컴퓨터를 통하여 사이버대학 수강을 할 수 있도록 공장 등에 과학기술보급실을 확대해 나가고 있다.

한편 이동통신서비스의 발달로 교육 분야에서도 다양한 교육 콘텐츠를 담은 휴대전화 프로그램들이 개발되고 있다. 앞으로 이러한 교육 콘텐츠들이 더욱 다양해질 것이고, 기기의 성능 향상과 기술의 발전으로 창의적인 교육 프로그램의 개발사업이 활발하게 전개될 것이다.

★
관광·
명소
—

북한 관광 및 절차

현재 북한을 방문하는 데 쉽지 않은 여러 제약이 있음에도 불구하고 북한 관광에 대한 관심과 방문자 수는 오히려 늘어나고 있는 상황이다. 특히 중국인들의 북한 관광이 주목받을 만한데 북·중 정상회담 이후 양국의 관계가 진전됨에 따라 북한 관광이 2019년 상반기에 전년 대비 최대 50% 늘어났다. 평양, 금강산, 개성, 판문점을 둘러보는 일주일짜리 여행상품을 비롯하여 다양한 상품이 쏟아져 나오면서 평양으로 들어가는 중국발 열차는 만원이 되는 경우가 많다.[105]

이러한 북한 관광의 성황은 북한당국이 관광산업을 활성화하기 위해 여러 노력을 기울이고 있는 것과 무관하지 않다. 비자 발급 기간을 줄이는 등 관광 절차를 간소화하고 홈페이지 개설로 홍보에도 신경을

---

105 연합뉴스, "북중 관계 개선에 중국인 북한 관광 최대 50% 급증", 2019.7.16

쓰고 있으며 평양관광대학과 같은 교육기관을 통하여 전문 인력을 양성하고 있다. 또한 관광개발구와 관광특구를 지정하여 막대한 투자를 진행하고 있다.

해외에서 북한을 관광하는 절차는 일반적으로 현지에 주재하고 있는 여행사를 통해서 이루어지는데, 대표적으로는 조선국제여행사의 해외사무소들이나 조선국제여행사와 업무제휴를 맺은 여행사들이 있다. 방문하는 사람 또는 단체에 따라 상황에 맞는 가이드가 나오기 때문에 방문객들은 어려움 없이 관광을 즐기고 나올 수 있다.

이러한 여행사들을 통하여 이용 가능한 여행상품을 확인하고 사증(비자)을 받기 위해서 여행사 등에 사증신청서를 약 한 달 전에는 제출해야 한다. 사증자료에는 이름(단체인 경우 방문하는 구성원들의 이름), 성별, 태어난 날, 국적, 민족별, 직장 직위, 여권 종류와 번호, 입출국예정일, 운수수단, 사증을 받을 나라이름이 포함된다. 입국사증은 해당 나라에 주재하고 있는 북한의 외교대표부나 영사부, 관광사무소에서 받는다. 여기에는 증명사진 2매와 수수료를 낸다(수수료는 국가마다 다르다).

항공기를 이용하는 경우에는 평양과 직항 노선이 있는 베이징이나 선양(심양)에서 출발하는 고려항공을 탑승하는 경우가 많다. 입국 절차는 여느 공항과 비슷하다. 다만 검역신고서, 입출국수속표, 세관신고서는 적어야 할 내용들이 많으니 자신의 짐에 대해서 꼼꼼하게 숙지하여 기입해야 하고 항공기 안에서 미리 적어 두는 것이 좋다. 일반적으로 외국여행의 경우 가지고 다니는 물품들을 기입하지 않지만, 북한에 입국할 때는 품명, 단위, 수량을 정확하게 기입해야 한다. 특히 컴퓨터, 휴대전화, 카메라, USB저장장치와 같은 전자기기는 더욱 그렇다. 이렇게 저장장치가 있는 전자기기의 경우 따로 검색대 옆으로 가서 검사를 받을 수 있다.[106]

한편 일반적인 경우에 남한주민의 북한 방문은 불가능한 상태이다. 남한의 주민이 북한을 방문하기 위해서는 남한의 '남북교류협력에 관한 법률'에 따라 대통령령으로 정하는 바에 따라 통일부장관의 방문승인을 받아야 하며, 통일부장관이 발급한 증명서(이하 "방문증명서"라 한다)를 소지하여야 한다. 그러나 일반 남한의 주민이 이러한 과정을 거치는 것이 어렵고 현재는 2010년 천안함 사건 이후에 단행한 5·24조치로 인하여 사실상 불가능하기 때문이다.

미국인들의 북한 방문 역시 미 국무부가 인도적 목적 등으로 예외적으로 허용하는 특별여권을 소지하지 않고서는 불가능하다. 미 국무부는 미국인이 북한을 여행할 경우 심각한 체포 위험과 장기간의 구금 위험이 있는데 정부 차원의 긴급 대응을 하기가 어렵다는 것이 이유라고 설명하고 있다. 이러한 조치는 2017년 8월부터 매년 유지되고 있다.

남한 국적을 가지고 있더라도 외국에 거주하는 영주권자와 같은 재외국민 자격이면 통일부에 북한방문신고서를 쓰고 갈 수 있다. 따라서 외국인들이나 해외동포들의 제3국을 통한 북한 방문은 이러한 경로를 통하여 이루어지기도 한다.

---

106 김민종, 「평양의 사계절」, 2017

인기 있는 북한 관광지 TOP 5

국가가 관광산업에 대한 중요성을 인식하고 투자를 진행하며 관광 인프라를 정비하면서 최근 북한에는 해외관광객들의 방문뿐만 아니라 자국민들의 국내 관광에 대한 수요도 점차 늘어나고 있다. 평양에서 지방으로, 지방에서 평양으로, 지방에서 지방으로 가는 국내 관광이 사람들에게 많은 인기를 얻고 있다.

◆ 평양시

북한의 수도로 주요 건축물, 혁명사적지, 박물관, 문화예술기관, 체육관 등이 집중되어 있고 호텔을 비롯한 기타 부대시설들이 제일

평양의 거리

잘 갖추어진 도시이다. 김일성광장, 주체사상탑, 개선문, 조선중앙
역사박물관, 조선미술박물관, 만경대학생소년궁전, 미림승마구락
부, 메아리사격관, 모란봉, 을밀대, 개선청년공원, 문수물놀이장,
중앙동물원, 자연박물관 등은 평양을 방문하는 여행자들이 손에 꼽는
관광지이다.

◆ 백두산

　백두산에 대하여 우리들은 흔히 한반도에서 가장 높은 산으로만 알
고 있지만, 북한에서는 김일성 주석의 항일혁명역사가 깃들어 있는
의미 있는 지역이다. 백두산을 가는 교통수단으로는 기차와 비행기가
있는데 비행기가 편리하며 백두산 천지, 백두산밀영고향집, 삼지연
호수, 삼지연학생소년궁전, 리명수폭포 등이 주요 관광지이다.

백두산 천지(출처: 조선관광)

◆ 개성시

개성시 선죽교(출처: 조선관광)

개성은 평양에서 남쪽으로 약 160㎞ 떨어진 곳으로 왕건왕릉, 선죽교, 만월대, 박연폭포, 판문점, 정전협정조인장, 공민왕릉, 관음사, 공민왕릉 등 역사 유적과 명승지들이 굉장히 많이 있다. 고려의 수도로 잘 알려져 있는 이 도시는 2013년에 12개의 역사유적들이 세계문화유산으로 등록되기도 하였다. 또한 개성고려인삼의 원산지이기도 하다.

◆ 금강산

우리에게도 잘 알려진 금강산은 북한에서는 백두산, 지리산, 묘향산, 구월산, 칠보산과 더불어 6대 명산으로 불린다. 계절마다 금강산, 봉래산, 풍악산, 개골산 등의 별칭이 따라붙으며 산 정상은 비로

마식령스키장(출처: 조선관광)

봉으로 해발 1,693m이다. 여행 지역은 크게 비로봉을 중심으로 내금강과 외금강으로 나뉘며 동해안과 닿아 있는 부분은 해금강이다.

◆ 원산갈마해안관광지구건설

최근에 국가적인 투자가 들어가면서 주목을 받고 있는 관광지구가 바로 원산갈마해안관광지구건설이다. 김정은 국무위원장의 수차례 현지지도가 있을 만큼 그 중요성이 부각되고 있다. 북한의 관영매체들도 건설되고 있는 지구 소식을 끊임없이 보도하고 있다. 건설 전에는 건물을 찾아보기 힘들었던 해안가가 현재는 거대한 복합 관광 리조트로 변모하였다. 이 관광지구는 2020년경에는 완벽하게 공사가 마무리될 것이라고 예상되는데, 수려한 자연경관과 더불어 다양한 위락시설을 갖춘 북한 최고의 휴양지가 될 가능성이 높다.

새롭게 떠오르는 테마관광

북한의 관광사업을 총괄하고 있는 국기기관인 국가관광총국이 운영하는 조선관광 홈페이지에서는 최근 인기 있는 테마관광(주제관광)을 총 13가지나 선보이고 있다. 비행기애호가관광, 등산관광, 체육관광, 열차관광, 대중교통수단관광, 파도타기관광, 건축관광, 산악마라톤관광, 자전거관광, 운수애호가관광, 평양시공중유람관광, 로동생활체험관광, 태권도관광이 바로 그것이다.

◆ **비행기애호가관광**

최근에 시작한 여행상품이지만 그 희망자 수가 해마다 늘어나고 있다. 북한에서 운영하는 여러 기종들의 비행기를 타 보고 지방여행까

미림항공구락부 전경

지도 충족시킬 수 있는 상품이다. 평양, 개성, 백두산, 묘향산 등을 참관하고 대체로 7박 8일 일정이다.

◆ 파도타기관광

북한도 여름이 되면 해수욕을 즐기는 사람들로 만원을 이룬다. 파도타기관광은 2014년 여름에 처음으로 시작되었다. 동해바다에서 열리며 7월에서 8월 사이에는 파도의 높이가 1.5~3m로 초보자들에게 적합하고 10월에서 11월 사이에는 파도가 높아져 좀 더 난이도 있는 파도타기에 알맞다. 파도타기관광 일정에는 다른 관광지들에 대한 일정들도 포함되어 있다.

파도타기를 하는 관광객(출처: 조선관광)

◆ 태권도관광

태권도 시범 모습(출처: 조선관광)

조선국제태권도려행사가 주관하는 여행상품으로 세계의 태권도 애호가들을 위한 관광 상품이다. 관광 기간 동안 태권도성지관과 태권도전당에서 북한의 태권도 사범들로부터 태권도를 배우게 된다. 또한 교육을 마치게 되면 조선태권도위원회의 명의로 태권도수련증서도 수여받는다.

◆ 대중교통수단관광

그동안 평양을 방문하는 관광객들은 관광전용 버스를 타거나 승용차를 이용하였다. 조선국제여행사는 관광객들이 궤도전차, 무궤도전차, 지하철도 등 일반시민들의 대중교통수단을 이용하여 평양시의 시티투어를 하는 상품을 만들었다. 특히 평양지하철도에는 대형 모자이

무궤도전차

크 벽화와 조각 작품들이 있어 이용객들의 호평을 받고 있다.

　이밖에도 국가적인 축제와 행사시기에 많은 사람들이 방문을 한다. 태양절 즈음에 2년에 한 번씩 열리는 국제예술공연인 '4월의 봄 친선 예술축전', 국제피겨대회인 '백두산상국제휘거축전', 봄철과 가을철에 진행되는 '평양국제상품전람회', 주요기념일마다 열리는 '수중체조무용모범출연'과 '조선우표전시회', 북한판 국제영화제인 '평양국제영화축전'이 바로 볼거리가 많은 북한의 축제 및 행사들이다.

특별 인터뷰

김춘희 ǀ 국가관광총국 관광선전국 국장
김성심 ǀ 국가관광총국 조선국제려행사 부원
리성남 ǀ 유원지총국 유희시설관리처 처장
길명훈 ǀ 유원지총국 과학지도처 처장
차광훈 ǀ 유원지총국 대외교류처 책임부원
김　혁 ǀ 개선청년공원 지배인
리상욱 ǀ 문수물놀이장 지배인
리옥순 ǀ 문수물놀이장 안내반장

Q. 국가관광총국이 하는 일이 무엇인가요?

A. 우리 관광총국은 관광과 관련한 정책을 작성합니다. 그 정책을
산하의 여행사들한테 시달해 주고 그에 따라서 관광을 옳게 진행할
수 있도록 만들어 주는 국가적인 관광 관리 기구입니다.

Q. 관광객 수가 최근 어떻게 변화하고 있나요?

A. 구체적인 숫자를 제가 맡아 보는 것은 아니지만 지난해(2017년)에
는 재작년보다는 조금 떨어졌습니다. 그러나 국내 관광객 수는 지속
적으로 늘고 있습니다. 지난해의 경우는 국내관광객 수가 300만 명이
넘었습니다. 지난 시기에는 기관·기업소에서 답사나 야영 형태로 관
광을 진행하고 관광총국에서 시달해 주는 모양으로 통일적으로 진행
되지는 못했습니다. 그러나 최근 시기에 와서는 국내 관광을 전문으
로 하는 '평양관광사'가 나왔습니다. 그러면서 국내 관광이 국제 관광
과 같이 관광단을 조직하고 안내(가이드)를 동원해서 하는 관광 형태로

발전하여 사람들에게 인기가 높습니다.

Q. 최근에 인기 있는 관광지는 어디인가요?

A. 일반적으로는 판문점 참관을 결합한 개성지구 관광이 인기가 많습니다. 판문점이 북과 남이 대치한 가장 예민하고 첨예한 곳이기 때문에 많은 사람들이 과연 이곳이 어떤 곳일까 알고 싶어 합니다. 개성의 경우에는 2013년에 '개성역사유적지구'[107]로 유네스코 세계유산에 등재되었습니다. 세계문화유산의 도시이기 때문에 역사적인 가치가 높아 개성지구 관광이 인기가 높습니다. 그리고 평양시내 참관 일정이 인기 있는데, 특히 사무원들 사이에서 인기가 높습니다. 일반 사무원들은 평일에는 직장에 다니느라 바빠 휴일과 명절날을 이용하여 가족들과 함께 평양시내 관광을 합니다.

또한 공장 참관에 대한 수요도 늘고 있습니다. 류원신발공장, 류경김치공장, 평양화장품공장 등 우리 인민의 기호에 맞는 상품이 생산되기 때문에 참관도 하고 상품도 구입할 수 있습니다. 류경김치공장의 경우에는 가정주부들에게 인기가 많은데, 본인의 가정적인 방법과 공업적인 방법에 어떤 차이가 있는지 알아봅니다. 평양화장품공장은 여성들에게 인기가 많은데 은하수 상표가 대표적입니다. 또한 상점에서 사는 것보다 공장에서 직접 구매하는 것이 특색이 있고 가격 역시 저렴하여 인기가 높습니다.

---

107 개성역사유적지구 : 유네스코는 2013년 6월 23일 북한의 '개성역사유적지구'를 세계유산목록으로 등재하였다. 개성역사유적지구는 2004년 '고구려 고분군'에 이은 두 번째 세계유산목록 등재로 개성 성곽, 개성 남대문, 만월대, 개성 첨성대, 고려 성균관, 숭양서원, 선죽교, 표충사, 왕건릉, 7릉군, 명릉, 공민왕릉 등 12개 개별유적으로 이루어져 있다.

Q. 관광객의 수요를 어떻게 파악합니까?

A. 예를 들어서 조선국제여행사라고 한다면 대방여행사들을 통해서 수요를 종합합니다. 조선국제여행사는 그 수요를 실현시키기 위해서 관련 업무자들이 계획을 세우고 해당단위들과 연계를 맺어 가격, 시간, 일정 등 각이한 문제들을 해결해 나가면서 관광 상품을 만들어 보내 줍니다. 그리고 대방여행사들은 그 관광 상품을 선전하게 되고 관광객들을 모집하는 형태로 진행됩니다.

특히 지난 시기에는 조선 관광을 들어오겠다 하면 수속 절차가 상당히 오래 걸렸습니다. 그러나 이제는 관광객들의 수속을 빨리 해 주기 때문에 2~3일이면 국제 관광객들이 들어올 수 있도록 하고 국내 관광의 경우에는 하루 이틀 내로 전화나 국내망 홈페이지를 통해서 신청하면 바로 관광이 실현될 수 있도록 관광의 수속조건이 지난 시기보다 빨라졌습니다.

Q. 최근 인기 있는 관광 상품은 무엇인가요?

A. 국제 관광객들 사이에서는 마식령 스키장·호텔 관광, 룡강온탕에서의 치료관광, 조선말 배우기 관광이 인기가 높습니다. 요새는 일반관광보다도 주제관광(테마관광)이 더 많아지고 있습니다. 국내 관광객들 사이에서는 광명성절·태양절 등의 명절을 계기로 경축행사 참가도 해 보고 분위기도 보는 관광이 인기가 높습니다.

관광이 지난 시기에는 소규모로 많이 진행되었는데, 최근에는 국가 행사를 동반한 관광이 많이 조직되고 있습니다. 대표적인 것이 만경대상 국제마라톤경기대회인데, 국내뿐만 아니라 국제적으로도 인기가 대단해서 아마추어뿐만 아니라 전문 선수들도 참가합니다. 앞서 말씀드렸듯이 사람들의 기호에 맞는 상품을 다채롭게 기획하기 때문에 상품의 가짓수도 늘어나고 사람들의 수요도 높아지고 있습니다.

Q. 앞으로 주목되는 관광사업은 무엇인가요?

A. 경애하는 최고령도자 동지께서 원산지구, 칠보산지구를 비롯한 나라의 여러 곳에 관광지들을 잘 꾸리고 활발히 하라고 가르쳐 주셨습니다. 그래서 2014년 6월에 최고인민회의 상임위원회에서 원산, 금강산 국제 관광 지대에 대한 정형이 발표되었습니다. 이후부터 원산지구가 국제적인 관광지구로서의 도시 형성이 진행되었다고 볼 수 있습니다. 그리고 2016년 5월에 진행된 조선로동당 제7차 대회의 사업 총화보고에서 경애하는 최고령도자 동지께서 관광을 활발히 조직할 데에 대한 부분을 말씀해 주셨고, 올해 신년사에서도 원산갈마해안관광지구건설을 최단기간 내에 완공하라고 지시하셨습니다.

따라서 올해의 경우는 원산갈마해안관광지구에 대한 관광사업이 국가적으로 장려되어 진행되고 있습니다. 우리 관광총국은 앞으로 관광지구에 관광객들이 모집되게 하는 사업을 최선을 다해서 준비하고 있습니다. 최근에는 나라의 여러 명승지들에 마식령 스키장, 명사십리 해수욕장, 갈마호텔, 갈마비행장이 들어섰습니다. 그러면서 '원산국제친선항공축전 2016' 행사가 진행되었는데 원산지구에서 진행되는 처음으로 큰 행사였고 나라의 관광열기도 많이 올랐습니다. 그리고 평양에도 자연박물관을 비롯해서 특색 있는 관광지들이 일떠서고 신의주 지구에도 호텔이 새로 일떠서서 2016년부터 운영을 시작했습니다. 만포지구, 중강지구, 태룡지구에서도 자기의 특색 있는 관광사업을 진행하여 관광객들을 많이 접수하고 있습니다.

지난 시기에는 참관 및 유람관광 형태로 많이 진행되었습니다. 최근 시기에는 관광객들의 기호를 고려하는 주제관광, 전문관광의 형태들이 많이 생겼습니다. 마라톤애호가 관광, 증기기관차 관광, 파도타기 관광, 조선말 배우기 관광, 요리 만들기 관광 등 형태들이 새롭게 발전하고 있습니다. 게다가 관광객들의 수요와 기호에 맞게 일정을 조직해 주면서 관광에 대한 인기가 더 올랐습니다. 특히 최근 들어 우리 공화국의 전략적 지위가 급상승하면서 다른 나라 관광객들 속에서 우리나라에 대한 호기심과 인기가 높아지고 실제로 와 본 관광객들이 평화롭고 안정한 조건에서 관광을 하기 때문에 굉장한 호평이 이어지고 있습니다.

국내관광에서는 전망적으로 명사십리, 금강산지구, 고산과수농장 등을 연결해 보는 관광 일정을 해 보려고 하고 있습니다. 최근에는 국내관광객들의 수준이 많이 높아졌습니다. 따라서 생활과 밀착시키는 체험형 관광을 조직해 보려고 합니다. 국제관광은 원산갈마해안관광지구, 삼지연지구 등이 꾸려지게 되면 앞으로는 대대적으로 활성화될 것이라고 생각합니다. 수속적인 측면에서도 관광객들이 편리할 수 있도록 조건을 보장할 것입니다.

Q. 사람들이 문수물놀이장을 많이 찾는 이유는 무엇인가요?

A. 문수물놀이장은 물놀이, 찜방 9개, 체육관, 이발, 미용, 치료실 등 종합편의시설을 갖춘 제일 큰 물놀이장으로 인민 사랑의 종합체라

고 생각합니다. 청소년 그리고 학생들이 집체적으로 찾아오고 지방에서도 가족들과 버스를 대절해서 많이 옵니다. 외교단 대표들도 많이 와서 즐기고 세계의 국제기구들 그리고 그 가족들 단위도 많이 옵니다.

물놀이장의 경우 체육, 운동실 이용이 많고, 허리기계 이용을 많이 합니다. 안마실의 경우 체육인들의 이용이 많고 미안실의 경우 중년 여성들이 많이 이용합니다. 물놀이장의 이용가격은 다른 나라 같은 경우 40달러가 넘는 금액인데, 문수물놀이장 2.5달러 정도 합니다. 이유는 인민들을 위해서 편리하게 가격을 보장하였기 때문입니다. 이런 가격은 우리나라에서만 할 수 있고 오직 우리나라에서만 가능한 가격입니다.

보통 2~4월에 그리고 7~8월에 사람들이 제일 많습니다. 실내물놀이는 매일 2,000~2,500여 명이 이용하고 야외까지 개장할 때에는 하루에 만 명이 넘게 찾아오는 경우도 있습니다.

Q. 유원지, 놀이공원의 최근 추세에 대해서 알려 주세요.

A. 유원지는 사람들의 정서 생활을 봉사하는 종합체의 개념을 가지고 있습니다. 유원지마다 각기 특색이 있고 한 유원지 안에서도 사람들의 취미에 따라 좋아하는 분야가 각기 다른데, 현재 사람들에게 가장 인기가 많은 유원지 3곳을 들라고 하면 설비를 갱신한 능라인민유원지, 10~20대들이 좋아하는 개선청년공원, 연령에 관계없이 좋아하는 문수물놀이장을 들 수 있습니다.

사람들의 문화정서 수준이 높아지고 있기 때문에 유희시설도 고정되지 않고 변화·발전되어야 합니다. 최근 유희장의 모습은 단순히 유희설비뿐만 아니라 모든 정서 생활이 들어가 있는 것이 추세입니다. 낡은 설비를 최신으로 갱신하는 일 또한 지속적으로 진행하고 있습니다.

Q. 개선청년공원에 대해서 알려 주세요.

A. 개선청년공원은 원래 골짜기에 위치한 못살던 노점이었습니다. 수령님께서 여기다가 공원을 건설하면 인민들이 좋아할 것이라고 말씀하시고 장군님께서 다음 해 83년도 2월 10일에 건설을 지시하여 짧은 기간에 건설하여 1984년 7월에 개원하였습니다. 청년들이 좋아하는 유희시설로 꾸린 지는 이제 8년 정도 되었는데 청년들뿐만 아니라 나이 먹은 사람들도 많이 옵니다. 1년 동안 37만 명, 8년 동안 380만 명이 왔습니다.

이는 여러 가지 요구사항들을 충분하게 갖췄기 때문이라고 생각합니다. 배그네, 전자오락관, 3중회전반, 관성비행차, 급강하탑, 전기자동차놀이장 등이 있는데 청년들은 관성비행차(롤러코스터), 급강하탑을 특별하게 좋아합니다. 요금은 원가를 생각하지 않고 인민들이 편안한 가격으로 이용할 수 있도록 하고 있으며, 종합봉사시설로서 식사를 할 수 있게 그리고 청량음료시설도 있어 사람들은 희열에 넘치는 시간을 보내고 있습니다.

관광·명소 트렌드 2020

북한은 국가관광총국이라는 관광을 총괄하는 국가기관을 두고 각

여행사를 관리하고 있다. 최근 몇 년간 미국인들의 북한 여행 금지 등 대외적으로 좋지 않은 여건들이 있음에도 불구하고 중국인 관광객의 방문은 오히려 증가하면서 눈길을 끌고 있다. 특히 북한 자국민들의 국내 관광의 수요가 이전과 비교하여 많이 늘어나고 있는 상황이 주목할 만하다.

대표적인 관광지로는 평양을 비롯하여 서쪽으로는 남포, 구월산, 묘향산, 개성, 신의주가 있고 동쪽으로는 원산, 금강산, 칠보산, 함흥이 있으며 북쪽으로는 백두산 지역이 있다. 최근에는 테마관광(주제관광)이 북한 관광의 떠오르는 트렌드로 부상하고 있는데 비행기애호가관광, 체육관광, 열차관광, 로동생활체험관광, 대중교통수단관광, 태권도관광, 건축관광, 자전거관광 등이 현재 테마관광으로 운영되고 있다.

또한 '4월의 봄 친선예술축전', '평양국제상품전람회', '평양국제영화축전'과 같은 각종 축제와 행사도 열리기 때문에 북한을 찾는 방문객들의 선택권이 넓어지고 있다. 이러한 여행상품들은 국가관광총국의 관리감독 아래 조선국제려행사, 조선국제태권도여행사, 국제청소년려행사, 평양고려국제여행사와 같은 여행사들을 통하여 다양하게 발전하여 기획되고 있다.

최근에 북한은 관광사업에 대한 중요성을 인식하고 관광 인프라를 개선하고 확대하는 데 많은 노력을 하고 있다. 현재 원산-금강산 지구 일대를 잇는 대규모 관광단지가 건설되고 있는데 완공되면 최고의 휴양시설이 될 것이라고 기대를 모으고 있다. 이러한 자구적인 노력은 곧 관광객들의 증가로 이어지고 있는데, 남한주민의 북한 방문은 현재 불가능한 상태이다.

　남한의 주민이 북한을 방문하기 위해서는 남한의 '남북교류협력에 관한 법률'에 따라 대통령령으로 정하는 바에 따라 통일부장관의 방문 승인을 받아야 하며, 통일부장관이 발급한 증명서(이하 "방문증명서"라 한다)를 소지하여야 한다. 그러나 일반 남한의 주민이 이러한 과정을 거치는 것이 어렵고 현재는 2010년 천안함 사건 이후에 단행한 5·24 조치로 인하여 사실상 불가능하기 때문이다.

　훗날 북한의 관광길과 투자길이 열린다면 북한 관광에 가장 큰 참여자는 남한이 될 것이다. 지리적 접근성이 뛰어나고 의사소통에서 장애가 없으며 무엇보다도 북한의 명승과 고적, 휴양지와 음식 등 북한에 대한 다양한 관심들이 북한 관광에 대한 흥미를 증폭시키고 있기 때문이다. 정부 차원에서도 관광교류의 증진은 한반도 평화에 기여할 수 있기 때문에 기존 경험이 있는 금강산 관광뿐만 아니라 여러 관광지대를 개발하는 데 협력할 것으로 보인다.

문학예술

북한의 문학예술과 대중매체

북한에서 문학예술은 문학, 연극, 영화, 가극, 음악, 무용, 미술 등 모든 부문을 포괄하는 용어로 그 수준이 매우 높고 뛰어난 독창성을 가지고 있다. '조선문학예술총동맹'이라는 문학예술을 총괄하는 단체가 있으며 산하에 조선작가동맹, 조선미술가동맹, 조선무용가동맹, 조선음악가동맹, 조선영화인동맹, 조선연극인동맹, 조선사진가동맹의 7개 동맹이 있다.

북한의 문예작품들은 일반적으로 당성, 계급성, 인민성을 갖추어야하는데 주체사상을 관철하고, 노동계급의 이해를 설명하며, 인민대중의 감성에 맞아야 한다. 최근의 작품들은 여기에 대중성이 가미되고 있다.[108] 북한에서 출간한 소개 책자에서는 북한의 문학예술 분

---

108 통일부 북한정보포털, "문예정책 및 이론", 2019

야에 대해 "조선의 문학과 예술은 혁명적이고 로동계급적인 사회주의적 내용에 인민이 좋아하고 인민의 기호에 맞는 민족적 형식을 기본으로 하고 있다."고 밝히고 있다.[109]

예술작품들도 시대별로 문예정책에 따라 강조되는 주제들이 있었다. 해방 직후에는 일제 잔재의 청산과 사회주의 건설에 대한 주제가, 1960년대에는 유일사상 및 주체사상으로의 대중 교양과 천리마운동으로의 주민 참여에 대한 주제가 많았다. 1970년대에는 주체문예이론을 정립한 시기로 북한은 이 시기를 '주체문학예술의 대전성기'로 지칭한다. 문예정책에 민족적 형식이 가미된 시기였다. 1990년대에는 '선군'에 대한 주제가 많았고 2000년대로 넘어와서는 '우리식 사회주의', '만리마 정신', '자력자강' 등의 주제가 주로 나타났다.

최근에는 TV와 휴대전화의 보급이 일반화되어 문학예술을 소비하는 형태와 보급에서도 많은 변화가 일어나고 있다. 다음은 UNICEF의 '2017년 복수지표집단조사(Multiple Indicator Cluster Survey 2017)'에서 15세~49세까지 여성 8,763명과 15세~49세까지 남성 4,179명을 토대로 대중매체 이용률을 조사한 것이다. 매체의 종류와 상관없이 모두 높은 이용률을 보여 주고 있는데, 이러한 대중매체의 발달로 인기 있는 제작물일 경우 전 국민에게 회자될 수 있는 환경이 갖추어져 있다.

109　조선민주주의인민공화국 외국문출판사, 「조선민주주의인민공화국」, 2017

• 북한의 대중매체 이용률 •

구분	주 1회 이상 신문 읽기		주 1회 이상 라디오 듣기		주 1회 이상 TV 시청		대중매체 모두 주 1회 이상		어떤 대중매체든 주 1회 이상	
	남	여	남	여	남	여	남	여	남	여
양강도	86.5	83.1	89.3	90.2	96.9	96.3	78.1	75.8	99.1	99.4
함경북도	95.8	90.1	95.1	96.8	99.5	96.9	92.3	87.5	99.8	99.2
함경남도	92.6	83.2	97.9	96.1	99.3	98.3	90.8	79.6	100.0	99.8
강원도	93.7	87.6	97.7	96.8	99.5	99.2	92.1	85.6	100.0	99.9
자강도	85.2	81.7	96.1	94.9	99.8	97.7	83.8	78.3	100.0	99.8
평안북도	94.0	63.7	89.1	89.1	99.3	95.8	85.0	58.0	100.0	99.3
평안남도	91.6	85.3	95.9	95.9	98.7	97.7	88.3	82.0	99.5	99.9
황해북도	86.9	81.3	93.3	89.7	98.5	96.9	81.5	73.6	99.8	99.7
황해남도	90.2	83.1	96.5	95.3	98.5	97.7	86.8	78.3	99.7	100.0
평양	98.4	95.9	99.2	97.9	100.0	99.6	97.6	95.1	100.0	99.8
평균	91.49	83.50	95.01	94.27	99.00	97.61	87.63	79.38	99.79	99.68

출처 : UNICEF. 2017 DPR Korea MICS − Multiple Indicator Cluster Survey 2017

문학예술 1: 영화·TV 드라마

북한의 영화는 크게 예술영화, 기록영화, 과학영화, 만화영화 분야로 나뉜다. 1947년에 창립되어 100여 만㎡에 달하는 조선예술영화촬영소, 1959년 5월에 창립되어 주로 군사물 주제를 다루는 조선

4·25예술영화촬영소가 주요 예술영화제작전문 기지이다. TV 드라마의 경우 북한에서는 보통 '텔레비전 연속극'이라고 부르는데, TV 드라마는 1973년 7월에 창립된 텔레비전극창작사가 대표적인 제작기지로 최근에는 현대화·과학화를 실현하여 보다 완성도 높은 영상촬영에 몰두하고 있다.

만화의 경우 북한의 만화제작 기술은 세계적으로도 매우 뛰어난 것으로 알려져 있다. 만화제작은 조선4·26만화영화촬영소가 대표적이며 최근 여러 나라들과 합작사업을 비롯한 주문제작 사업이 활발하게 이루어지고 있다. 대표적인 예술영화로는 〈피바다〉, 〈꽃 파는 처녀〉, 〈민족과 운명〉 등이 있고 TV 드라마로는 〈석개울의 새봄〉, 〈방탄벽〉(10대 북한 상품 및 서비스 참조) 등이 있으며 만화영화로는 〈소년장수〉, 〈고주몽〉 등이 있다. [110]

◆ 피바다(예술영화)

〈피바다〉 가극의 한 장면(출처: 로동신문)

---

[110] 조선영화수출입사, 「조선의 영화예술」, 2018

혁명에 대해 아무것도 모르는 여인이 남편과 세 아이를 키우다가 일제의 폭압으로 남편을 잃고 우연히 항일유격대에 합류하게 되어 조직의 임무를 수행하면서 혁명가가 되어 가는 모습을 그린 영화이다. 북한에는 〈피바다〉, 〈꽃 파는 처녀〉, 〈밀림아 이야기하라〉, 〈당의 참된 딸〉, 〈금강산의 노래〉라는 5대 가극이 있는데 영화 〈피바다〉는 이 가극을 그대로 영화로 옮긴 것이다.

◆ 꽃 파는 처녀(예술영화)

주인공 꽃분이는 어머니와 시각장애를 가진 동생과 살다가 어머니가 세상을 떠난 후 감옥에 간 오빠를 찾아 떠난다. 그러나 오빠를 찾지 못하고 돌아오게 되었는데 지주의 악행으로 고초를 겪는다. 그러다 감옥에서 탈출한 오빠와 합류하여 지주를 몰아내게 되고 오빠를 따라 항일혁명투쟁의 길에 오르게 되는 영화이다.

영화 〈꽃 파는 처녀〉 중 한 장면(출처: 조선중앙TV)

◆ 민족과 운명(예술영화)

영화 〈민족과 운명〉 중 한 장면(출처: 조선중앙TV)

다부작 예술영화로 최현덕편으로 시작하여 허정순편, 최현편, 노동계급편, 어제 오늘 그리고 내일편, 농민편 등 다양한 주제들이 있고 현재 60부까지 제작되었다.

◆ 석개울의 새봄(TV 드라마)

23부작의 TV 드라마이다. 전쟁을 승리로 마치고 고향으로 돌아온 주인공은 당의 농업협동화 방침 아래에서 일을 시작한다. 그러나 개인이기주의를 비롯한 많은 어려움을 겪게 되는데, 이러한 경험을 하면서 주인공을 비롯한 석개울 사람들은 사회주의의 우월성을 확인하면서 새봄을 맞이하게 된다.

석개울의 새봄 오프닝 장면(출처: 조선중앙TV)

◆ 소년장수(만화영화)

애국심으로 똘똘 뭉친 고구려 소년들의 희생정신을 보여 주는 다부작 만화영화로 30년 넘게 방영 중인 북한의 대표 만화이다. 이미 90부가 넘게 제작되었고 100회까지 제작을 목표로 제작 중에 있다.

소년장수(출처: 조선중앙통신)

◆ 고주몽(만화영화)

고주몽(출처: 메아리)

동명왕(고주몽)의 출생에서부터 한생을 조명하는 만화영화로 20부
작이다. 가장 최근에 제작된 역사만화영화로 3D 그래픽과 2D 그래
픽을 합성하여 보다 생동감이 가미되도록 제작되었다.

문학예술 2: 음악예술

북한은 사회주의에서의 음악예술교육에 관한 분명한 목적과 교육
적 지침을 가지고 있다. 사회과학출판사의 「주체음악예술교육사에
길이 빛날 불멸의 업적」에 따르면 "주체시대의 요구와 인민대중의 지
향을 그 내용과 형식에 철저히 구현한 주체음악은 사람들을 교양하
여 자주적이며 창조적인 인간으로 키우며 그들을 혁명과 건설에로

불러일으켜 주체혁명위업 수행에 이바지하도록 한다."고 되어 있다.

또한 "우리 당이 바라고 시대가 요구하는 음악예술인재는 단순히 가교일면에만 매달리는 예술지상주의자가 아니라 수령의 사상으로 철저히 무장하고 주체의 한길만을 꿋꿋이 걸어가는 당의 참된 문예전사, 특출한 재능과 높은 실력, 불타는 열정으로 수령의 령도를 받들고 조국과 인민을 위해 복무하는 혁명적 예술인이다."라고 교육적 목표를 밝히고 있다.[111] 그리고 이러한 방법에 따라 수재교육에서부터 대학교육에 이르기까지 교육체계가 완비되어 있다. 교육을 마친 음악인들은 합창단, 예술단, 악단 등 사회로 진출하게 된다.

◆ 국립교향악단

국립교향악단(출처: 서광)

111 사회과학출판사, 「주체음악예술교육사에 길이 빛날 불멸의 업적」, 2017

1946년 8월 8일에 창단된 악단으로 민족의 고유한 악기와 서양의 양악기가 잘 배합되어 있기 때문에 일반적인 교향악단에서는 들을 수 없는 매우 독특한 음색과 짙은 민족적 정서를 자아낸다고 소개하고 있다.[112] 주요 국가 기념일에 음악회를 개최하고 세계적인 악단과 연주자들과의 협연 등으로 활발한 활동을 하고 있다.

◆ 모란봉악단

모란봉악단이 2012년 첫 시범공연을 가졌을 때 하이힐을 비롯한 세련된 차림과 미국영화의 〈록키〉 주제곡, 〈마이웨이〉 등의 연주 그리고 〈미키마우스〉와 같은 캐릭터의 등장에 남한에서는 파격적이라는 평가가 나오면서 세간의 관심을 한 몸에 받았다. 가수를 비롯하여

모란봉 악단의 공연(출처: 조선중앙TV)

---

112 서광, "세계적 수준의 예술단체–국립교향악단", 2019

전기바이올린, 전기첼로, 전기기타, 전기베이스, 신디사이저 등의 전자악기를 다루는 전자악단이기도 하다.

〈불타는 소원〉(2012년), 〈우리는 당신밖에 모른다〉(2013년), 〈그이 없인 못살아〉(2013년), 〈자나 깨나 원수님 생각〉(2014년), 〈날아가다오 그리운 내 마음아〉(2014년), 〈우리의 김정은 동지〉(2015년), 〈김정은 장군께 영광을〉(2016년), 〈아버지라 부릅니다〉(2017년) 등의 많은 신곡을 내었다.

◆ 삼지연관현악단

2018년 평창동계올림픽 축하공연으로 서울과 강릉에서 공연을 하여 남한에서도 널리 알려진 악단으로, 그 모체는 2009년 창단된 만수대예술단 삼지연악단이다. 2018년 10월에는 평양에 관현악단 전용

삼지현관현악단 극장(출처: 서광)

극장인 삼지연관현악단 극장을 개장하면서 앞으로의 역할이 주목된다. 북한의 관영매체는 새로 개건된 삼지연관현악단 극장은 생울림 극장으로 음향환경이 세계적 수준이고 주체음악 발전에서 새로운 한 페이지가 펼쳐지게 될 것이라고 밝혔다.[113]

이외에도 여러 북한의 예술단체들이 있다. 1946년 평양가무단으로 창단한 만수대예술단, 역사가 오래된 국보급 예술단체인 피바다가 극단과 국립민족예술단, 왕재산예술단 연주자들이 중심이 되어 2015년 7월에 창단된 청봉악단, 군 관련 예술단체인 조선인민군공훈국가합창단, 조선인민군 협주단, 소년단원으로 이루어진 평양학생소년예술단 등이 있다.[114]

문학예술 3: 미술

북한의 미술은 '주체미술'이라고 하여 주체성과 민족성을 구현하는 것이 기본이며 민족적 전통을 계승해 나가야 한다고 설명하면서 시대의 요구와 인민의 이상을 반영하는 작품들을 창조해야 한다고 권고하고 있다.[115] 조선민족의 고유한 회화형식인 '조선화'를 토대로 미술 부문을 발전시키고 있는데 조선문학예술년감에서는 "수령님들의 불멸의 혁명업적을 길이 빛내이기 위한 사업이 최상의 수준에서 진

---

113   서광, "기대와 호기심의 대상 삼지연관현악단 극장", 2018.10.17

114   북한정보포털, "공연예술", 2019

115   로동신문, "미술 부문에서 주체성과 민족성을 철저히 구현하는 것은 명작창작의 기본", 2019.6.4

행됨으로써 시대 앞에 지닌 성스러운 사명을 훌륭히 수행하였다."고 한 해 동안의 성과를 밝히고 있다.[116]

　최근에는 산업미술 부문이 집중을 받으며 급격하게 발전하는 추세이다. 작은 상품포장에서부터 무궤도전차, 기차와 같은 대형운송수단까지 각종 산업도안을 만들어 내기 때문에 경제 건설과 인민 생활 향상에 매우 중요한 요소로 평가받고 있다. 대학에서부터 산업미술 분야로 전공하는 학생들이 점차 늘어나고 있고 태양절 즈음에는 국가산업미술전시회가 개막되는 등 국가적인 장려정책도 병행되고 있다. 이러한 산업미술의 기본 방향은 인민들의 사상 감정과 미감 그리고 현실에 맞아야 하는데, 다시 말하면 사회주의생활양식에 맞도록 우리식으로 발전시켜야 한다고 이야기하고 있다.

◆ 조선화

만수대창작사의 화가 강은주 작품(출처: 서광)

116　문학예술출판사, 「조선문학예술년감 (2017)」, 2018

동양화에 속하는 조선화는 북한의 대표적인 회화양식이다. 북한의 예술 잡지인 「조선예술」에서는 유럽의 중세시대의 유화보다 1,000여 년이나 앞서 창조된 높은 경지의 회화 형식이라고 설명하면서 "조선화는 선 하나만 가지고서도 인간의 사상 감정과 조형적 모습을 놀랄 만큼 섬세하고 진실하게 그려 낼 수 있는 우월한 화법적 특성을 가지고 있다. 조선화에서는 선묘기법, 세화기법, 몰골기법, 우림기법과 같은 양상이 서로 다르고 생동한 표현을 낳는 여러 가지 다양한 기법이 있다."고 밝히고 있다.[117]

◆ 산업미술

북한에서 산업미술은 공업미술, 의상미술, 방직미술, 상업미술을 포괄하는 실용미술로 주체성과 민족성을 구현하면서도 시대적 요구

다양한 술 도안들(출처: 서광)

___

117 문학예술출판사, 「조선예술 제3호」, 2019

산업미술 도안(출처: 로동신문)

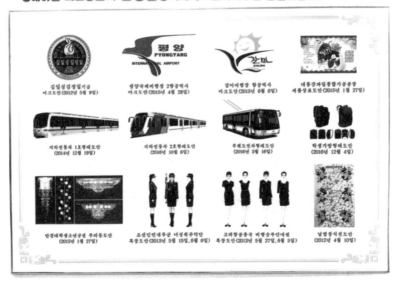

산업미술도안

와 인민의 지향을 담아야 한다.[118] 2019년 4월 4일에 개막한 국가산업미술전시회에서는 각종 간판 및 현판 도안, '만리마' 상표마크, 5t급 승리화물차 상표마크, 각종 식료품 및 의약품 도안, 광고도안, 의상 도안들이 전시되었고 여객운수수단과, 농기계도안, 평양국제비행장과 시내를 왕복할 고속전동차형태도안, 정문 입구에 설치되는 자동차단문 도안들이 선보였다.

◆ 선전화

우리에게 흔히 포스터라고 일컬어지는 북한의 선전화는 사람들이 많이 보는 대중적인 거리 곳곳에서 어렵지 않게 마주할 수 있다. 조

자력갱생 선전화(출처: 로동신문)

---

118 로동신문, "산업미술을 발전시키는데서 나서는 중요한 요구", 2019.7.19

자력갱생 선전화(출처: 로동신문)

선대백과사전에서는 "대중정치 선동, 보도, 광고 등에 리용되는 출판화"로 정의되고 있다.[119] 선전화는 그 기능에 따라 정치 선전화, 문화교양 선전화, 광고 선전화, 축전(축제) 선전화 등으로 구분되는데 시기적으로 강조하는 정책이 다르기 때문에 북한의 정책 방향과 사회상을 엿볼 수 있는 독특한 미술 양식이다.

◆ 쪽무이벽화(모자이크벽화)

평양시 곳곳에 있는 벽화들 중 상당수는 모자이크 방식으로 만든 모자이크 벽화들로, 작품의 주제와 형식이 매우 특색이 있는 것으로 평가받고 있다. 북한은 이를 '우리식 벽화의 기본 형식'이라고 말한다. 평양지하철도에는 역사에 대형 모자이크 벽화를 설치하여 많은 관광객들의 눈길을 끌고 있다. 부흥역 안의 좌측선로에는 〈혁신의 아침〉이라는 모자이크 벽화가, 우측선로에는 〈풍년의 노래〉라는 모자이크 벽화가 있는데 크기는 가로 24m, 세로 4m에 달한다.

---

119 통일뉴스, "선전화, 정책홍보의 강력한 무기", 2015.1.18

영광역의 모자이크 벽화

◆ 만수대창작사

만수대창작사 미술작품전시관 내부

1959년 11월 17일에 창립된 만수대창작사는 기념비적인 작품들과 국보급의 수많은 작품들을 만들어 낸 전통이 있고 규모가 큰 종합창작 미술사이다. 조선화창작단, 유화창작단, 보석화창작단을 비롯하여 여러 창작 집단을 가지고 있고 조각 분야에서도 만수대대기념비, 주체사상탑, 개선문 등의 건립에 참여할 정도로 최고의 수준을 자랑한다. 수많은 공화국로력영웅, 인민예술가, 공훈예술가를 배출하고 세계 여러 나라들의 미술 창작 사업을 협업하고 있다.[120]

특별 인터뷰

박용호 | 김원균명칭평양음악종합대학 작곡학부 리론강좌장
조금희 | 김원균명칭평양음악종합대학 대외사업부원
정문철 | 평양미술종합대학 회화학부장
김휘웅 | 평양미술종합대학 부총장
로철호 | 조선예술영화촬영소 대외사업부원
김정란 | 조선예술영화촬영소 강사
조명철 | 평양연극영화종합대학 부총장
대중매체부문 관계자

Q. 기본적인 라디오 및 TV 방송 그리고 인민들의 TV 방송문화에 대하여 알려 주세요.

A. 조선중앙방송위원회는 대외적으로 조선민주주의인민공화국 라

---

[120] 조선민주주의인민공화국 외국문출판사 「조선에 대한 리해(문화)」, 2015

디오 및 TV방송위원회라고 합니다. 우리 라디오방송은 1945년 10월 14일부터 시작되었습니다. 이날은 위대한 수령 김일성 동지께서 해방된 조국 땅에서 우리 인민들에게 조국개선연설을 하신 날이며, 위대한 수령님의 조국개선 연설을 방송하는 것으로부터 우리 방송이 시작되었습니다. 라디오방송에는 중앙방송, 평양방송, FM방송, 대외방송이 있습니다.

중앙방송은 기본 방송이며 평양방송은 주로 조국통일을 위한 내용을 취급하며 FM방송은 음악을 위주로, 대외방송은 세계를 대상으로 9개 나라 언어로 진행하는 방송입니다. 평양방송과 대외방송은 라디오방송과 함께 인터넷 방송도 동시에 진행하고 있습니다. 우리나라에서 TV방송은 1963년 3월 3일에 창설되었습니다. 현재 TV방송은 중앙TV방송, 룡남산 TV방송, 체육 TV방송, 만수대 TV방송을 내보내고 있습니다.

중앙 TV방송은 기본 통로로서 15시부터 23시까지 진행하며 일요일과 주요 기념일에는 9시부터 시작하고 있습니다. 룡남산통로는 18시부터 22시까지, 만수대 TV방송은 금요일과 토요일에는 19시부터, 일요일에는 10시부터 진행하고 있습니다. 우리나라에서 라디오와 TV방송은 영토의 전부를 포괄하고 있으며 온 나라 전체 인민이 시청하고 있습니다.

Q. 최근 청소년들이 가장 좋아하는 라디오 및 TV방송 편집물들은 어떤 것이며 그 이유는 무엇인가요?

A. 우리 청소년들은 경애하는 최고령도자 김정은 동지의 혁명활동

소식을 보도하는 시간을 제일 기다리고 있습니다. 그것은 경애하는 최고령도자동지의 영상을 화면으로 뵐 수 있기 때문입니다. 그리고 TV방송으로 방영되는 〈인민을 위한 한평생〉, 〈잊지 못할 화폭〉, 〈요청무대〉, 〈추억에 남는 시들을 더듬어〉, 〈체육경기 소식〉 등을 좋아합니다. 라디오로 방송되는 각지 인민들의 생활을 반영한 소식들과 여러 가지 종류의 문예물들도 인민들과 청소년들 속에서 인기를 끌고 있습니다. 이런 편집물들은 지난 시기에도 그러했지만 현재도 시청자들과 청취자들 속에서 사랑받고 있습니다.

Q. 앞으로 인기가 예상되는 방송 및 TV 편집물들은 어떤 것이며, 여기서 인민들과 청소년들의 의사를 어떻게 빠르게 반영하고 실현하는지요?

A. 인민들의 생활과 현실을 진실하게 생동하게 반영한 편집물들을 더 많이 만들고 전국 각지의 소식들을 기동적으로 보도하기 위하여 노력하고 있습니다. 라디오방송은 수자화를 실현하였고 TV방송은 2017년 12월부터 HD방식으로 진행하고 있습니다. 앞으로 세계적인 발전 추세에 맞게 라디오 및 TV방송기술을 부단히 발전시키기 위하여 적극 노력할 것입니다.

Q. 주체음악예술발전사에 대해서 알려 주세요.

A. 일찍이 혁명의 길에 나서신 첫 시기에 벌써 음악예술을 인민들의 교양하고 혁명과 건설에로 불러일으키는 데서 그 무엇으로도 대신할 수 없는 위력한 무기로 보신 위대한 수령 김일성 동지께서는 강도

일제를 때려 부수고 조국의 해방을 이룩하기 위한 피어린 항일대전의 나날 몸소 음악예술에 관한 주체적인 사상이론을 내놓으시고 혁명가극 〈꽃 파는 처녀〉와 노래들인 〈반일전가〉, 〈사향가〉, 〈피바다가〉, 〈토벌가〉, 〈조국광복회 10대강령가〉 등 수많은 불후의 고전적 명작들을 창작하시어 주체음악의 시원을 열어 놓으시고 빛나는 전통을 마련하시었습니다. 위대한 수령님께서 내놓으신 〈노래소리 높은 곳에 혁명의 승리가 있다〉는 고귀한 명제는 곧 오늘 우리 인민들 속에서 노래철학으로 잘 알려지고 있습니다.

위대한 령도자 김정일 동지께서는 혁명영도의 첫 시기부터 문학예술부문사업을 친히 지도하시면서 문학예술혁명의 장엄한 포성을 울리시고 그 발전에서 근본적인 전환을 가져오도록 하시었습니다. 일찍이 나의 첫사랑은 음악이라고 하시며 10대의 어리신 나이에 심오한 사상과 풍부한 정서가 담긴 불후의 고전적 명작들인 〈조국의 품〉, 〈축복의 노래〉, 〈나의 어머니〉, 〈대동강의 해맞이〉 등의 음악작품들을 창작하신 위대한 영도자 김정일 동지께서는 가극혁명을 일으켜 인류예술사에 길이 빛날 〈피바다〉식 5대 혁명가극을 창조하시었으며 인민들이 즐겨 듣고 이해하기 쉬운 인민적이며 민족적인 가요들과 기악곡들을 창작하도록 세심하게 지도하여 주시었습니다.

20세기 문예부흥이라고 불리던 1970년대, 1980년대 주체예술의 대전성기로부터 오늘에 이르는 기간 조국 땅 방방곡곡에서 울리는 하나하나의 가요명곡들과 기악명곡들, 가극들, 영화음악들, 무용음악들에는 음악의 대가이시고 거장이신 위대한 령도자 김정일 동지의 정력적인 영도와 헌신의 노고가 깃들어 있습니다.

위대한 령도자 김정일동지께서 집필하신 불후의 고전적노작들인 〈음악예술론〉, 〈가극예술에 대하여〉는 음악예술과 가극예술 발전의 대백과전서로서 주체적 음악예술의 빛나는 전통으로부터 영원한 발전을 위한 방도에 이르기까지 음악예술 전반에서 나서는 문제들을 종합적으로 체계화하고 있습니다.

특히 위대한 령도자 김정일동지께서는 음악에 내재된 사상 정서적 감화력을 깊이 통찰하시고 음악으로 인민들을 혁명과 건설에로 불러 일으키는 독특한 정치방식인 음악정치로 1990년대 고난과 시련을 이겨 내고 사회주의 강국 건설의 여명을 안아 오시었습니다.

경애하는 최고령도자 김정은동지께서는 위대한 령도자 김정일동지의 음악예술에 관한 사상과 이론을 발전·풍부화하시었으며 주체 100년대에 음악예술 분야를 현명하게 영도하시어 주체적 음악예술의 새로운 전성기를 열어 놓으시었습니다.

〈조국찬가〉, 〈사랑하노라〉, 〈당기여 영원히 그대와 함께〉, 〈전쟁의 3년간〉 등 수많은 명곡들이 태어나고 우리 혁명의 길에 커다란 자욱을 수놓아 온 공훈국가합창단, 경애하는 원수님께서 조직해 주신 모란봉악단과 청봉악단, 삼지연악단의 공연이 사람들의 심금을 울리고 격동적인 투쟁을 고무하고 있으며 보다 휘황한 미래에 대한 확신을 굳게 하여 주고 있습니다.

경애하는 원수님께서는 광범한 인민대중과 청년들이 즐기는 대중음악 발전에 커다란 심혈을 기울이시고 있을 뿐 아니라 클래식 음악 발전도 매우 중시하고 계십니다. 최근에 국립교향악단에 대한 경애하는 원수님의 여러 차례의 현지지도와 경애하는 원수님의 직접적인 관심 속에 성황리에 진행된 제1차 평양국제성악콩쿨이 이를 잘 말해 주고 있습니다.

Q. 최근 음악예술 부문에서 인민들과 청소년들이 가장 좋아하는 예술작품들은 어떤 것이며 그 이유는 무엇인가요?

A. 우리나라는 명곡의 나라로서 해방 후부터 지금까지의 기간에 창작된 명곡들은 거의 만 곡에 달합니다. 또한 사람들마다 감정과 기호가 다르므로 우리 인민들과 청소년들이 즐겨 부르는 노래들을 찍어서 말하기는 매우 어렵다고 봅니다.

그 가운데서도 우리 인민들과 청소년들이 최근에 많이 부르는 노래들을 보면 〈인민이 사랑하는 령도자〉, 〈아버지라 부릅니다〉, 〈간절한 염원〉, 〈불타는 소원〉, 〈그 품이 제일 좋아〉, 〈우리의 김정은 동지〉, 〈그이 없인 못살아〉, 〈고백〉, 〈인정의 세계〉 등 우리의 운명이시고 미래이신 경애하는 최고령도자 김정은 동지의 위대성과 경애하는 원수님을 따르는 깨끗한 충정의 마음을 노래한 가요들을 특별히 좋아하며 많이 부릅니다.

또한 〈우리 수령님〉, 〈수령님은 인민들과 함께 계시네〉, 〈김정일 동지께 드리는 노래〉, 〈그리움은 끝이 없네〉, 〈아 그리워〉, 〈인민 사랑의 노래〉, 〈내 조국 어데 가나 내 조국 어데 보나〉 등 위대한 김일성 동지와 위대한 김정일 동지의 풍모와 업적, 인민 사랑의 세계를 노래하고 위대한 수령님들을 그리는 충정의 마음을 노래한 가요들을 많이 부릅니다.

그리고 〈조국찬가〉, 〈사랑하노라〉, 〈전진하는 사회주의〉, 〈사회주의 전진가〉와 같이 우리 인민의 삶의 보금자리인 사회주의 조국, 우리 인민의 꿈과 이상이 현실로 꽃피어나는 조국의 현실을 노래한 가요들과 〈우리에겐 위대한 당이 있네〉, 〈당기여 영원히 그대와 함께〉, 〈내 심장의 목소리〉, 〈운명의 손길〉, 〈우리는 당기를 사랑하네〉, 〈어머니 생일〉을 비롯하여 조선로동당을 노래한 가요들 〈가리라 백두산으로〉, 〈청춘송가〉와 같이 청년들의 생활과 열정을 받은 노래들도 사랑합니다.

이밖에도 사회주의제도를 노래한 〈내 나라 제일로 좋아〉, 〈사회주의 너를 사랑해〉, 〈사회주의는 우리 생명 우리 생활〉, 〈사회주의 낙원일세〉 등 지나온 연대들에 많이 불리던 가요들도 계속 부르고 있습니다.

또한 최근 시기에 인민들과 청년들이 좋아하는 노래들로는 영화 노래들과 TV극 주제가들을 꼽을 수 있는데, 가장 애창되거나 듣기 좋아하는 대표적인 노래를 든다면 텔레비전연속극 〈방탄벽〉 주제가 〈장군님 옹위하는 방탄벽 되리라〉와 만화영화 〈고주몽〉의 주제가 등이 있습니다. 또한 우리 민족의 정서와 넋이 깃들어 있는 조선 민요들과 민요풍의 노래들 〈모란봉〉, 〈동해명승가〉도 많이 부릅니다.

인민들과 청소년들은 기악작품들도 많이 듣는데 그 가운데서도 모란봉악단에서 창작형상한 경음악작품들인 〈단숨에〉, 〈백두의 말발굽소리〉 등과 공훈국학합창단에서 창작형상한 관현악과 합창 〈영원히 한길을 가리라〉, 〈충성의 한길을 가고 가리라〉, 국립교향악단에서 창작 형상한 〈우리 장군님 제일이야〉, 피아노 협주곡 〈김정일 동지께 드리는 노래〉, 교향연곡 〈당에 드리는 노래〉 등을 많이 청취하고 있습니다.

Q. 최근 음악예술 부문에서의 단기적 추세와 변화에 대하여 설명해 주세요.

A. 2012년에 모란봉악단이 조직되고 이어 청봉악단이 조직되어 활발히 공연 활동을 하고 있는 것으로 하여 우리 인민들 속에서는 대중음악과 대중가요에 대한 새로운 인식과 열기가 더욱 강화되고 있습니다. 특히 올해에 조직되어 제23차 겨울철 올림픽 경기대회를 계기로 남조선에 나가 대파문을 일으킨 삼지연관현악단의 공연에 대한 사람들의 기대와 관심이 매우 큽니다.

Q. 지난 시기 인민들과 청소년 학생들이 가장 좋아하였던 음악예술작품들은 어떤 것이었으며 그 이유는 무엇인가요?

A. 앞에서도 언급되었지만 우리나라는 명곡의 나라로서 좋은 노래들이 많고, 사람들의 기호와 감정이 나이와 계층, 성별에 따라 다르기 때문에 그에 대하여 대답하기는 곤란합니다. 주로 사람들은 노래를 특별히 좋아하는 시기인 청춘 시절에 즐겨 불렀던 노래들을 이후 시기에도 많이 부르지 않겠는가 생각됩니다. 그러므로 지난 시기 인민들과 청소년들이 가장 좋아하였던 음악예술작품들을 말하라면 곤란할 것입니다.

Q. 지난 시기 음악예술부문에서 인민들이 좋아하지 않은 작품들이 있었다면 그것은 어떤 것이며 그 이유는 무엇인가요?

A. 우리나라에서는 모든 창작된 음악작품들이 창작가들과 대중의 심사와 의견을 받고 발표되기 때문에 인민들이 좋아하지 않는 작품들

이 나올 수 없습니다. 물론 사람들의 음악에 대한 미학적 요구와 감정 정서적 요구가 서로 다르기 때문에 사람마다 좋아하는 작품들이 다르며 그 정도의 차이는 있으리라고 봅니다.

Q. 음악예술 부문에서 앞으로 예견하는 좋은 작품들은 어떤 것이며 새로운 작품들을 창작하는 데서 인민들의 의사를 어떻게 빠르게 반영하고 실현하나요?

A. 모든 음악작품들은 해당 시대의 현실과 그 속에서 생활하는 인민들의 사상 감정을 반영하게 됩니다. 현 시기 조선로동당 중앙위원회 제7기 제3차 전원회의에서 제시된 경제 건설에 총력을 집중하여 인민들에게 남부럽지 않은 유족하고 문명한 생활을 마련해 주는 것을 전략적 노선으로 제시하였으므로 당과 국가의 정책과 그것을 관철하기 위한 투쟁에 떨쳐나선 인민들의 추쟁과 생활을 민감하게 반영한 좋은 작품들이 나오리라고 예견됩니다.

한편, 창작가 및 예술인들이 철저히 현실에 들어가 우리 당의 영도 밑에 기적과 혁신이 연이어 창조되는 다양하고 풍부한 인민들의 생활 속에서 작품의 주제를 잡고 형상을 창조하며 그것을 극장무대와 생산과 건설 현장에서 공연을 진행하므로 인민들의 의사를 가장 빠르게 반영하고 실현하게 됩니다.

Q. 음악예술 부문에 대한 소개 자료를 어떻게 볼 수 있는지요?

A. 「조선예술」 등 정기간행물 잡지들과 「문학예술연감」 등을 구입하거나 인터네트에 실리는 「음악세계」 잡지 등을 열람하면 될 것입니다.

Q. 미술에서 전통적으로 인기 있는 분야는 무엇인가요?

A. 전공과목에 대한 학생들의 관심이 제일 많은 게 조선화입니다. 조선화는 우리 민족의 회화입니다. 이 민족회화는 나라의 민족성과 관련된 문제입니다. 1950~1960년대에는 유화만 내세우고 조선화를 홀대하는 경향이 조금 있었습니다. 이에 우리 민족회화인 조선화를 발전시킬 데 대한 방침을 내려 주셨고 조선화를 기본으로 하는 많은 발전이 있었습니다. 현재 조선화를 전공하는 학생들을 키우는 학부가 따로 있습니다.

Q. 미술에서 최근에 인기 있는 분야는 무엇인가요?

A. 정보시대로 넘어가면서 컴퓨터를 기반으로 하는 산업 미술도안을 전공하려는 학생들이 많습니다. 특히 건축이 지금 많이 발전하고 있지 않습니까. 여기에 따르는 건축미술도안, 상표미술도안 등이 많이 늘어나고 있습니다. 이 분야의 경우 학생들이 직접 창작에 참가하고 공부하면서 요구자의 방향과 어떻게 다른지 실습을 하는 방향으로 가고 있습니다.

Q. 미술대학 학생들의 대학 졸업 후 진로는 어떻게 되나요?

A. 졸업하게 되면 약 22살 정도 되는데 우리 미술가들이 사회생활의 모든 분야에 다 있습니다. 사회 곳곳에 창작사들이 많은데 산업미술, 선전 부문, 예술영화촬영소, 출판사, 가극단, 건축연구원과 같은 부분에 모두 미술가들이 필요하고 수요가 대단히 많아 졸업생이 부족할 정도입니다.

Q. 최근 미술대학에서 중점적으로 추진하는 과제는 무엇인가요?

A. 기본 민족적 형식에 사회주의적 내용을 담는 조선화 발전 방안과 다른 나라 미술의 종류들도 우리 인민의 감정에 맞게 발전시킬 데에 대한 문제를 당면한 과제로 추진하고 있습니다.

또한 다른 나라들과의 대외 학술교류와 창작교류를 진행하고 있는데 중국, 러시아, 몽골 등에 미술가들이 많이 진출하여 교류하고 있는 중입니다. 제재라는 어려운 환경이 있지만 앞으로 교류 사업에 대한 부분은 더욱 발전시키면서 많이 하려고 노력하고 있습니다.

문학예술 트렌드 2020

북한에서 문학예술은 문학, 연극, 영화, 가극, 음악, 무용, 미술 등 모든 부문을 포괄하고 있으며 '조선문학예술총동맹'이라는 문학예술을 총괄하는 단체가 있다. 일반적으로 북한의 문예작품들은 당성, 계급성, 인민성을 갖추어야 하는데 최근의 작품들은 여기에 대중성이 가미되고 있다. 북한은 문학예술 분야에 대해 "조선의 문학과 예술은 혁명적이고 로동계급적인 사회주의적 내용에 인민이 좋아하고 인민의 기호에 맞는 민족적 형식을 기본으로 하고 있다"고 밝히고 있다.

한편 어려서부터 영재교육이 이루어지는 북한은 높은 수준의 문학예술에 관련한 인재들을 보유하고 있다. 보편적인 교육체계 또한 잘 잡혀 있어 문학예술의 대중화·생활화·보편화가 되어 있는 환경이다. 최근 이동통신서비스와 대중매체들이 더욱 발달하면서 이러한 모습은 더욱 가속화되고 있다.

영화·TV드라마 촬영은 조선예술영화촬영소, 조선4·25예술영화촬영소에서 주로 이루어지는데 제작기술에서 과학화·현대화를 위해 힘쓰고 있다. 최근에는 영화 〈우리 집 이야기〉가 많은 호평을 받고 있는데, 18살 처녀 주인공이 부모 잃은 아이들을 친혈육처럼 정성을 다해 돌봐 주는 실화를 바탕으로 제작한 영화이다. 제15차 평양국제영화축전에서 최우수영화상을 수상하였고 남한의 2018년 부천국제판타스틱영화제에 공개 상영되기도 하였다. 주연 여배우 백설미는 북한의 관영매체에서 팬이 보내온 휴대전화 문자를 공개하며 인기를 나타냈다.

음악은 어려서부터 집중적인 수재 교육이 이루어지고 있어 그 수준이 매우 높고 단순히 노래 뿐만 아니라 음악무용공연 등 그 내용과 형식에 있어서도 독특한 구성을 가지고 있다. 또한 전통악기를 개조하여 현대 악기와 합주를 하기도 하는데 음악 자체도 전통음악을 현대적인 방식으로 바꾸는 것이 최근의 트렌드이다.

조선민족제일주의정신을 높이 발양시키려면 민족음악을 장려하여야 합니다. 민족음악을 장려한다고 하여 옛날 것을 그대로 되살리려 하여서는 안 됩니다. 옛날 것을 그대로 되살리면 고티가 나기 때문에 오늘 우리 사람들의 감정에 맞지 않습니다. 민족음악을 발전시키는 데서 복고주의를 철저히 경계하고 현대적 미감을 옳게 살려야 합니다.[121]

음악 공연은 다양한 예술단 또는 악단에서 진행하게 되는데 근래에

---

121 조선의 오늘, "민족음악을 현대적미감에 맞게 발전시킬 데 대하여", 1993

는 모란봉악단, 삼지연관현악단의 인기가 대단하다. 삼지연관현악단의 경우 2018년에 평창동계올림픽의 축하사절로 남한에 내려와 서울과 강릉에서 공연을 가지기도 하였다.

미술 분야에서는 경제발전의 중요성이 부각됨에 따라 산업미술의 약진이 전개되고 있다. 상표 및 상품의 도안, 간판의 도안, 자동차나 기차와 같은 대형 운송수단의 도안들이 모두 산업미술에서 시작된다. 최근에는 산업미술을 전공한 자들의 경우 인력이 부족할 정도로 수요가 많기 때문에 학생들이 선호하고 있으며 좋은 대우를 받고 직장에 취업하고 있다.

문학예술 분야는 그 분야가 매우 광범위하고 작품이 인간의 공감대를 자극하기 때문에 남북관계에서도 부담을 줄일 수 있는 교류 대상이 될 수 있다. 여건이 갖춰진다면 민족의 동질성 회복과 통일에 대한 관심을 불러일으킬 수 있는 남북공동제작의 합작 작품 또한 기대해 볼 수 있을 것이다.

북한 트렌드 : 전통과 미래의 융합

6·25전쟁 직후 남한의 1인당 국민소득은 100달러에도 못 미치는 67달러(1953년)로 세계 최빈국에 속했다. 폐허가 된 국토에서 한강의 기적을 달성하기까지 경제개발 5개년 계획과 새마을 운동 등 온 국민이 참여하는 노력이 있었고, 수출 주도의 성장과 자본주의 선진국 등의 경제발전 모델이 있었기 때문에 가능하였다.

그러나 북한은 1991년 사회주의권 붕괴로 대표되는 소비에트 연방이 몰락하고 나서 경제적으로 큰 어려움을 겪게 된다. 사회주의 시장이 붕괴되고 산업 연관 구조가 흔들리며 1990년대 중반, 이른바 '고난의 행군'이라는 기간을 맞이하게 되었다. 잘사는 사회주의 모델, 전략적 사회주의 모델의 부재는 북한 스스로가 국가적 운명을 개척해야할 필요성이 절실해졌고 자력갱생과 자립적 민족경제를 중시하는 '우리식 사회주의'가 만들어지게 된 하나의 계기가 되었다.

수년 전부터 '우리식 사회주의'를 관통하는 화두는 바로 '경제발전'이다. 왜 지금인가에 대한 해석은 분분하지만 북한이 경제 강국을 건설하여 인민 생활 향상을 그 어느 때보다도 중시하여 진행하고 있다는 것에는 이견이 없다. 그러나 경제발전이 사회주의 노선과 잘 부합

해야 하고 자립적 민족경제 모델을 성공적으로 정착시킬 수 있어야 하기 때문에 여기에서 고민이 출발하기 시작한다.

경제발전은 틀 속에서의 전쟁과 껍질을 깨고 나오는 전쟁인 레드오션과 블루오션의 순환이 반복된다. 때로는 모든 것이 변해야 경쟁에서 살아남을 수 있다. 하지만 북한은 자국의 질서와 어긋나는 것이라면 그것이 어떤 이윤을 창출해 낼 수 있다고 하더라도 수용하지 않는다. 개인에 있어서도 어떠한 행위가 사회 통념상 허용되지 않는 분위기라면 하지 않는 것이 일반적이다. 북한이 말하는 정치사상 강국의 의미는 정치적인 제도나 시스템보다도 국민 모두가 하나와 같이 일사불란한 태도를 갖는다는 것이 더욱 적절할 것이다.

그렇다면 북한은 변화하지 않는 것일까. 최근에 대중매체에서 전하는 변화하는 북한의 모습은 무엇이고 어떻게 설명할 수 있을까. 김일성종합대학 전자도서관의 입구에 들어서면 중앙홀 벽면에 "자기 땅에 발을 붙이고 눈은 세계를 보라"라는 김정일 국방위원장의 문구가 눈에 띈다. 바로 여기에 북한 트렌드의 열쇠가 있다.

변화하는 북한, 변화하지 않는 북한은 나란히 존재하고 있다. 북한이 사회주의 국가로서 지켜 나가고 보존해야 하는 법, 질서, 제도, 행위, 가치, 사상, 도덕, 관념 등은 변화에 신중하다. 그중 일부의 질서는 절대적으로 불가변의 영역에 속한다. 이러한 영역을 '전통보존'이라고 일컫는다면 미래를 향해 달려가는 '미래지향'의 가치들은 '전통보존'의 이외의 것들로 앞만 보고 달리는 질주가 가능한 영역이다. 이 두 영역에 대한 명확한 판단이 우리가 '변화'라는 키워드 앞에 북한을 두고 객관적으로 판단할 수 있는 기준이 된다.

예를 들어 본문의 이동통신 서비스에서 관계자는 퇴폐적·폭력적 서방식 자본주의 문화와 제국주의 사상문화를 반대한다고 밝혔는데, 이것은 사회주의 국가로서 지켜 나가는 '전통보존' 영역에 속한다. 다시 말하면 퇴폐적·폭력적 서방식 자본주의식 프로그램이나 서비스는 그 어떤 방식으로도 북한 사회에서는 용인되기 어렵다는 것이다.

그러나 인민 생활 편의 보장을 위한 다양한 봉사와 기술적 발전은 사회적 자원이 허용되는 한 무한정 발전이 장려되는 '미래지향' 영역이 된다. 추가로 쇼핑·상품유통에서 보면 자립적 민족경제와 계획경제는 '전통보존' 영역에 속하고 경쟁력 있는 질 좋은 상품을 만드는 것은 '미래지향' 영역에 속한다. 다시 말하면 자립적 민족경제와 계획경제의 틀거리 안에서는 경쟁력 있는 질 좋은 상품을 만드는 것이 장려되는 것이다.

'전통보존' 영역과 '미래지향' 영역이 가치충돌을 빚어내지 않는다면 물밀듯이 밀려오는 변화는 예견되는 셈이다. 그러나 조금 어렵게 생각되는 부분들도 있다. 미용·화장 그리고 의복문화의 경우 문화시민의 아름다움, 사회주의 생활양식과 도덕, 민족적 특성이 '전통보존'이라면 개성을 중시하고 인민의 기호와 시대적 미감과 요구에 맞게 발전하는 것은 '미래지향'이 된다. 사회주의 생활양식과 개성의 중시는 자칫하면 충돌을 빚을 수 있기 때문에 사회주의 생활양식이라는 '전통보존'에 무게를 두면서 새로운 시대의 개성 표출의 욕구에 맞도록 신중한 변화를 꾀하고 있는 것이다.

북한 사회는 이렇게 각 부문에 '전통보존' 영역과 '미래지향' 영역이 끊임없는 융합과 상호작용을 하면서 오늘날의 사회상을 보여 주고 있고 북한 트렌드를 만들어 내고 있다.

• 북한 트렌드를 만들어 내는 작동방식 •

분류	전통보존		미래지향	북한 트렌드
이동통신 서비스	퇴폐적, 폭력적 서방식 자본주의 문화와 제국주의 사상문화 반대		인민 생활 편의 보장을 위한 다양한 봉사와 기술적 발전	
쇼핑·상품유통	자립적 민족경제, 계획경제		경쟁력 있는 질 좋은 소비품	
전문상점·상품전시회	인민경제의 주체화		현대화, 국산화, 질제고, 투자 장려 및 보장	
자동차	방위사업적 특징		전기자동차 등 신기술 연구	
보건·건강	사회주의 보건제도, 고려의학 중시		보건지표의 세계 수준화, 선진적 치료방법 도입	
미용·화장	문화시민의 단정한 아름다움, 경공업 중시	융합, 상호작용	개성 중시, 과학적 기반으로 품질보장 화장품 개발	현재 북한 사회의 모습 = 우리식 사회주의
의복문화	사회주의 생활양식과 도덕, 민족적 특성, 조선옷 중시		인민의 기호, 시대적 미감과 요구에 맞게 발전	
음식문화	민족전통음식 발전, 우리 식이 아닌 음식문화 배격		선진요리기술 도입, 봉사단위의 개건 현대화	
주거·건축문화	국가적 사업의 대규모 거리조성과 주택보급		쾌적한 주거환경, 건축 형태와 공법 발전, 현대적 미감으로 리모델링	
교육	교육교양체계, 학생교양방침		전민과학기술인재화, 과학화, 정보화	
관광·명소	국가적 사업의 대규모 관광단지 조성 및 관리		테마관광, 국내관광, 전문관광	
문학예술	당성·계급성·인민성 중시, 주체성·민족성 형식 중시		작품의 현대화와 과학화, 인민대중 지향 구현	

북한 트렌드에서 한 가지 더 발견되는 점은 사회의 각 부문들에서 광범위한 네트워크가 형성되고 있다는 점이다. 특히 이동통신서비스의 발달은 만물상과 같은 전자상거래 서비스를 등장시켰고 이는 쇼핑문화 발전과 유통 혁신에 지대한 영향을 미치고 있다. 건강, 미용, 음식, 교육, 관광 등 각 부문에 관련한 콘텐츠들이 휴대전화로 사용 가능한 프로그램으로 등장하면서 부문별 협력과 연결고리가 만들어지고 있다. 부문별 분절구조가 아닌 연결구조가 되는 환경에서 북한사회가 어떤 새로운 변화를 만들어 낼 수 있을지 주목이 되는 부분이다.

미래는 곧 다가올 현실이며 시간은 누구에게나 공평하게 주어진 한정된 자원이다. 북한의 기관과 기업들은 더 나은 내일을 위해 동분서주하며 빠른 변화를 만들고 있다. 고난의 행군 이후 북한에게 닥쳤던 어려운 시련으로 수입상품들이 대거 유입되었지만 북한 자국의 상품이 시장에서 경쟁력을 갖기 위해서는 기존의 수입상품보다 더 높은 품질보장이 되어야 했기 때문에 역설적으로 국내산 상품에 경쟁력 강화를 가져오게 된 측면도 있었다.

2020년 북한은 다양한 정치적 이벤트들과 사회와 경제발전을 추구하는 '미래지향'적 가치들의 속도전으로 활력 있는 해가 될 것이다. 이러한 가운데 남한이 모든 교류의 과정이 통일의 한 부분임을 인식한다면 중요한 역할을 하게 될 것이다.

책의 서두에 언급하였듯이 북한 사회를 전망할 때 공개된 자료는 한정되어 있고 내부적인 자료에 접근하는 것도 한계가 있다. 그러나 북한은 신년사, 조선로동당 중앙위원회와 같은 명약관화한 정책집행 방향이 있고 북한당국은 이를 지체하지 않고 실행하기 때문에 북한 내부의 분위기는 여느 사회보다 국가의 정책에 일관성 있는 모습을 보인다.

그러나 분단이라는 비극적 현실로 인하여 우리가 북한을 바라보는 관점은 항상 어려운 과제로 존재한다. 많은 사람들이 우리와는 전혀 다른 삶의 모습들을 문화로 인정하면서도 오직 북한에게는 같은 잣대를 적용하지 않는 풍토 속에서 북한을 이해하고 있다. 북한과 통일에 관한 쟁점은 때로는 첨예한 대립과 반목으로 비화되어 사회갈등의 원인이 되기도 한다.

그러나 이러한 문제는 분단의 현실이 극복되기 전에는 피할 수 없으며 차분한 자세로 균형 잡힌 시각과 객관적인 기준으로 북한을 바라보는 노력이 필요하다. 또한 북한에 대한 다양한 시각과 해석은 마땅히 존중받아야 하는 동시에 북한의 사회문화적 특수성을 있는 그대로 인정하고 받아들여야 한다. 그렇지 않다면 북한 사회를 읽는 것 자체를 출발시킬 수 없거니와 일부 시각처럼 북한 사회를 편협한 프레임으로 가두어 버리는 오류를 범할 수 있다.

북한 트렌드는 불변하는 가치와 변화에 신중성을 필요로 하는 '전통보존'의 영역과 사회와 경제발전을 이루기 위한 새로운 혁신인 '미래지향'의 영역이 융합되고 있는 현실이다. 그리고 북한 트렌드는 각 사회의 부문들이 새로운 네트워크를 생성하며 만들어 나가는 '우리식 사회주의'이다.

부록

2018년 신년사

다음은 2018년도 김정은 국무위원장 신년사 전문이다.

신년사

김정은

사랑하는 온 나라 인민들과 영용한 인민군장병들! 동포형제 여러분!

오늘 우리 모두는 근면하고 보람찬 로동으로, 성실한 땀과 노력으로 지나간 한 해에 자신들이 이루어 놓은 자랑스러운 일들을 커다란 기쁨과 자부심 속에 감회 깊이 추억하며 새로운 희망과 기대를 안고 새해 2018년을 맞이합니다.

나는 희망의 새해를 맞이하면서 온 나라 가정의 건강과 행복, 성과와 번영을 축원하며 우리 어린이들의 새해의 소원과 우리 인민 모두가 지향하는 아름다운 꿈이 이루어지기를 바랍니다.

동지들!

겹쌓이는 난관과 시련 속에서도 언제나 변함없이 당을 믿고 따르는 강의한 인민의 진정 어린 모습에서 큰 힘과 지혜를 얻으며 조국번영의 진군길을 힘차게 달려온 지난 한 해를 돌이켜 보면서 나는 얼마나 위대한 인민과 함께 혁명을 하고 있는가 하는 생각으로 가슴이 뜨거워집니다.

나는 간고하고도 영광스러운 투쟁의 나날에 뜻과 마음을 같이하며 당의 결심을 지지하고 받들어 반만년 민족사에 특기할 기적적 승리를 안아 온 전체 인민들과 인민군장병들에게 조선로동당과 공화국정부의 이름으로 충심으로 되는 감사와 새해의 인사를 삼가 드립니다.

나는 조국의 통일을 위하여 투쟁하고 있는 남녘의 겨레들과 해외동포들, 침략전쟁을 반대하고 우리의 정의의 위업에 굳은 련대성을 보내 준 세계 진보적 인민들과 벗들에게 새해인사를 보냅니다.

동지들!

2017년은 자력자강의 동력으로 사회주의강국건설사에 불멸의 리정표를 세운 영웅적 투쟁과 위대한 승리의 해였습니다.

지난해 미국과 그 추종세력들의 반공화국고립압살책동은 극도에 달하였으며 우리 혁명은 류례없는 엄혹한 도전에 부닥치게 되였습니다. 조성된 정세와 전진도상에 가로놓인 최악의 난관 속에서 우리 당은 인민을 믿고 인민은 당을 결사옹위하여 역경을 순경으로, 화를 복으로 전환시키며 사회주의 강국 건설의 모든 전선에서 눈부신 성과를 이룩하였습니다.

우리는 지난해의 장엄한 투쟁을 통하여 위대한 수령님과 위대한 장군님께서 열어 주신 주체의 사회주의 한길을 따라 끝까지 나아가려는 절대불변의 신념과 의지, 전체 인민이 당의 두리에 굳게 뭉친 사회주의조선의 일심단결을 내외에 힘 있게 과시하였습니다.

지난해에 우리 당과 국가와 인민이 쟁취한 특출한 성과는 국가핵무력 완성의 력사적 대업을 성취한 것입니다.

바로 1년 전 나는 이 자리에서 당과 정부를 대표하여 대륙간탄도로케트시험발사준비사업이 마감단계에서 추진되고 있다는 것을 공표하였으며 지난 한 해 동안 그 리행을 위한 여러 차의 시험발사들을 안전하고 투명하게 진행하여 확고한 성공을 온 세상에 증명하였습니다.

지난해에 우리는 각종 핵 운반수단과 함께 초강력열핵무기시험도 단행함으로써 우리의 총적지향과 전략적 목표를 성과적으로, 성공적으로 달성하였으며 우리 공화국은 마침내 그 어떤 힘으로도, 그 무엇으로써도 되돌릴 수 없는 강력하고 믿음직한 전쟁억제력을 보유하게 되었습니다.

우리 국가의 핵무력은 미국의 그 어떤 핵위협도 분쇄하고 대응할 수 있으며 미국이 모험적인 불장난을 할 수 없게 제압하는 강력한 억제력으로 됩니다.

미국은 결코 나와 우리 국가를 상대로 전쟁을 걸어오지 못합니다.

미국 본토 전역이 우리의 핵타격사정권 안에 있으며 핵단추가

내 사무실책상 우에 항상 놓여 있다는 것, 이는 결코 위협이 아닌 현실임을 똑바로 알아야 합니다.

우리는 나라의 자주권을 믿음직하게 지켜 낼 수 있는 최강의 국가방위력을 마련하기 위하여 한평생을 다 바치신 위대한 수령님과 위대한 장군님의 념원을 풀어드리였으며 전체 인민이 장구한 세월 허리띠를 조이며 바라던 평화수호의 강력한 보검을 틀어쥐였습니다. 이 위대한 승리는 당의 병진로선과 과학중시사상의 정당성과 생활력의 뚜렷한 증시이며 부강조국건설의 확고한 전망을 열어 놓고 우리 군대와 인민에게 필승의 신심을 안겨 준 력사적 장거입니다.

나는 생존을 위협하는 제재와 봉쇄의 어려운 생활 속에서도 우리 당의 병진로선을 굳게 믿고 절대적으로 지지해 주고 힘 있게 떠밀어 준 영웅적조선인민에게 숭고한 경의를 드립니다.

나는 또한 당중앙의 구상과 결심은 과학이고 진리이며 실천이라는 것을 세계 앞에 증명하기 위하여 온 한 해 헌신분투한 우리 국방과학자들과 군수로동계급에게 뜨거운 동지적 인사를 보냅니다.

지난해에 국가경제발전 5개년 전략 수행에서도 커다란 전진을 이룩하였습니다.

금속공업의 주체화를 실현하기 위한 투쟁을 힘 있게 벌려 김책제철련합기업소에 우리 식의 산소열법용광로가 일떠서 무연탄으로 선철생산을 정상화할 수 있게 되였으며 화학공업의 자립적 토대를 강화하고 5개년전략의 화학고지를 점령할 수 있는 전망을 열어 놓았습니다.

방직공업, 신발과 편직, 식료공업을 비롯한 경공업부문의 많은 공장들에서 주체화의 기치를 높이 들고 우리의 기술, 우리의 설비로 여러 생산 공정의 현대화를 힘 있게 벌려 인민소비품의 다종화·다양화를 실현하고 제품의 질을 높일 수 있는 담보를 마련하였습니다.

기계공업 부문에서 자력갱생의 기치를 높이 들고 과학기술에 의거하여 당이 제시한 새형의 뜨락또르와 화물자동차생산목표를 성과적으로 점령함으로써 인민경제의 주체화, 현대화와 농촌경리의 종합적기계화를 더욱 힘 있게 다그쳐 나갈 수 있는 튼튼한 기초를 마련하였으며 농업부문에서 과학농법을 적극 받아들여 불리한 기후조건에서도 다수확농장과 작업반대렬을 늘이고 례년에 보기 드문 과일풍작을 안아 왔습니다.

우리 군대와 인민은 웅장화려한 려명거리와 대규모의 세포지구 축산기지를 일떠세우고 산림복구전투 1단계 과업을 수행함으로써 군민대단결의 위력과 사회주의자립경제의 잠재력을 과시하였습니다.

만리마 속도 창조를 위한 벅찬 투쟁 속에서 새로운 전형단위들이 련이어 태여났으며 수많은 공장, 기업소들이 년간인민경제계획을 앞당겨 수행하고 최고생산년도수준을 돌파하는 자랑을 떨치였습니다.

지난해에 과학문화전선에서도 성과를 이룩하였습니다.

과학자, 기술자들은 사회주의강국건설에서 나서는 과학기술적 문제들을 해결하고 첨단분야의 연구과제들을 완성하여 경제발전과 인민 생활 향상을 추동하였습니다. 사회주의교육체계가 더욱 완비되고 교육환경이 보다 일신되였으며 의료봉사조건이 개선되였습니다. 온 나라를 혁명적 랑만과 전투적기백으로 들끓게 하는 예술 공연 활동의 본보기가 창조되고 우리의 체육인들이 여러 국제경기들에서 우승을 쟁취하였습니다.

지난해에 이룩한 모든 성과들은 조선로동당의 주체적인 혁명로선의 승리이며 당의 두리에 굳게 뭉친 군대와 인민의 영웅적 투쟁이 안아 온 고귀한 결실입니다.

공화국의 자주권과 생존권, 발전권을 말살하려는 미국과 그 추종세력들의 제재봉쇄책동이 그 어느 때보다도 악랄하게 감행되는 속에서 자체의 힘으로 남들이 엄두도 내지 못할 빛나는 승리를 달성한 바로 여기에 우리 당과 인민의 존엄이 있고 커다란 긍지와 자부심이 있습니다.

나는 지난해의 사변적인 나날들에 언제나 당과 운명을 함께하고 부닥치는 시련과 난관을 헤치며 사회주의강국건설위업을 승리적으로 전진시켜온 전체 인민들과 인민군장병들에게 다시 한 번 뜨거운 감사를 드립니다.

동지들!

올해에 우리는 영광스러운 조선민주주의인민공화국창건 일흔
돐을 맞이하게 됩니다. 위대한 수령님과 위대한 장군님의 최대의
애국유산인 사회주의 우리 국가를 세계가 공인하는 전략국가의
지위에 당당히 올려 세운 위대한 인민이 자기 국가의 창건 일흔돐
을 성대히 기념하게 되는 것은 참으로 의의 깊은 일입니다.

우리는 주체조선의 건국과 발전 행로에 빛나는 영웅적 투쟁과
집단적 혁신의 전통을 이어 혁명의 최후승리를 이룩할 때까지 계
속 혁신, 계속 전진해 나가야 합니다. 공화국핵무력건설에서 이
룩한 력사적 승리를 새로운 발전의 도약대로 삼고 사회주의 강국
건설의 모든 전선에서 새로운 승리를 쟁취하기 위한 혁명적인 총
공세를 벌려 나가야 합니다.

《혁명적인 총공세로 사회주의강국건설의 모든 전선에서 새로운
승리를 쟁취하자!》 이것이 우리가 들고 나가야 할 혁명적 구호입
니다. 모든 일군들과 당원들과 근로자들은 전후 천리마대고조로
난국을 뚫고 사회주의 건설에서 일대 앙양을 일으킨 것처럼 전 인
민적인 총공세를 벌려 최후 발악하는 적대세력들의 도전을 짓부
시고 공화국의 전반적 국력을 새로운 발전단계에 올려 세워야 합
니다.

국가경제발전 5개년 전략 수행의 세 번째 해인 올해에 경제전선
전반에서 활성화의 돌파구를 열어제껴야 하겠습니다.

올해 사회주의경제건설에서 나서는 중심과업은 당중앙위원회 제7기 제2차전원회의가 제시한 혁명적 대응전략의 요구대로 인민경제의 자립성과 주체성을 강화하고 인민 생활을 개선·향상시키는 것입니다.

인민경제의 자립성과 주체성을 강화하는 데 총력을 집중하여야 합니다.

전력공업 부문에서는 자립적 동력 기지들을 정비·보강하고 새로운 동력자원개발에 큰 힘을 넣어야 합니다. 화력에 의한 전력생산을 결정적으로 늘이며 불비한 발전설비들을 정비·보강하여 전력손실을 줄이고 최대한 증산하기 위한 투쟁을 힘 있게 벌려야 합니다. 도들에서 자기 지방의 특성에 맞는 전력생산기지들을 일떠세우며 이미 건설된 중소형수력발전소들에서 전력생산을 정상화하여 지방공업 부문의 전력을 자체로 보장하도록 하여야 합니다. 전국가적인 교차생산조직을 짜고 들며 전력랑비현상과의 투쟁을 힘 있게 벌려 생산된 전력을 효과적으로 리용하기 위한 된바람을 일으키도록 하여야 합니다.

금속공업 부문에서는 주체적인 제철, 제강기술을 더욱 완성하고 철 생산능력을 확장하며 금속재료의 질을 결정적으로 높여 인민경제의 철강재수요를 충족시켜야 합니다. 금속공업 부문에 필요한 전력, 철정광, 무연탄, 갈탄, 화차와 기관차, 자금을 다른 부문에 앞세워 계획대로 어김없이 보장하여 다음 해 철강재생산

목표를 무조건 수행하며 금속공업의 주체화를 기어이 완성하도록
하여야 하겠습니다.

화학공업 부문에서 탄소하나화학공업 창설을 다그치고 촉매생
산기지와 린비료공장 건설을 계획대로 추진하며 회망초를 출발원
료로 하는 탄산소다생산공정을 개건·완비하여야 합니다.

기계공업부문에서는 금성뜨락또르공장과 승리자동차련합기업
소를 비롯한 기계공장들을 현대화하고 세계적 수준의 기계제품들
을 우리 식으로 개발·생산하여야 합니다.

나라의 자립적 경제 토대가 은을 낼 수 있게 석탄과 광물생산,
철도수송에서 련대적 혁신을 일으켜야 합니다.

특히 철도운수 부문에서 수송조직과 지휘를 과학화·합리화하
여 현존수송능력을 최대한 효과있게 리용하며 철도에 군대와 같
은 강한 규률과 질서를 세워 렬차의 무사고정시운행을 보장하도
록 하여야 합니다.

올해에 인민 생활 향상에서 전환을 가져와야 합니다.

경공업공장들의 설비와 생산공정을 로력절약형, 전기절약형으
로 개조하고 국내원료와 자재로 다양하고 질 좋은 소비품들을 더
많이 생산·공급하며 도·시·군들에서 자체의 원료원천에 의거하
여 지방경제를 특색 있게 발전시켜야 합니다.

농업과 수산전선에서 앙양을 일으켜야 하겠습니다. 우량종자와
다수확농법, 능률적인 농기계들을 대대적으로 받아들이고 농사

를 과학기술적으로 지어 알곡생산목표를 반드시 점령하며 축산물과 과일, 온실남새와 버섯생산을 늘여야 합니다. 배무이와 배수리능력을 높이고 과학적인 어로전을 전개하며 양어와 양식을 활성화하여야 하겠습니다.

올해에 군민이 힘을 합쳐 원산갈마해안관광지구건설을 최단기간 내에 완공하고 삼지연군꾸리기와 단천발전소 건설, 황해남도 물길 2단계 공사를 비롯한 중요 대상 건설을 다그치며 살림집 건설에 계속 힘을 넣어야 합니다.

산림복구전투성과를 더욱 확대하면서 이미 조성된 산림에 대한 보호관리를 잘하는 것과 함께 도로의 기술상태를 개선하고 강하천정리를 정상화하며 환경보호사업을 과학적으로, 책임적으로 하여야 합니다.

인민경제 모든 부문과 단위들에서 자체의 기술 력량과 경제적 잠재력을 총동원하고 증산절약투쟁을 힘 있게 벌려 더 많은 물질적 재부를 창조하여야 합니다.

자립경제발전의 지름길은 과학기술을 앞세우고 경제작전과 지휘를 혁신하는 데 있습니다.

과학연구 부문에서는 우리 식의 주체적인 생산 공정들을 확립하고 원료와 자재, 설비를 국산화하며 자립적 경제구조를 완비하는 데서 제기되는 과학기술적 문제들을 우선적으로 풀어 나가야 합니다. 인민경제 모든 부문과 단위들에서 과학기술보급사업을 강화하며 기술혁신운동을 활발히 벌려 생산 장성에 이바지하여야 하겠습니다.

내각을 비롯한 경제지도기관들은 올해 인민경제계획을 수행하기 위한 작전안을 현실성 있게 세우며 그 집행을 위한 사업을 책임적으로 완강하게 내밀어야 합니다. 국가적으로 사회주의기업책임관리제가 공장, 기업소, 협동단체들에서 실지 은을 낼 수 있도록 적극적인 대책을 세워야 합니다.

사회주의문화를 전면적으로 발전시켜야 하겠습니다.

교원진영을 강화하고 현대교육 발전 추세에 맞게 교수 내용과 방법을 혁신하며 의료봉사사업에서 인민성을 철저히 구현하고 의료 설비와 기구, 여러 가지 의약품 생산을 늘여야 합니다.

대중체육활동을 활발히 벌리고 우리 식의 체육기술과 경기전법을 창조하며 만리마시대 우리 군대와 인민의 영웅적 투쟁과 생활, 아름답고 숭고한 인간미를 진실하게 반영한 명작들을 창작·창조하여 혁명적인 사회주의문학예술의 힘으로 부르죠아반동문화를 짓눌러 버려야 하겠습니다.

전사회적으로 도덕기강을 바로세우고 사회주의생활양식을 확립하며 온갖 비사회주의적현상을 뿌리 뽑기 위한 투쟁을 드세게 벌려 모든 사람들이 고상한 정신 도덕적 풍모를 지니고 혁명적으로 문명하게 생활해 나가도록 하여야 합니다.

자위적 국방력을 더욱 튼튼히 다져야 하겠습니다.

위대한 수령님께서 조선인민혁명군을 정규적혁명무력으로 강화·발전시키신 일흔돐이 되는 올해에 인민군대는 혁명적 당군으로서의 면모를 더욱 완벽하게 갖추어야 하며 전투훈련을 실전 환경에 접근시켜 강도 높이 조직 진행하여 모든 군종, 병종, 전문병부대들을 일당백의 전투대오로 만들어야 합니다.

조선인민내무군은 계급투쟁의 날을 예리하게 세우고 불순적대분자들의 준동을 제때에 적발분쇄하며 로농적위군, 붉은청년근위대는 전투정치훈련을 힘 있게 벌려 전투력을 백방으로 강화하여야 합니다.

국방공업 부문에서는 제8차 군수공업대회에서 당이 제시한 전략적방침대로 병진로선을 일관하게 틀어쥐고 우리 식의 위력한 전략무기들과 무장장비들을 개발생산하며 군수공업의 주체적인 생산구조를 완비하고 첨단과학기술에 기초하여 생산 공정들을 현대화하여야 합니다.

핵무기연구부문과 로케트공업 부문에서는 이미 그 위력과 신뢰성이 확고히 담보된 핵탄두들과 탄도로케트들을 대량생산하여 실전배치하는 사업에 박차를 가해 나가야 합니다.

또한 적들의 핵전쟁책동에 대처한 즉시적인 핵반격작전태세를 항상 유지하도록 하여야 하겠습니다.

정치사상적 위력은 우리 국가의 제일국력이며 사회주의강국건설의 활로를 열어 나가는 위대한 추동력입니다.

우리 앞에 나선 투쟁과업들을 성과적으로 수행하기 위하여서는 전당을 조직사상적으로 더욱 굳게 단결시키고 혁명적 당풍을 철저히 확립하여 혁명과 건설사업 전반에서 당의 전투력과 령도적 역할을 끊임없이 높여 나가야 합니다.

모든 당조직들이 당의 사상과 어긋나는 온갖 잡사상과 이중규률을 절대로 허용하지 말고 당중앙위원회를 중심으로 하는 전당의 일심단결을 백방으로 강화하여야 합니다.

전당적으로 당세도와 관료주의를 비롯한 낡은 사업방법과 작풍을 뿌리 빼는 데 모를 박고 혁명적 당풍을 확립하기 위한 투쟁을 강도 높이 벌려 당과 인민대중과의 혈연적 련계를 반석같이 다져 나가야 합니다.

당조직들은 해당 부문, 단위들의 사업이 언제나 당의 사상과 의도, 당정책적 요구에 맞게 진행되도록 당적지도를 강화하며 정치사업을 확고히 앞세우고 사상을 발동하는 방법으로 사회주의 강국 건설에서 나서는 문제들을 성과적으로 풀어 나가야 합니다.

전체 군대와 인민을 당의 두리에 사상의지적으로 굳게 묶어 세워 모두가 그 어떤 역경속 에서도 당과 생사운명을 함께하며 사회주의 위업의 승리를 위하여 한 몸 바쳐 싸워 나가도록 하여야 합니다.

당, 근로단체조직들과 정권기관들은 모든 사업을 일심단결을 강화하는 데 지향시키고 복종시켜 나가야 합니다. 인민들의 요구와 리익을 기준으로 사업을 설계하고 전개하며 인민들 속에 깊이 들어가 고락을 같이하면서 인민들의 마음속 고충과 생활상 애로를 풀어 주어야 합니다. 모든 것이 부족한 때일수록 동지들 사이에, 이웃들 사이에 서로 돕고 진심으로 위해 주는 미풍이 높이 발양되도록 하여야 합니다.

오늘의 만리마대진군에서 영웅적 조선인민의 불굴의 정신력을 남김없이 폭발시켜야 합니다.

당, 근로단체조직들은 모든 근로자들이 애국주의를 심장에 새기고 자력갱생의 혁명정신과 과학기술을 원동력으로 만리마속도창조대전에서 끊임없는 집단적 혁신을 일으켜 나가도록 하여야 합니다. 일군들과 당원들과 근로자들이 천리마의 대진군으로 세기적인 변혁을 이룩한 전 세대들의 투쟁정신을 이어 누구나 시대의 앞장에서 힘차게 내달리는 만리마선구자가 되도록 하여야 합니다.

동지들!

지난해에도 우리 인민은 민족의 지향과 요구에 맞게 나라의 평화를 지키고 조국 통일을 앞당기기 위하여 적극 투쟁하여 왔습니다. 그러나 우리 공화국의 자위적 핵억제력 강화를 막아 보려고 감행되는 미국과 그 추종세력들의 악랄한 제재압박소동과 광란적인 전쟁도발책동으로 하여 조선반도의 정세는 류례없이 악화되고 조국통일의 앞길에는 보다 엄중한 난관과 장애가 조성되였습니다.

남조선에서 분노한 각계각층 인민들의 대중적 항쟁에 의하여 파쑈통치와 동족대결에 매달리던 보수 《정권》이 무너지고 집권세력이 바뀌였으나 북남관계에서 달라진 것이란 아무것도 없습니다. 오히려 남조선당국은 온 겨레의 통일 지향에 역행하여 미국의 대조선적대시정책에 추종함으로써 정세를 험악한 지경에 몰아넣고 북남 사이의 불신과 대결을 더욱 격화시켰으며 북남관계는 풀기 어려운 경색국면에 처하게 되었습니다. 이러한 비정상적인 상태를 끝장내지 않고서는 나라의 통일은 고사하고 외세가 강요하는 핵전쟁의 참화를 면할 수 없습니다.

조성된 정세는 지금이야말로 북과 남이 과거에 얽매이지 말고 북남관계를 개선하며 자주통일의 돌파구를 열기 위한 결정적인 대책을 세워 나갈 것을 요구하고 있습니다. 이 절박한 시대적 요구를 외면한다면 어느 누구도 민족 앞에 떳떳한 모습으로 나설 수 없을 것입니다.

새해는 우리 인민이 공화국 창건 일흔돐을 대경사로 기념하게 되고 남조선에서는 겨울철올림픽경기대회가 열리는 것으로 하여 북과 남에 다 같이 의의 있는 해입니다. 우리는 민족적 대사들을 성대히 치르고 민족의 존엄과 기상을 내외에 떨치기 위해서도 동결상태에 있는 북남관계를 개선하여 뜻깊은 올해를 민족사에 특기할 사변적인 해로 빛내여야 합니다.

무엇보다 북남사이의 첨예한 군사적 긴장 상태를 완화하고 조선반도의 평화적 환경부터 마련하여야 합니다.

　지금처럼 전쟁도 아니고 평화도 아닌 불안정한 정세가 지속되는 속에서는 북과 남이 예정된 행사들을 성과적으로 보장할 수 없는 것은 물론 서로 마주 앉아 관계 개선 문제를 진지하게 론의할 수도, 통일을 향해 곧바로 나아갈 수도 없습니다.

　북과 남은 정세를 격화시키는 일을 더 이상 하지 말아야 하며 군사적 긴장을 완화하고 평화적 환경을 마련하기 위하여 공동으로 노력하여야 합니다.

　남조선당국은 온 겨레의 운명과 이 땅의 평화와 안정을 위협하는 미국의 무모한 북침핵전쟁책동에 가담하여 정세격화를 부추길 것이 아니라 긴장 완화를 위한 우리의 성의 있는 노력에 화답해 나서야 합니다. 이 땅에 화염을 피우며 신성한 강토를 피로 물들일 외세와의 모든 핵전쟁연습을 그만두어야 하며 미국의 핵장비들과 침략무력을 끌어들이는 일체 행위들을 걷어치워야 합니다.

　미국이 아무리 핵을 휘두르며 전쟁도발책동에 광분해도 이제는 우리에게 강력한 전쟁억제력이 있는 한 어쩌지 못할 것이며 북과 남이 마음만 먹으면 능히 조선반도에서 전쟁을 막고 긴장을 완화시켜 나갈 수 있습니다.

　민족적 화해와 통일을 지향해 나가는 분위기를 적극 조성하여야 합니다.

　북남관계 개선은 당국만이 아니라 누구나가 바라는 초미의 관심사이며 온 민족이 힘을 합쳐 풀어 나가야 할 중대사입니다. 북과 남 사이의 접촉과 래왕, 협력과 교류를 폭넓게 실현하여 서로의 오해와 불신을 풀고 통일의 주체로서의 책임과 역할을 다해야 할 것입니다.

우리는 진정으로 민족적 화해와 단합을 원한다면 남조선의 집권여당은 물론 야당들, 각계각층 단체들과 개별적 인사들을 포함하여 그 누구에게도 대화와 접촉, 래왕의 길을 열어 놓을 것입니다.

상대방을 자극하면서 동족간의 불화와 반목을 격화시키는 행위들은 결정적으로 종식되여야 합니다. 남조선당국은 지난 보수《정권》시기와 다름없이 부당한 구실과 법적, 제도적 장치들을 내세워 각계층 인민들의 접촉과 래왕을 가로막고 련북통일기운을 억누를 것이 아니라 민족적 화해와 단합을 도모하는 데 유리한 조건과 환경을 조성하기 위하여 노력하여야 합니다.

북남관계를 하루빨리 개선하기 위해서는 북과 남의 당국이 그 어느 때보다 민족자주의 기치를 높이 들고 시대와 민족 앞에 지닌 자기의 책임과 역할을 다하여야 합니다.

북남관계는 어디까지나 우리 민족내부문제이며 북과 남이 주인이 되여 해결하여야 할 문제입니다. 그러므로 북남사이에 제기되는 모든 문제는 우리 민족끼리의 원칙에서 풀어 나가려는 확고한 립장과 관점을 가져야 합니다.

남조선당국은 북남관계문제를 외부에 들고 다니며 청탁하여야 얻을 것은 아무것도 없으며 오히려 불순한 목적을 추구하는 외세에게 간섭의 구실을 주고 문제 해결에 복잡성만 조성한다는 것을 알아야 합니다. 지금은 서로 등을 돌려대고 자기 립장이나 밝힐 때가 아니며 북과 남이 마주앉아 우리 민족끼리 북남관계 개선 문제를 진지하게 론의하고 그 출로를 과감하게 열어 나가야 할 때입니다.

남조선에서 머지않아 열리는 겨울철올림픽경기대회에 대해 말한다면 그것은 민족의 위상을 과시하는 좋은 계기로 될 것이며 우리는 대회가 성과적으로 개최되기를 진심으로 바랍니다. 이러한 견지에서 우리는 대표단 파견을 포함하여 필요한 조치를 취할 용의가 있으며 이를 위해 북남당국이 시급히 만날 수도 있을 것입니다. 한 피줄을 나눈 겨레로서 동족의 경사를 같이 기뻐하고 서로 도와주는 것은 응당한 일입니다.

우리는 앞으로도 민족자주의 기치를 높이 들고 모든 문제를 우리 민족끼리 해결해 나갈 것이며 민족의 단합된 힘으로 내외반통일세력의 책동을 짓부시고 조국통일의 새 력사를 써 나갈 것입니다.

나는 이 기회에 해내외의 전체 조선동포들에게 다시 한 번 따뜻한 새해인사를 보내면서 의의 깊은 올해에 북과 남에서 모든 일이 잘되기를 진심으로 바랍니다.

동지들!

지난해 국제정세는 세계의 평화와 안전을 파괴하고 인류에게 핵참화를 들씌우려는 제국주의침략세력과는 오직 정의의 힘으로 맞서야 한다는 우리 당과 국가의 전략적판단과 결단이 천만번 옳았다는것을 뚜렷이 실증하였습니다.

우리는 평화를 사랑하는 책임 있는 핵강국으로서 침략적인 적대세력이 우리 국가의 자주권과 리익을 침해하지 않는 한 핵무기를 사용하지 않을 것이며 그 어떤 나라나 지역도 핵으로 위협하지 않을 것입니다. 그러나 조선반도의 평화와 안전을 파괴하는 행위에 대해서는 단호하게 대응해 나갈 것입니다.

우리 당과 공화국정부는 우리나라의 자주권을 존중하고 우리를 우호적으로 대하는 모든 나라들과의 선린우호관계를 발전시켜 나갈 것이며 정의롭고 평화로운 새 세계를 건설하기 위하여 적극 노력할 것입니다.

동지들!

2018년은 우리 인민에게 있어서 또 하나의 승리의 해로 될 것입니다.

새해의 장엄한 진군길이 시작되는 이 시각 인민의 지지를 받고 있기에 우리의 위업은 필승불패이라는 확신으로 나는 마음이 든든하며 전력을 다하여 인민의 기대에 기어이 보답할 의지를 더욱 굳게 가다듬게 됩니다.

조선로동당과 공화국정부는 인민의 믿음과 힘에 의거하여 주체혁명위업의 최후 승리를 이룩할 때까지 투쟁과 전진을 멈추지 않을 것이며 전체 인민이 존엄 높고 행복한 생활을 누리는 사회주의 강국의 미래를 반드시 앞당겨 올 것입니다.

모두다 조선로동당의 령도 따라 영웅조선의 강용한 기상을 떨치며 혁명의 새 승리를 향하여 힘차게 앞으로 나아갑시다.

2019년 신년사

다음은 2019년도 김정은 국무위원장 신년사 전문이다.

신년사

김정은

사랑하는 온 나라 인민들과 인민군장병들! 동포형제자매들! 동지들과 벗들!

우리는 지울 수 없는 또 한 번의 력사의 깊은 발자취를 남기며 조국과 혁명, 민족사에 뜻깊은 사변들이 아로새겨진 2018년을 보내고 희망의 꿈을 안고 새해 2019년을 맞이하였습니다.

새해에 즈음하여 나는 격동적인 지난해의 나날들에 우리 당과 숨결과 보폭을 함께하며 사회주의 건설위업에 헌신하여 온 전체 인민들과 인민군장병들에게 충심으로 되는 인사를 드리며 온 나라 가정들에 사랑과 희망, 행복이 넘쳐나기를 축원합니다.

나는 민족의 화해와 단합, 평화 번영의 새 력사를 써 나가기 위하여 우리와 마음을 같이한 남녘겨레들과 해외동포들에게 따뜻한 새해인사를 보냅니다.

나는 사회적 진보와 발전, 세계의 평화와 정의를 위하여 노력하고 있는 각국의 수반들과 벗들의 사업에서 성과가 있기를 바랍니다.

동지들!

2018년은 우리 당의 자주로선과 전략적 결단에 의하여 대내외 정세에서 커다란 변화가 일어나고 사회주의 건설이 새로운 단계에 들어선 력사적인 해였습니다.

지난해 4월에 진행된 당중앙위원회 제7기 제3차 전원회의는 병진로선의 위대한 승리에 토대하여 우리 혁명을 새롭게 상승시키고 사회주의의 전진속도를 계속 높여 나가는 데서 전환적 의의를 가지는 중요한 계기로 되었습니다. 사회주의에 대한 필승의 신념을 지니고 간고한 투쟁의 길을 걸어온 우리 인민은 자주권 수호와 평화 번영의 굳건한 담보를 제 손으로 마련하고 부강 조국 건설의 더 높은 목표를 점령하기 위한 혁명적 대진군에 떨쳐나서게 되었습니다.

우리의 주동적이면서도 적극적인 노력에 의하여 조선반도에서 평화에로 향한 기류가 형성되고 공화국의 국제적 권위가 계속 높아가는 속에 우리 인민은 커다란 긍지와 자부심을 안고 영광스러운 조선민주주의인민공화국창건 일흔돐을 성대히 경축하였습니다.

9월의 경축행사들을 통하여 온 사회의 사상적 일색화와 당과 인민의 일심단결을 실현하고 튼튼한 자립경제와 자위적 국방력을 가진 우리 공화국의 위력과 사회주의위업의 승리를 위해 끝까지 투쟁하려는 영웅적조선인민의 강렬한 의지를 세계 앞에 힘 있게 과시하였습니다.

지난해에 전체 인민이 경제건설에 총력을 집중할 데 대한 당의 새로운 전략적 로선 관철에 떨쳐나 자립경제의 토대를 일층 강화하였습니다.

인민경제의 주체화 로선을 관철하기 위한 투쟁에서 의미 있고 소중한 전진이 이룩되였습니다. 북창화력발전련합기업소의 전력 생산능력이 훨씬 늘어나고 김철과 황철을 비롯한 금속공장들에서 주체화의 성과를 확대하였으며 화학공업의 자립적 토대를 강화하기 위한 사업이 힘 있게 추진되였습니다. 우리의 힘, 우리의 기술, 우리의 자원으로 만들어 낸 긍지와 보람으로 보기만 해도 흐뭇한 각종 륜전기계들과 경공업제품들의 질적 수준이 한 계단 도약하고 대량생산되여 우리 인민들을 기쁘게 해 주고 있습니다.

석탄공업 부문의 로동계급은 모든 것이 어려운 속에서 자립경제의 생명선을 지켜 결사적인 생산투쟁을 벌렸으며 농업 부문에서 알곡 증산을 위하여 이악하게 투쟁한 결과 불리한 일기조건에서도 다수확을 이룩한 단위들과 농장원들이 수많이 배출되였습니다.

군수공업 부문에서는 경제 건설에 모든 힘을 집중할 데 대한 우리 당의 전투적 호소를 심장으로 받아 안고 여러 가지 농기계와 건설기계, 협동품들과 인민소비품들을 생산하여 경제발전과 인민 생활 향상을 추동하였습니다.

지난해에 당의 웅대한 구상과 작전에 따라 로동당시대를 빛내이기 위한 방대한 대건설사업들이 립체적으로 통이 크게 전개됨으로써 그 어떤 난관 속에서도 끄떡없고 멈춤이 없으며 더욱 노도와 같이 떨쳐 일어나 승승장구해나가는 사회주의조선의 억센 기상과 우리의 자립경제의 막강한 잠재력이 현실로 과시되였습니다.

과학교육사업에서 혁명적 전환을 일으킬 데 대한 당중앙위원회 4월전원회의 결정을 높이 받들고 과학기술부문에서 첨단산업의 발전을 추동하고 인민경제의 활성화에 이바지하는 가치 있는 연구 성과들을 내놓았으며 교육의 현대화, 과학화가 적극 추진되고 전국의 많은 대학과 중학교, 소학교들의 교육조건과 환경이 개선되였습니다.

문화예술부문에서는 대집단체조와 예술 공연을 창작 공연하여 대내외의 커다란 반향을 불러일으키고 주체예술의 발전 면모와 특유와 우월성을 뚜렷이 시위하였습니다.

동지들!

혁명의 년대기에 자랑찬 승리의 한 페이지를 새긴 지난해의 투쟁을 통하여 우리는 자기 위업의 정당성과 우리 국가의 불패의 힘에 대하여 다시금 확신하게 되였습니다. 부정의의 도전을 맞받아나가는 우리 인민의 불굴의 투쟁에 의하여 우리 국가의 자강력은 끊임없이 육성되고 사회주의 강국에로 향한 발걸음은 더욱 빨라지고 있습니다.

나는 이 자리를 빌어 당을 따라 승리의 길을 멈춤 없이 달려 조국청사에 빛나는 위훈을 세운 전체 인민들과 인민군장병들에게 다시 한 번 뜨거운 감사의 인사를 드리고 싶습니다.

동지들!

주체혁명의 새 시대를 빛내이기 위한 투쟁 속에서 더욱 세련되고 억세여진 우리 당과 인민은 보다 큰 신심과 포부를 안고 새해의 진군길에 나섰습니다.

올해에 우리 앞에는 나라의 자립적 발전능력을 확대 강화하여 사회주의 건설의 진일보를 위한 확고한 전망을 열어 놓아야 할 투쟁과업이 나서고 있습니다.

우리에게는 사회주의의 더 밝은 앞날을 자력으로 개척해 나갈 수 있는 힘과 토대, 우리 식의 투쟁방략과 창조방식이 있습니다. 당의 새로운 전략적 로선을 틀어쥐고 자력갱생, 견인불발하여 투쟁할 때 나라의 국력은 배가될 것이며 인민들의 꿈과 리상은 훌륭히 실현되게 될 것입니다.

《자력갱생의 기치높이 사회주의 건설의 새로운 진격로를 열어 나가자!》, 이것이 우리가 들고 나가야 할 구호입니다. 우리는 조선혁명의 전 로정에서 언제나 투쟁의 기치가 되고 비약의 원동력으로 되어 온 자력갱생을 번영의 보검으로 틀어쥐고 사회주의 건설의 전 전선에서 혁명적 앙양을 일으켜 나가야 합니다.

사회주의 자립경제의 위력을 더욱 강화하여야 하겠습니다.

우리는 자체의 기술력과 자원, 전체 인민의 높은 창조정신과 혁명적 열의에 의거하여 국가경제발전의 전략적 목표를 성과적으로 달성하며 새로운 장성단계에로 이행하여야 합니다.

인민경제 전반을 정비보강하고 활성화하기 위한 국가적인 작전을 바로하고 강하게 집행해 나가야 하겠습니다.

자립경제의 잠재력을 남김없이 발양시키고 경제발전의 새로운 요소와 동력을 살리기 위한 전략적 대책들을 강구하며 나라의 인적·물적 자원을 경제건설에 실리 있게 조직 동원하여야 합니다. 국가경제사업에서 중심을 틀어쥐고 련쇄고리를 추켜세우며 전망적 발전을 도모하면서 경제 활성화를 추진해 나가야 합니다.

경제전반에 대한 국가의 통일적 지도를 원만히 실현하고 근로자들의 자각적 열의와 창조력을 최대한 발동할 수 있도록 관리방법을 혁신하여야 합니다. 내각과 국가경제지도기관들은 사회주의경제법칙에 맞게 계획화와 가격사업, 재정 및 금융관리를 개선하며 경제적 공간들이 기업체들의 생산 활성화와 확대재생산에 적극적으로 작용하도록 하여야 합니다. 경제사업의 효률을 높이고 기업체들이 경영활동을 원활하게 해 나갈 수 있게 기구체계와 사업체계를 정비하여야 합니다.

인재와 과학기술은 사회주의 건설에서 대비약을 일으키기 위한 우리의 주되는 전략적 자원이고 무기입니다.

국가적으로 인재 육성과 과학기술발전사업을 목적지향성 있게 추진하며 그에 대한 투자를 늘여야 합니다.

세계적인 교육발전 추세와 교육학적 요구에 맞게 교수 내용과 방법을 혁신하여 사회경제발전을 떠메고 나갈 인재들을 질적으로 키워 내야 합니다. 새 기술개발목표를 높이 세우고 실용적이며 경제적 의의가 큰 핵심기술연구에 력량을 집중하여 경제장성의 견인력을 확보하여야 하며 과학연구기관과 기업체들이 긴밀히 협력하여 생산과 기술발전을 추동하고 지적 창조력을 증대시킬 수 있도록 제도적 조치를 강구하여야 합니다.

인민경제 모든 부문에서 국가경제발전 5개년전략목표수행에 박차를 가하여야 하겠습니다.

전력 문제 해결에 선차적인 힘을 넣어 인민경제 활성화의 돌파구를 열어야 합니다.

올해 사회주의 경제건설에서 나서는 가장 중요하고도 절박한 과업의 하나는 전력생산을 획기적으로 늘이는 것입니다.

전력공업 부문에 대한 국가적인 투자를 집중하여 현존 전력생산토대를 정비·보강하고 최대한 효과적으로 리용하면서 절실한 부문과 대상부터 하나씩 개건현대화하여 전력생산을 당면하게 최고생산년도 수준으로 끌어올려야 합니다.

나라의 전력문제를 풀기 위한 사업을 전국가적인 사업으로 틀어쥐고 어랑천발전소와 단천발전소를 비롯한 수력발전소건설을 다그치고 조수력과 풍력, 원자력발전능력을 전망성 있게 조성해 나가며 도·시·군들에서 자기 지방의 다양한 에네르기자원을 효과적으로 개발·리용하여야 합니다.

석탄공업은 자립경제발전의 척후전선입니다.

석탄이 꽝꽝 나와야 긴장한 전력문제도 풀 수 있고 금속공업을 비롯한 인민경제 여러 부문의 연료, 동력수요를 충족시킬 수 있습니다.

석탄공업 부문에서는 화력탄 보장에 최우선적인 힘을 넣어 화력발전소들에서 전력생산을 순간도 멈춤 없이 정상화해 나가도록 하여야 하겠습니다.

온 나라가 떨쳐나 탄광을 사상정신적으로, 물질기술적으로 힘있게 지원하며 석탄 생산에 필요한 설비와 자재, 탄부들의 생활조건을 책임적으로 보장하기 위한 국가적인 대책을 강하게 세워야 합니다.

경제건설의 쌍기둥인 금속공업과 화학공업의 주체화 실현에서 더 큰 발전을 이룩해야 합니다.

금속공업 부문에서는 주체화된 제철, 제강공정들을 과학기술적으로 완비하고 정상운영하면서 생산원가를 최대한 낮추며 철 생산능력이 늘어나는 데 맞게 철광석과 내화물, 합금철을 원만히 보장하기 위한 작전안을 세우고 집행하여야 합니다.

화학공업 부문에서 린비료공장 건설과 탄소하나화학공업 창설을 다그치고 회망초공업과 인조섬유공업을 발전시키며 현존 화학

설비와 기술공정들을 에네르기절약형, 로력절약형으로 개조하여야 합니다. 올해에 화학비료공장들의 만가동을 보장하고 2·8비날론련합기업소의 생산을 추켜세우는 데 국가적인 힘을 넣어야 합니다.

철도를 비롯한 교통운수 부문에서 규률 강화의 된바람을 일으키고 수송능력과 통과능력을 높여 수송의 긴장성을 풀며 기계제작공업 부문에서는 기계설계와 가공기술을 혁신하여 여러 가지 현대적인 기계설비들을 우리의 실정에 맞게 우리 식으로 개발·생산하여야 합니다.

인민 생활을 획기적으로 높이는 것은 우리 당과 국가의 제일가는 중대사입니다.

사회주의 경제건설의 주타격전방인 농업전선에서 증산투쟁을 힘 있게 벌려야 합니다.

내각과 해당 부문들에서는 영농공정별에 따르는 과학기술적 지도를 실속 있게 짜고 들어 올해 농사에 필요한 영농물자를 원만히 보장하여 알곡 생산을 결정적으로 늘여야 합니다. 농사의 주인인 농장원들의 의사와 리익을 존중하고 사회주의 분배원칙의 요구를 정확히 구현하여야 합니다.

당에서 밝혀 준 축산업발전의 4대고리를 틀어쥐고 나가며 닭공장을 비롯한 축산기지들을 현대화·활성화하고 협동농장들의 공동축산과 개인부업축산을 장려하여 인민들에게 더 많은 고기와

알이 차례지게 하여야 합니다.

수산 부문의 물질기술적 토대를 강화하고 물고기잡이와 양어, 양식을 과학화하며 수산자원을 보호·증식시켜 수산업발전의 새 길을 열어 나가야 합니다.

경공업 부문에서는 현대화, 국산화, 질제고의 기치를 계속 높이 들고 인민들이 좋아하는 여러 가지 소비품들을 생산보장하며 도·시·군들에서 기초식품공장을 비롯한 지방공업공장들을 현대적으로 일신하고 자체의 원료, 자원에 의거하여 생산을 정상화하여야 합니다.

우리는 올해에도 조국의 부강과 인민의 행복을 위한 거창한 대건설사업들을 통이 크게 벌려야 합니다.

전당, 전국, 전민이 떨쳐나 삼지연군을 산간문화도시의 표준, 사회주의리상향으로 훌륭히 변모시키며 원산갈마해안관광지구와 새로운 관광지구를 비롯한 우리 시대를 대표할 대상건설들을 최상의 수준에서 완공하여야 합니다. 건축설계와 건설공법들을 계속 혁신하고 마감건재의 국산화와 질적 발전을 이룩함으로써 모든 건축물들을 우리 식으로 화려하게 일떠세우고 인민들이 문명과 락을 누리게 하여야 합니다. 국가적인 건설이 대대적으로 벌어지는 데 맞게 세멘트를 비롯한 건재생산능력을 우리가 계획한대로 확장하여야 합니다.

산림복구전투 1단계 과업을 적극 추진하며 원림록화와 도시경영, 도로관리사업을 개선하고 환경오염을 철저히 막아야 합니다.

모든 부문, 모든 단위에서 예비와 가능성, 잠재력을 최대한 탐구동원하며 증산하고 절약하여 인민경제계획을 지표별로 완수하여야 합니다.

사회주의 우리 국가의 정치사상적 힘을 백방으로 다져 나가야 하겠습니다.

주체의 인민관, 인민철학을 당과 국가 활동에 철저히 구현하여 광범한 군중을 당의 두리에 튼튼히 묶어 세워야 합니다.

당과 정권기관, 근로단체조직들은 무슨 일을 작전하고 전개하든 인민의 리익을 최우선, 절대시하고 인민의 마음의 목소리에 귀를 기울이며 인민이 바라고 덕을 볼 수 있는 일이라면 천사만사를 제쳐 놓고 달라붙어 무조건 해내야 합니다. 언제 어디서나 어떤 조건과 환경에서나 인민을 위해 멸사복무하고 인민 생활에 첫째가는 관심을 돌리며 모든 사람들을 품에 안아 보살펴 주는 사랑과 믿음의 정치가 인민들에게 뜨겁게 가닿도록 하여야 합니다. 당과 대중의 혼연일체를 파괴하고 사회주의제도를 침식하는 세도와 관료주의, 부정부패의 크고 작은 행위들을 짓뭉개 버리기 위한 투쟁의 열도를 높여야 하겠습니다.

전체 당원들과 근로자들은 정세와 환경이 어떻게 변하든 우리 국가제일주의를 신념으로 간직하고 우리 식으로 사회주의 경제건설을 힘 있게 다그쳐 나가며 세대를 이어 지켜 온 소중한 사회주의 우리 집을 우리 손으로 세상에 보란 듯이 훌륭하게 꾸려 나갈 애국의 열망을 안고 성실한 피와 땀으로 조국의 위대한 력사를 써 나가야 합니다.

사회주의문명건설을 다그쳐야 하겠습니다.

온 사회에 혁명적 학습기풍과 문화정서생활기풍을 세워 누구나 발전하는 시대의 요구에 맞는 다방면적인 지식과 문화적 소양을 지니도록 하여야 합니다. 문학예술 부문에서는 시대와 현실을 반영하고 대중의 마음을 틀어잡는 영화와 노래를 비롯한 문예작품들을 훌륭히 창작하여 민족의 정신문화적 재부를 풍부히 하고 오늘의 혁명적대진군을 힘 있게 고무 추동하여야 합니다.

인민들이 사회주의보건제도의 우월성을 실감할 수 있게 제약공장들과 의료기구공장들을 현대화하고 의료기관들의 면모를 일신하며 의료봉사수준을 높여야 합니다. 대중체육활동을 활발히 벌리고 전문체육기술을 발전시켜 온 나라에 기백과 랑만이 차 넘치게 하며 국제경기들에서 계속 조선사람들의 슬기와 힘을 떨쳐야 합니다.

사회주의 생활양식과 고상한 도덕기풍을 확립하기 위한 된바람을 일으켜 우리 인민의 감정정서와 미학관에 배치되는 비도덕적이고 비문화적인 풍조가 나타나지 않도록 하며 우리 사회를 덕과 정으로 화목한 하나의 대가정으로 꾸려 나가야 합니다.

국가방위력을 튼튼히 다져야 하겠습니다.

인민군대는 ☒대강군화로선을 일관하게 틀어쥐고 투쟁하여 당과 혁명, 조국과 인민의 안전을 믿음직하게 수호하며 사회주의 건설의 전투장마다에서 지난날과 마찬가지로 계속 기적적인 신화들을 창조함으로써 혁명군대의 위력, 우리 당의 군대로서의 불패의 위력을 남김없이 과시하여야 합니다.

조선인민내무군은 혁명의 붉은 방패답게 우리 당과 제도, 인민을 결사 보위하여야 하며 로농적위군은 창건 예순돐을 맞는 올해에 전투력 강화에서 전환을 가져와야 합니다.

강력한 자위적 국방력은 국가존립의 초석이며 평화수호의 담보입니다.

군수공업부문에서는 조선반도의 평화를 무력으로 믿음직하게 담보할 수 있게 국방공업의 주체화·현대화를 다그쳐 나라의 방위력을 세계 선진국가 수준으로 계속 향상시키면서 경제건설을 적극 지원하여야 하겠습니다.

올해 우리 앞에 나선 전투적 과업을 성과적으로 수행하자면 혁명의 지휘성원들인 일군들이 결심과 각오를 단단히 하고 분발하여 투쟁하여야 합니다.

당정책 관철의 주체, 그 주인은 다름 아닌 인민대중이며 현실을 누구보다도 잘 아는 것도 인민대중입니다. 일군들은 늘 들끓는 현실에 침투하여 모든 것을 직접 자기 눈으로 보고 실태를 전면적으로 분석해야 하며 군중 속에 깊이 들어가 그들과 같이 살면서 그들을 발동하여 제기되는 문제를 풀어 나가야 합니다. 당의 구상에 자기의 리상과 포부를 따라 세우며 끊임없이 실력을 쌓고 시야를 넓혀 모든 사업을 당이 바라는 높이에서 완전무결하게 해제끼는 능숙한 조직자, 완강한 실천가가 되여야 합니다. 일군들은 어려운 일에 한 몸을 내대고 조국과 인민을 위해 밤잠을 잊고 피타게 사색하여야 하며 인민의 높아 가는 웃음소리에서 투쟁의 보람을 찾아야 합니다.

오늘날 사회주의 건설에서 청년들이 한몫 단단히 해야 합니다.

청년들은 최근에 당의 전투적 호소를 받들고 새로운 시대의 신화들을 창조한 그 정신과 본때로 당이 부르는 혁명초소들에서 척후대의 영예를 빛내여야 합니다. 격동적인 오늘의 시대에 청년들은 새 기술의 개척자, 새 문화의 창조자, 대비약의 선구자가 되며 청년들이 일하는 그 어디서나 청춘의 기백과 활력이 차 넘치게 하여야 합니다.

당조직들의 역할을 결정적으로 높여야 합니다.

각급 당조직들은 시대와 혁명발전의 요구에 맞게 정치사상사업을 진공적으로 벌려 우리 인민의 강의한 정신력이 사회주의 건설 전역에서 높이 발휘되도록 하여야 합니다. 행정경제일군들이 당정책 관철을 위한 작전과 지휘를 책임적으로 하도록 떠밀어 주며 자기 부문, 자기 단위에서 집단적 혁신과 경쟁열풍을 세차게 일으켜 나가야 합니다. 도·시·군당위원회들은 농사와 교육사업,

지방공업 발전에서 전환을 가져오기 위한 투쟁을 강하게 내밀어야 합니다.

동지들!

지난해는 70여 년의 민족분렬사상 일찌기 있어 본 적이 없는 극적인 변화가 일어난 격동적인 해였습니다.

우리는 항시적인 전쟁 위기에 놓여 있는 조선반도의 비정상적인 상태를 끝장내고 민족적 화해와 평화 번영의 시대를 열어 놓을 결심 밑에 지난해 정초부터 북남관계의 대전환을 위한 주동적이며 과감한 조치들을 취하였습니다.

내외의 커다란 기대와 관심 속에 한 해 동안 세 차례의 북남수뇌 상봉과 회담이 진행된 것은 전례 없는 일이며 이것은 북남관계가 완전히 새로운 단계에 들어섰다는 것을 뚜렷이 보여 주었습니다.

조선반도에 더 이상 전쟁이 없는 평화시대를 열어 놓으려는 확고한 결심과 의지를 담아 채택된 판문점선언과 9월평양공동선언, 북남군사분야합의서는 북남사이에 무력에 의한 동족상쟁을 종식시킬 것을 확약한 사실상의 불가침선언으로서 참으로 중대한 의의를 가집니다.

북과 남의 체육인들이 국제경기대회에서 공동으로 진출하여 민족의 슬기와 힘을 떨칠 때 예술인들은 평양과 서울을 오가며 민족적 화해와 통일 열기를 뜨겁게 고조시켰습니다.

여러 가지 장애와 난관을 과감하게 극복하면서 철도, 도로, 산림, 보건을 비롯한 다양한 분야의 협력사업들을 추진하여 민족의 공동번영을 위한 의미 있는 첫걸음을 내디디였습니다.

지난 한 해 동안 북남관계에서 일어난 놀라운 변화들은 우리 민족끼리 서로 마음과 힘을 합쳐 나간다면 조선반도를 가장 평화롭고 길이 번영하는 민족의 참다운 보금자리로 만들 수 있다는 확신을 온 겨레에게 안겨 주었습니다.

아직은 첫걸음에 불과하지만 북과 남이 뜻을 합치고 지혜를 모아 불신과 대결의 최극단에 놓여 있던 북남관계를 신뢰와 화해의 관계로 확고히 돌려세우고 과거에는 상상조차 할 수 없었던 경이적인 성과들이 짧은 기간에 이룩된 데 대하여 나는 대단히 만족하게 생각합니다.

우리는 미증유의 사변들로 훌륭히 장식한 지난해의 귀중한 성과들에 토대하여 새해 2019년에 북남관계 발전과 평화 번영, 조국통일을 위한 투쟁에서 더 큰 전진을 이룩하여야 합니다.

온 민족이 《력사적인 북남선언들을 철저히 리행하여 조선반도의 평화와 번영, 통일의 전성기를 열어 나가자!》, 이 구호를 높이 들고 나가야 합니다.

북남 사이의 군사적 적대관계를 근원적으로 청산하고 조선반도를 항구적이며 공고한 평화지대로 만들려는 것은 우리의 확고부동한 의지입니다.

북과 남은 이미 합의한 대로 대치지역에서의 군사적 적대관계

해소를 지상과 공중, 해상을 비롯한 조선반도 전역에로 이어 놓기 위한 실천적 조치들을 적극 취해 나가야 합니다.

북과 남이 평화 번영의 길로 나가기로 확약한 이상 조선반도 정세 긴장의 근원으로 되고 있는 외세와의 합동군사 연습을 더 이상 허용하지 말아야 하며 외부로부터의 전략자산을 비롯한 전쟁장비 반입도 완전히 중지되여야 한다는 것이 우리의 주장입니다.

정전협정 당사자들과의 긴밀한 련계 밑에 조선반도의 현 정전체제를 평화체제로 전환하기 위한 다자협상도 적극 추진하여 항구적인 평화 보장 토대를 실질적으로 마련해야 합니다.

온 겨레는 조선반도 평화의 주인은 우리 민족이라는 자각을 안고 일치단결하여 이 땅에서 평화를 파괴하고 군사적 긴장을 부추기는 일체의 행위들을 저지·파탄시키기 위한 투쟁을 힘차게 벌려 나가야 할 것입니다.

북남 사이의 협력과 교류를 전면적으로 확대·발전시켜 민족적 화해와 단합을 공고히 하며 온 겨레가 북남관계 개선의 덕을 실지로 볼 수 있게 하여야 합니다.

당면하여 우리는 개성공업지구에 진출하였던 남측 기업인들의 어려운 사정과 민족의 명산을 찾아보고 싶어 하는 남녘 동포들의 소망을 헤아려 아무런 전제조건이나 대가 없이 개성공업지구와 금강산관광을 재개할 용의가 있습니다.

북과 남이 굳게 손잡고 겨레의 단합된 힘에 의거한다면 외부의 온갖 제재와 압박도, 그 어떤 도전과 시련도 민족 번영의 활로를 열어 나가려는 우리의 앞길을 가로막을 수 없을 것입니다.

우리는 북남관계를 저들의 구미와 리익에 복종시키려고 하면서 우리 민족의 화해와 단합, 통일의 앞길을 가로막는 외부세력의 간섭과 개입을 절대로 허용하지 않을 것입니다.

북과 남은 통일에 대한 온 민족의 관심과 열망이 전례 없이 높아지고 있는 오늘의 좋은 분위기를 놓치지 말고 전 민족적 합의에 기초한 평화적인 통일 방안을 적극 모색해야 하며 그 실현을 위해 진지한 노력을 기울여 나가야 할 것입니다.

북과 남, 해외의 온 겨레는 용기백배하여 북남선언들을 관철하기 위한 거족적 진군을 더욱 가속화함으로써 올해를 북남관계 발전과 조국통일 위업 수행에서 또 하나의 획기적인 전환을 가져오는 력사적인 해로 빛내여야 합니다.

동지들!

지난해 우리 당과 공화국정부는 세계의 평화와 안전을 수호하고 여러 나라들과의 친선을 확대·강화하기 위하여 책임적인 노력을 기울였습니다.

세 차례에 걸치는 우리의 중화인민공화국방문과 꾸바공화국대표단의 우리나라 방문은 사회주의 나라들 사이의 전략적인 의사소통과 전통적인 친선협조관계를 강화하는 데서 특기할 사변으로 되었습니다.

지난해 우리나라와 세계 여러 나라들 사이에 당, 국가, 정부급의 래왕과 교류가 활발히 진행되여 호상리해가 깊어지고 국제사회의 건전한 발전을 추동하려는 립장과 의지가 확인되였습니다.

력사적인 첫 조미수뇌상봉과 회담은 지구상에서 가장 적대적이던 조미관계를 극적으로 전환시키고 조선반도와 지역의 평화와 안전을 보장하는 데 크게 기여하였습니다.

6·12조미공동성명에서 천명한 대로 새 세기의 요구에 맞는 두 나라 사이의 새로운 관계를 수립하고 조선반도에 항구적이며 공고한 평화체제를 구축하고 완전한 비핵화에로 나가려는 것은 우리 당과 공화국정부의 불변한 립장이며 나의 확고한 의지입니다.

이로부터 우리는 이미 더 이상 핵무기를 만들지도 시험하지도 않으며 사용하지도 전파하지도 않을 것이라는 데 대하여 내외에 선포하고 여러 가지 실천적 조치들을 취해 왔습니다.

우리의 주동적이며 선제적인 노력에 미국이 신뢰성 있는 조치를 취하며 상응한 실천적 행동으로 화답해 나선다면 두 나라 관계는 보다 더 확실하고 획기적인 조치들을 취해 나가는 과정을 통하여 훌륭하고도 빠른 속도로 전진하게 될 것입니다.

우리는 조미 두 나라 사이의 불미스러운 과거사를 계속 고집하며 떠안고 갈 의사가 없으며 하루빨리 과거를 매듭짓고 두 나라 인민들의 지향과 시대 발전의 요구에 맞게 새로운 관계 수립을 향해 나아갈 용의가 있습니다.

지난해 급속히 진전된 북남관계 현실이 보여 주듯이 일단 하자고 결심만 하면 못 해낼 일이 없으며 대화 상대방이 서로의 고질적인 주장에서 대범하게 벗어나 호상 인정하고 존중하는 원칙에서 공정한 제안을 내놓고 올바른 협상 자세와 문제 해결 의지를 가지고 림한다면 반드시 서로에게 유익한 종착점에 가닿게 될 것입니다.

나는 미국과의 관계에서도 올해 북남관계가 대전환을 맞은 것처럼 쌍방의 노력에 의하여 앞으로 좋은 결과가 꼭 만들어질 것이라고 믿고 싶습니다.

나는 지난해 6월 미국대통령과 만나 유익한 회담을 하면서 건설적인 의견을 나누었으며 서로가 안고 있는 우려와 뒤엉킨 문제 해결의 빠른 방도에 대하여 인식을 같이했다고 생각합니다.

나는 앞으로도 언제든 또다시 미국 대통령과 마주 앉을 준비가 되어 있으며 반드시 국제사회가 환영하는 결과를 만들기 위해 노력할 것입니다.

다만 미국이 세계 앞에서 한 자기의 약속을 지키지 않고 우리 인민의 인내심을 오판하면서 일방적으로 그 무엇을 강요하려 들고 의연히 공화국에 대한 제재와 압박에로 나간다면 우리로서도 어쩔 수 없이 부득불 나라의 자주권과 국가의 최고 리익을 수호하고 조선반도의 평화와 안정을 이룩하기 위한 새로운 길을 모색하지 않을 수 없게 될 수도 있습니다.

조선반도와 지역의 정세 안정은 결코 쉽게 마련된 것이 아니며 진정으로 평화를 바라는 나라라면 현 국면을 소중히 여겨야 할 공동의 책임을 지니고 있습니다. 주변 나라들과 국제사회는 조선반도의 긍정적인 정세발전을 추동하려는 우리의 성의 있는 립장과 노력을 지지하며 평화를 파괴하고 정의에 역행하는 온갖 행위와 도전들을 반대하여 투쟁하여야 할 것입니다.

우리 당과 공화국정부는 자주, 평화, 친선의 리념에 따라 사회주의 나라들과의 단결과 협조를 계속 강화하며 우리를 우호적으로 대하는 모든 나라들과의 관계를 발전시켜 나갈 것입니다.

동지들!

우리는 내 나라, 내 조국을 위해, 후대들의 더 밝은 웃음을 위해 결사분투할 각오를 다시금 가다듬으며 새해의 려정을 시작하게 됩니다.

가혹한 경제봉쇄와 제재 속에서도 자기 힘을 믿고 자기 손으로 앞길을 개척하면서 비약적인 발전을 이룩한 지난 한해를 긍지높이 총화하면서 다시 한 번 재삼 확신하게 되는 것은 우리 국가는 그 어떤 외부적인 지원이나 그 누구의 도움 없이도 얼마든지 능히 우리 인민의 억센 힘과 노력으로 우리 식 사회주의 발전의 길을 따라 힘차게 전진해 나갈 수 있다는 진리입니다.

올해에도 우리의 전진 과정은 부단한 장애와 도전에 부닥칠 것이나 그 누구도 우리의 결심과 의지, 힘찬 진군을 돌려세우지 못할 것이며 우리 인민은 반드시 자기의 아름다운 리상과 목표를 빛나게 실현할 것입니다.

모두 다 참다운 인민의 나라, 사회주의 조국의 부강 발전을 위하여 한마음 한뜻으로 힘차게 일해 나아갑시다.

판문점 선언

다음은 판문점 선언 전문이다.

판문점 선언

　대한민국 문재인 대통령과 조선민주주의인민공화국 김정은 국무위원장은 평화와 번영, 통일을 염원하는 온 겨레의 한결같은 지향을 담아 한반도에서 역사적인 전환이 일어나고 있는 뜻깊은 시기에 2018년 4월 27일 판문점 평화의 집에서 남북정상회담을 진행하였다.

　양 정상은 한반도에 더 이상 전쟁은 없을 것이며 새로운 평화의 시대가 열리었음을 8천만 우리 겨레와 전 세계에 엄숙히 천명하였다.

　양 정상은 냉전의 산물인 오랜 분단과 대결을 하루빨리 종식시키고 민족적 화해와 평화 번영의 새로운 시대를 과감하게 열어 나가며 남북관계를 보다 적극적으로 개선하고 발전시켜 나가야 한다는 확고한 의지를 담아 역사의 땅 판문점에서 다음과 같이 선언하였다.

1. 남과 북은 남북 관계의 전면적이며 획기적인 개선과 발전을 이룩함으로써 끊어진 민족의 혈맥을 잇고 공동번영과 자주통일의 미래를 앞당겨 나갈 것이다.

남북관계를 개선하고 발전시키는 것은 온 겨레의 한결같은 소망이며 더 이상 미룰 수 없는 시대의 절박한 요구이다.

① 남과 북은 우리 민족의 운명은 우리 스스로 결정한다는 민족자주의 원칙을 확인하였으며 이미 채택된 남북 선언들과 모든 합의들을 철저히 이행함으로써 관계 개선과 발전의 전환적 국면을 열어 나가기로 하였다.

② 남과 북은 고위급 회담을 비롯한 각 분야의 대화와 협상을 빠른 시일 안에 개최하여 정상회담에서 합의된 문제들을 실천하기 위한 적극적인 대책을 세워 나가기로 하였다.

③ 남과 북은 당국 간 협의를 긴밀히 하고 민간교류와 협력을 원만히 보장하기 위하여 쌍방 당국자가 상주하는 남북공동연락사무소를 개성 지역에 설치하기로 하였다.

④ 남과 북은 민족적 화해와 단합의 분위기를 고조시켜 나가기 위하여 각계각층의 다방면적인 협력과 교류 왕래와 접촉을 활성화하기로 하였다.

안으로는 6·15를 비롯하여 남과 북에 다 같이 의의가 있는 날들을 계기로 당국과 국회, 정당, 지방자치단체, 민간단체 등 각계각층이 참가하는 민족공동행사를 적극 추진하여 화해와 협력의 분위기를 고조시키며, 밖으로는 2018년 아시아경기대회를 비롯한 국제경기들에 공동으로 진출하여 민족의 슬기와 재능, 단합된 모습을 전 세계에 과시하기로 하였다.

⑤ 남과 북은 민족 분단으로 발생된 인도적 문제를 시급히 해결하기 위하여 노력하며, 남북 적십자회담을 개최하여 이산가족·친척상봉을 비롯한 제반 문제들을 협의·해결해 나가기로 하였다.

당면하여 오는 8·15를 계기로 이산가족·친척 상봉을 진행하기로 하였다.

⑥ 남과 북은 민족경제의 균형적 발전과 공동번영을 이룩하기 위하여 10·4선언에서 합의된 사업들을 적극 추진해 나가며 1차적으로 동해선 및 경의선 철도와 도로들을 연결하고 현대화하여 활용하기 위한 실천적 대책들을 취해 나가기로 하였다.

2. 남과 북은 한반도에서 첨예한 군사적 긴장 상태를 완화하고 전쟁 위험을 실질적으로 해소하기 위하여 공동으로 노력해 나갈 것이다.

① 남과 북은 지상과 해상, 공중을 비롯한 모든 공간에서 군사적 긴장과 충돌의 근원으로 되는 상대방에 대한 일체의 적대행위를 전면 중지하기로 하였다.

당면하여 5월 1일부터 군사분계선 일대에서 확성기 방송과 전단 살포를 비롯한 모든 적대 행위들을 중지하고 그 수단을 철폐

하며 앞으로 비무장지대를 실질적인 평화지대로 만들어 나가기로 하였다.

② 남과 북은 서해 북방한계선 일대를 평화수역으로 만들어 우발적인 군사적 충돌을 방지하고 안전한 어로 활동을 보장하기 위한 실제적인 대책을 세워 나가기로 하였다.

③ 남과 북은 상호협력과 교류, 왕래와 접촉이 활성화되는 데 따른 여러 가지 군사적 보장대책을 취하기로 하였다.

남과 북은 쌍방 사이에 제기되는 군사적 문제를 지체 없이 협의 해결하기 위하여 국방부장관회담을 비롯한 군사당국자회담을 자주 개최하며 5월 중에 먼저 장성급 군사회담을 열기로 하였다.

3. 남과 북은 한반도의 항구적이며 공고한 평화체제 구축을 위하여 적극 협력해 나갈 것이다.

한반도에서 비정상적인 현재의 정전 상태를 종식시키고 확고한 평화체제를 수립하는 것은 더 이상 미룰 수 없는 역사적 과제이다.

① 남과 북은 그 어떤 형태의 무력도 서로 사용하지 않을 데 대한 불가침 합의를 재확인하고 엄격히 준수해 나가기로 하였다.

② 남과 북은 군사적 긴장이 해소되고 서로의 군사적 신뢰가 실질적으로 구축되는 데 따라 단계적으로 군축을 실현해 나가기로 하였다.

③ 남과 북은 정전협정 체결 65년이 되는 올해에 종전을 선언하

고 정전협정을 평화협정으로 전환하며 항구적이고 공고한 평화체제 구축을 위한 남·북·미 3자 또는 남·북·미·중 4자회담 개최를 적극 추진해 나가기로 하였다.

④ 남과 북은 완전한 비핵화를 통해 핵 없는 한반도를 실현한다는 공동의 목표를 확인하였다.

남과 북은 북측이 취하고 있는 주동적인 조치들이 한반도 비핵화를 위해 대단히 의의 있고 중대한 조치라는 데 인식을 같이하고 앞으로 각기 자기의 책임과 역할을 다하기로 하였다.

남과 북은 한반도 비핵화를 위한 국제사회의 지지와 협력을 위해 적극 노력하기로 하였다.

양 정상은 정기적인 회담과 직통전화를 통하여 민족의 중대사를 수시로 진지하게 논의하고 신뢰를 굳건히 하며, 남북관계의 지속적인 발전과 한반도의 평화와 번영, 통일을 향한 좋은 흐름을 더욱 확대해 나가기 위하여 함께 노력하기로 하였다.

당면하여 문재인 대통령은 올해 가을 평양을 방문하기로 하였다.

2018년 4월 27일 판문점

대한민국 대통령 **문재인**

조선민주주의인민공화국 국무위원회 위원장 **김정은**

평양공동선언

다음은 9월 평양공동선언 전문이다.

평양공동선언

　대한민국 문재인 대통령과 조선민주주의인민공화국 김정은 국무위원장은 2018년 9월 18일부터 20일까지 평양에서 남북정상회담을 진행하였다.

　양 정상은 역사적인 판문점선언 이후 남북 당국 간 긴밀한 대화와 소통, 다방면적 민간교류와 협력이 진행되고, 군사적 긴장 완화를 위한 획기적인 조치들이 취해지는 등 훌륭한 성과들이 있었다고 평가하였다.

　양 정상은 민족자주와 민족자결의 원칙을 재확인하고, 남북관계를 민족적 화해와 협력, 확고한 평화와 공동번영을 위해 일관되고 지속적으로 발전시켜 나가기로 하였으며, 현재의 남북관계 발전을 통일로 이어 갈 것을 바라는 온 겨레의 지향과 여망을 정책적으로 실현하기 위하여 노력해 나가기로 하였다.

　양 정상은 판문점선언을 철저히 이행하여 남북관계를 새로운 높은 단계로 진전시켜 나가기 위한 제반문제들과 실천적 대책들을 허심탄회하고 심도 있게 논의하였으며, 이번 평양정상회담이 중요한 역사적 전기가 될 것이라는 데 인식을 같이 하고 다음과 같이 선언하였다.

1. 남과 북은 비무장지대를 비롯한 대치지역에서의 군사적 적대관계 종식을 한반도 전 지역에서의 실질적인 전쟁 위험 제거와 근본적인 적대관계 해소로 이어 나가기로 하였다.

① 남과 북은 이번 평양정상회담을 계기로 체결한 〈판문점선언 군사 분야 이행합의서〉를 평양공동선언의 부속합의서로 채택하고 이를 철저히 준수하고 성실히 이행하며, 한반도를 항구적인 평화지대로 만들기 위한 실천적 조치들을 적극 취해 나가기로 하였다.

② 남과 북은 남북군사공동위원회를 조속히 가동하여 군사 분야 합의서의 이행 실태를 점검하고 우발적 무력충돌 방지를 위한 상시적 소통과 긴밀한 협의를 진행하기로 하였다.

2. 남과 북은 상호호혜와 공리공영의 바탕 위에서 교류와 협력을 더욱 증대시키고, 민족경제를 균형적으로 발전시키기 위한 실질적인 대책들을 강구해 나가기로 하였다.

① 남과 북은 금년 내 동·서해선 철도 및 도로 연결을 위한 착공식을 갖기로 하였다.

② 남과 북은 조건이 마련되는 데 따라 개성공단과 금강산관광 사업을 우선 정상화하고, 서해경제공동특구 및 동해관광공동특구를 조성하는 문제를 협의해 나가기로 하였다.

③ 남과 북은 자연생태계의 보호 및 복원을 위한 남북 환경협력을 적극 추진하기로 하였으며, 우선적으로 현재 진행 중인 산림 분야 협력의 실천적 성과를 위해 노력하기로 하였다.

④ 남과 북은 전염성 질병의 유입 및 확산 방지를 위한 긴급조치를 비롯한 방역 및 보건·의료 분야의 협력을 강화하기로 하였다.

3. **남과 북은 이산가족 문제를 근본적으로 해결하기 위한 인도적 협력을 더욱 강화해 나가기로 하였다.**

① 남과 북은 금강산 지역의 이산가족 상설면회소를 빠른 시일 내 개소하기로 하였으며, 이를 위해 면회소 시설을 조속히 복구하기로 하였다.

② 남과 북은 적십자 회담을 통해 이산가족의 화상상봉과 영상편지 교환 문제를 우선적으로 해결해 나가기로 하였다.

4. **남과 북은 화해와 단합의 분위기를 고조시키고 우리 민족의 기개를 내외에 과시하기 위해 다양한 분야의 협력과 교류를 적극 추진하기로 하였다.**

① 남과 북은 문화 및 예술 분야의 교류를 더욱 증진시켜 나가

기로 하였으며, 우선적으로 10월 중에 평양예술단의 서울 공연을 진행하기로 하였다.

② 남과 북은 2020년 하계올림픽경기대회를 비롯한 국제경기들에 공동으로 적극 진출하며, 2032년 하계올림픽의 남북공동 개최를 유치하는 데 협력하기로 하였다.

③ 남과 북은 10·4선언 11주년을 뜻깊게 기념하기 위한 행사들을 의의 있게 개최하며, 3·1운동 100주년을 남북이 공동으로 기념하기로 하고, 그를 위한 실무적인 방안을 협의해 나가기로 하였다.

5. 남과 북은 한반도를 핵무기와 핵위협이 없는 평화의 터전으로 만들어 나가야 하며 이를 위해 필요한 실질적인 진전을 조속히 이루어 나가야 한다는 데 인식을 같이하였다.

① 북측은 동창리 엔진시험장과 미사일 발사대를 유관국 전문가들의 참관 하에 우선 영구적으로 폐기하기로 하였다.

② 북측은 미국이 6·12북미공동성명의 정신에 따라 상응조치를 취하면 영변 핵시설의 영구적 폐기와 같은 추가적인 조치를 계속 취해 나갈 용의가 있음을 표명하였다.

③ 남과 북은 한반도의 완전한 비핵화를 추진해 나가는 과정에서 함께 긴밀히 협력해 나가기로 하였다.

6. 김정은 국무위원장은 문재인 대통령의 초청에 따라 가까운 시일 내로 서울을 방문하기로 하였다.

2018년 9월 19일

대한민국 대통령 **문재인**

조선민주주의인민공화국 국무위원장 **김정은**